改变，从心开始

立 品 图 书·自觉·觉他
www.tobebooks.net
出 品

我的重生

[法] 以马内利修女 著

王笑月 译

深圳报业集团出版社
SHENZHEN PRESS GROUP PUBLISHING HOUSE

责任编辑：陈 曦
特约编辑：许珊珊
装帧设计：尚上文化

图书在版编目（CIP）数据

我的重生 /（法）以马内利修女著；王笑月译．--
深圳：深圳报业集团出版社，2014.9
ISBN 978-7-80709-614-6

Ⅰ．①我… Ⅱ．①以… ②王… Ⅲ．①以马内利修女
（1908～2008）－自传 Ⅳ．①B979.956.5

中国版本图书馆 CIP 数据核字 (2014) 第 208867 号

我的重生
WO DE CHONG SHENG

［法］以马内利修女 著
王笑月 译

深圳报业集团出版社出版发行
（518009 深圳市深南大道 6008 号）
三河市华晨印务有限公司印制 新华书店经销
2014 年 12 月第 1 版 2014 年 12 月第 1 次印刷
开本：787mm×1092mm 1/16
印张：19.75 字数：225 千字
ISBN 978-7-80709-614-6 定价：45.00 元

编写说明

我们曾经出版过以马内利修女的《活着，为了什么？》，该书以帕斯卡的《思想录》为主轴，深入探讨了生存的意义，出版后引起良好反响。本书是以马内利修女的自传作品，书中介绍了她为贫穷者追求幸福生活而做出的种种努力，她和她的团队为了给流浪儿童建学校、提供生活保障，组织了许多援助项目，并改善了当地人的生活。她的经历对于年轻人寻找理想和人生意义有启发作用。以马内利修女曾经在埃及、苏丹等国与贫民窟的拾荒者们一起生活。她去那些贫穷国家，是为了真正帮助那些贫苦人。更重要的是，她不是以高高在上的态度俯视拾荒者的人生，而是真正同他们做朋友，做亲人，她参与了那些悲惨者的人生，她使那些人重新拾得了尊严，有了希望。她并未想要改变他人的信仰，只是给了他们爱的种子。阅读本书后，我们会因书中那些鲜活的生命而感动，也会被以马内利修女无私的大爱所震撼，从而更加坚信：爱，是人类永恒的美。

爱，

比死更强大。

序　言

1989年圣诞的那个晚上，在开罗，因为有幸与贫民窟的拾荒者们分享生活，我感到自己与那个出生在马槽的孩子如此接近。在以喜悦之心颂唱午夜弥撒《荣耀归神，平安归人！》之前，我动笔写下了这些忏悔的头几行字。我意欲奏出某种美妙的和谐之音而把自己融入天使赞美歌中？当然不！相反，我将追溯那些过去的岁月，连同它们的欢笑与哭泣，连同它们的爱恋与仇恨，连同它们的伟大与卑劣。我必须深入直至整个人类内心世界底部所隐匿着的这片并不坚实的沙地，即使这可能使媒体炮制的我的光辉形象黯然失色，即使也许这将使一些读者感到不快。我预先请求大家的原谅：真实难道不是包含着某种粗鄙的东西吗？因此，这些篇章并无教化作用，而只是力求本真。

这本书的首要目的仅仅在于“忏悔”真实。然而，人生来是赤裸的存在，是原罪迫使他以树叶遮体。我赤裸着，出自母亲的身体，而我现在终于重归赤裸之体。这一“暴露”是为何用……为了“寻找逝去的时光”？不，是为了触到人类趋同的焦点：一个孩子的眼泪，一个青年的不安，一个女人的斗争——她试图减轻人类的苦痛。这一幕幕回放在读者面前，使读者能够重返他自己的内心并大声说：“这是她，而这也是我！”

我希望，在我个人的生命历程之外，找寻到那非同寻常的爱的故事，它发生在一个热望着“人间食粮”、处于永恒的翻腾中的存在和这位于今夜庆生的、人性而又神性的基督之间。这本书将详述我是如何在如此多人脸中、孩子的轮廓中、血迹斑斑的面孔中遇见他。更明确些：当关于人类的赤裸真相被诉说，上帝总在其后隐隐现身。我希望在这里，最后一次坦承激荡了我整整一生的对人类以及对上帝的信仰。

圣诞：在马槽后面已显出十字架的轮廓……痛苦从不曾离这个刚出生的孩子太远。这些文字被出版之时，我已在上帝处寻到新生。

我相信：从死亡的熔炉中，能迸发出重生的火花。

目　录

第一部　抗争，向着更加崇高之爱（1914—1970）

第一部分　青年时代（1914—1931）……3

海之悲剧 / 3

最初的烦扰（巴黎，1915—1918）/ 7

最初的抗争（布鲁塞尔，1919—1926）/ 15

决定（伦敦，1927）/ 25

最后的抗争（布鲁塞尔，1928）/ 31

终于自由了！（巴黎，1929—1931）/ 36

第二部分　伊斯坦布尔（1931—1955）……51

风暴及其平息（伊斯坦布尔，1931—1940）/ 51

从怀疑到开放（伊斯坦布尔，1944—1949）/ 68

对话的先锋 / 74

战斗不歇 / 80

第三部分　颠沛流离（1955—1971）……87

诱惑的沙漠（突尼斯，1955—1959）/ 87

文学学士（伊斯坦布尔，1959—1963）/ 98

最初的分享（亚历山大港，1963—1971）/ 102

火之夜 / 116

第二部　大爱无疆的岁月（1971—1993）

第一部分　贫民窟的生活 123

新婚 / 125

宗教狂热 / 126

死亡 / 129

学校，有什么用？ / 133

妇女的屈从 / 135

化工厂 / 140

达尔·萨阿达，幸福之家 / 142

萨拉修女 / 145

第二部分　拾荒者的苦难与伟大 149

拉比卜：我的良师益友 / 149

扎哈里亚：爱之门 / 150

谢努达：吹哨者 / 150

警察：间谍 / 151

塔尔：报仇雪恨 / 152

巴西特：杀人犯 / 153

奥姆·沙班：宽宏大量 / 154

塔基：虔诚者 / 154

法齐亚：女英雄 / 155

奥姆·萨巴赫：死亡面前 / 157

贫民窟的圣诞节 / 159

他们向我传道 / 160

第三部分　活着的人们，相爱吧 162

崩溃中 / 162

坟上，希望 / 176

与死亡并肩 / 186

一个女人：解放 / 191

第三部　忏悔

第一部分　转变之路 203

相遇 / 203

最特别的存在 / 203

死亡前噤声 / 204

被监禁者，我的兄弟 / 205

皮埃尔神甫的目光 / 208

埃及：永恒的意义 / 210

其他信念，其他财富 / 213

年轻人：我相信你们 / 218

教会：我相信你 / 219

相信人类，相信上帝 / 224

在各各他 / 229

让我们真实点 / 230

第二部分　人至暮年（1993—2004） 237

钻石婚 / 237

坚定，在西翁 / 241

离开的命令（1993 年 3 月）/ 246

最后的告别（1993 年 8 月）/ 248

第三部分　最后一步，意外！（1993—……）……249
退休 / 249
闪回 / 251
写作 / 253
新的方向 / 258
由苦涩转惊叹：降生 / 260
未来有所保障！ / 265
向着彼岸…… / 268
在爱中，永恒 / 272

附录

以马内利修女的祷告……276
让－保罗二世致以马内利修女的信……284
感谢……286
以马内利修女《我的重生》跋……287
最初和最后的作品 / 288
一部自传？ / 291
“我想要成为一名圣人” / 294
行动的神秘主义 / 298

第一部

抗争，向着更加崇高之爱

（1914—1970）

生存下来的，都是那些抗争的人。

——维克多·雨果

第一部分　青年时代

（1914—1931）

海之悲剧

在大约6岁的时候，我面对了人生中最可怕的悲剧。那是1914年，我的父母在玛利亚凯尔克的比利时海岸线上租了一幢度假用的别墅。战争刚刚爆发，我父亲作为法国预备役军官已经做好准备随时待命，等待他所属部队的征召。

9月6日星期日的早上，我们离开别墅。我的母亲去望弥撒，我的父亲则把我们带到海滩，其中包括我的姐姐玛丽－卢、我的弟弟朱洛、我——马德莲，以及我们的家庭女教师露西小姐。那个场景至死都会铭刻在我心中。我的父亲把我们拉到海浪之上，然后我们伸手给他，好在浪花间跳舞，在沙滩上同他一起狂奔。他亲了亲我们滴着水的脸蛋，把我们托付给露西小姐，然后冲向了外海。一位女士走过来："我的孩子们，喊下你们的爸爸，他游得太远了。海很危险，游泳能手又去服兵役了。"在那里，爸爸的脑袋远远地露了出来。朱洛和我，我们在沙滩上玩耍。

突然，人们聚拢起来，一个声音回荡在我耳边："可怜的小孩子，他们的父亲淹死了。"我用尽全力大叫："爸爸！爸爸！"但是，在那里，脑袋消失了。我预感到一种陌生之物的突然闯入——死亡。露西小姐匆忙把我们带走，我和玛丽－卢都已经哭得抽搐了。小朱洛还什么都没想到。

我们回到别墅。房门打开了，我的母亲发现我啜泣不已：

“发生什么事了？你又跟人吵架了？跟谁呀？”

“不是的。爸爸淹死了！”

她的目光转向嗫嗫嚅嚅的女教师，她的脸色霎时变得惨白惨白，她的身体摇摇欲坠，倚在墙上，一口气低声念诵了一遍《圣母经》，然后向波涛汹涌处狂奔而去，这一切的一切，让人如何能够忘怀？

几天后，英吉利海峡把我父亲的尸体吐了回来，尸体很快就变形为“任何语言都找不到合适的词来形容”的样子。我还未满 6 岁，与死亡相会仍是脆弱。在童年，当某些东西被打碎，某种世界观上的乐观主义也有可能随之消失。

我们本是幸福的一家，我的父亲母亲温情脉脉地相爱。母亲年轻、爱笑，她的欢乐使整个屋子充满活力。晚上，她弹奏钢琴，我们则唱几首抒情的歌曲。我躲在父亲两腿之间，在他宽大的灰色睡衣下蜷成一团。热力温柔地传到一个孩子的身体上，这使我感到安全。而刹那间，这种孩子的幸福被大海生生吞噬。

活着的人所固有的不安全感、从不在我们掌控中的幸福的易逝感，深刻地影响了我的生存脉络，而它的源头显然得追溯到那个 1914 年的 9 月 6 日。快乐在我看来永远都是转瞬即逝的。对于某一时刻我狂热地窥伺得越久，那么一旦魅力消退，失望越容易涌现。如此诱人的美丽泡沫，抓在我的手中，也不过剩下一点苦水。

在我心里形成的这种越来越深的虚无中，一种等待、一种向着事物彼岸的意念慢慢地生根，时不时地又会因为某种新的、不可抗拒的吸引力而中断。但是，就好像一个在两极间摇摆的摆钟，快乐一消失，虚无就重现。

眼下，正上演这场秋天的战争悲剧，我的母亲独自待在比利时海岸，还带着三个孩子和她年老的母亲。德国军队步步推进，法国边境被封锁了。逃到哪儿去呢？到处都是一片恐慌。这个年轻的女人不再是无忧无虑、笑容可掬的了，从现在起，她必须面对一切。她把她丈夫的遗骸安置在一处临时性的坟墓里，带着我们登上了最后一艘开往英国的船。但是大海没有停止折磨她：船长通告大家，有水雷在波浪中滚动。要是她也和我的父亲一样淹死了呢？要是只有小孩子们幸免于难呢？我看见她焦躁不安地将我们的祖母桑刚的名字和在巴黎的地址绣在我们的衣物上。我模模糊糊地意识到还可能会有什么可怕的事情降临到我们头上……爸爸之后，会轮到妈妈吗？船没有爆炸，英国的海岸线就在那儿。我们得救了！

在伦敦，我们找到了我们纺织用品工厂的一位代理人，他那儿贮存着我们的货物。我的母亲早在布鲁塞尔就已经协助我的父亲管理出口业务，她很快就上手了。这是一位女性楷模，借用一种迎合我的女权主义精神的说法，她是“一位好像男性不存在似的女性”。

最能概括我的母亲的，是她的责任意识。在这方面，她从不妥协。她向我反复灌输这种责任意识，虽然我得承认，有时候我也会把它忘得一干二净。当牵涉到他人的利益，尤其是她工人的利益时，世界上没有任何一种力量能够磨损她的毅力。通过亲身经历我了解到，比起她的力量，我拥有的更多的是她专横的特质。由她这么个年轻寡妇担在身上的那些抗争造就了她的个性：她决不接受别人抵抗。这与我如出一辙！然而，除此以外，我还得面对反抗带来的颤动，这是我所不曾体验过的。

这股倔强的反抗劲儿自我童年起就表现出来了。我回想起当时我们三个小孩儿在一个绿意盎然的英国公园中玩耍的情景。夜幕降临，露西小姐要求我们离开。我表示自己玩得很开心，不愿意走。警告、再三要求，什么都起不了作用。我牢牢抱住一棵大树，一动不动。露西小姐见费尽口舌仍不管用，就用跳绳缠住我的身子，用尽全力把我往前拉。我非常生气，一边挣扎一边大喊大叫。我们身处实行 habeas corpus [1] 的国度，在这里，从无地王约翰 [2] 的时代起，个体就被认为是神圣的：人们怎么可能眼睁睁地看着一个孩子被根绳子拉着，声嘶力竭地喊叫，露出一副极度惊恐状！路人纷纷停下，用英语向倒霉的家庭教师发出强烈谴责。她一个字都听不懂，但是公愤如此强大，以至于她感到自己必须放了我，而我是个淘气的小姑娘，马上装出一副终于逃脱可怕迫害者魔爪的受害者模样！

这些反抗的背后隐藏着的是什么，是一道无法愈合的伤口。我从不谈论我的父亲，但我能感觉到他的缺席所造成的空无，就好像我的心中被剜了个大洞。在我看来，如果他在，我的一切愿望都会被满足。就这样，我的反抗化作泪水：没有任何东西、任何人能够抚慰我。

然而有一天，外婆灵机一动，动了某种祖母独有的心思。我们经过一家玩具店的橱窗。我停下来，呆呆地看着一个迷人的英国娃娃。外婆对我说："你一个月不哭的话，这个娃娃就是你的了！"一个被激励的孩子所能发挥出的力量是惊人的：娃娃向我伸出双臂。我最可爱的外婆，是你使我付出了人生中第一份努力，是你让我了解通过反抗可

---

[1] 拉丁文，人身保护令。以法律程序保障基本人权的重要手段，起源于中世纪的英国。——译者注

[2] John Lackland（1167—1216），英格兰国王。——译者注

以获得战利品。事实上，这个娃娃绝对不是一份普通的礼物，它代表着我第一次战胜自我，当我将它紧紧地贴在胸口时，我为自己而骄傲。我懵懵懂懂地开始明白，我刚刚完成了第一个人类独有的跨越。除了情绪的突变，我可以让自己迸发出个体存在的力量。这一片段预示了未来的那些斗争……

最初的烦扰

（巴黎，1915—1918）

我们的祖母桑刚总是催促我们去巴黎与她团聚。终于，在 1915 年，船只穿越英吉利海峡，这一次风平浪静，我们抵达了巴黎。战争期间，在对于一个永远消失的人的无限追忆中，这样的重逢引起了怎样的激动！

我 7 岁、8 岁、9 岁了，已经开始上学，但依然是个难以驯服的小姑娘。这一次，我们是在罗什舒瓦尔街上。

露西小姐问："你不愿听话吗？"

"不！"

"那我就把你送到警察局，你会被关起来。"

"随便！"

她用力地拽住我。"警察先生，您瞧，这儿有个小孩实在让人忍无可忍。您看着办吧！"

我看得很明白，他俩相互交换了个串通好的眼色，我一声不吭，我静观事态发展。倔脾气的我听到警察嚷嚷着："我该拿这个小姑娘怎么办呢？"自然，露西小姐回来了，而我并没有被关起来。某种邪恶的快乐整个儿地占据了我的头脑："人们骗不到我！"如果说，那个有关娃娃的承诺激发了我力量的苏醒，那么这个既不现实又没实现的威胁则更进一步地使我坚定了反抗的信念。

不过，同我母亲在一起的时候，我就没辙了。一碗我坚决不吃的米饭下一顿又会冷冰冰地摆在我面前，直到我饿得不行而最终妥协投降。

“要是你不吃完你勺子里的鳕鱼肝，你就不能和奶奶一起去沙特莱剧院。”

“哦！奶奶肯定会带我去的！”

母亲丝毫不为所动，我则一个人待在房间里苦苦等待。我有的是时间思考：随心所欲地拒绝付出一点也不划算。《八十天环游地球》怎么也值吃下这勺鳕鱼肝！

这种在当时如家常便饭般的教育方法非常有效，它培养了我在生活中处变不惊的能力。妈妈，多少次我重新想起时，心里都对你怀着深深的感激。你在没有爸爸帮助的情况下，独自一个人不屈不挠地同我斗争，决不示弱。通过米饭、鳕鱼肝这些小风波，你教会了我理性的价值，让我意识到任性的虚荣。

在宗教上，她对我的教导始终都是在充满爱的氛围下进行的，一切恐惧忧虑都被驱散。如果说冉森派[1]的精神还依然存在于当时某些家庭中，我们家则是几乎不谈论原罪和地狱的，所有美丽而美好的事物都被看做是圣爱的体现，被看做是值得遵循的典型。打破母亲青春的悲剧并没有改变她关于仁爱上帝的观念。她生活在抗争之上，在祈祷中寻找应对风云变化的力量。她相信上帝任凭人类自由地打磨自己命

[1] Jansenism，又译詹森派，是17世纪上半叶在法国出现并流行于欧洲的基督教教派。因系荷兰神学家C.O.冉森创始而得名。是宗教改革后中加尔文派的一个变种，代表着资本原始积累的要求。——译者注

运的形状，因此她希望我们准备好去赢得我们的命运。这一慈爱的形象使我感到安心，如果在我面前的是一个暴躁可怕的上帝，严厉惩罚每一次忤逆，那么我一定很快会起叛逆之心。她为我打下了我与上帝联系的基石。渐渐地，在我灵魂中留下空洞的父亲的形象被一个充满爱且永不抛弃自己孩子的父亲的形象取代了。

“我们天上的父亲”，这个美妙而强烈的念头愈发成为我在童年和青少年时期经历那些最初的烦恼时的支撑。后来，这个念头终于在一次爱的对话中绽放。

但是，在我忏悔那些差点改变我人生轨迹的风暴之前，我更愿意先描述一个生活的秘密，它第一次以令人炫目的方式揭开其面目。我们所有人都很喜欢露西小姐，她发自内心地爱着我们，即使是经常惹她生气的我。她常热烈地对我们谈起她的未婚夫，他是个宪兵，自从战争开始后她就不曾见过他。1914 年，1915 年，1916 年，1917 年……时间流逝了：他还依然想着她吗？她给我们看他的照片，她把他放在心上，而他呢？我完全被感动了，甚至就要同她一起落泪了。她通过红十字会给他写信，一封回信最后终于寄到了。是的，他对她也同样保持忠诚；是的，他们准备战争一结束就结婚。我们这些孩子，高兴得蹦了起来！我看到露西小姐的脸上绽放出幸福的光彩。啊！爱情使她变得如此美丽！她整个人都不一样了。她原本是那么严肃的一个人，甚至偶尔还会有点忧郁，现在却变得欢快起来，不断地给我们唱歌、带我们做游戏。

这份爱情能将露西小姐改变到如此地步，这对我来说是多么神奇呀！原来世界上存在一种如此强烈的情感，它能美化一切，就如仙女手上的魔法棒一样。当看着那张照片时，露西小姐的眼睛是多么神采奕奕！在跟我们谈到他时，她一反平日里审慎保留的姿态，溢美之词不绝于耳：他很厉害，很英俊，很聪明，很善良，等等。小爱神总是以蒙着眼睛的形象示人：是不是露西小姐也被蒙住了眼睛？对我来说，无论如何，我不希望被蒙住。难道说10岁的我就已经开始小心提防着爱情的种种假象？我只能说我希望“真实地”活着，而不是将自己的生活建筑在海市蜃楼之上。

6岁时，在海滩上，一个风暴天，幸福沉没了，再未回来。现在，我的眼睛睁开看到另一幅幸福的图景，这一次心里却存着一个问号。我睁着好奇的眼睛，张着耳朵，怀着一颗渴望寻到某种永不消失之物的心，开始经历人事。

然而，我的青少年时代可以说是非常混乱的，这并非像人们所想的那样，是由于战争时期巴黎的动荡所造成的。我没有经受多少动荡，除了那些在地下室度过的时间以外，恐怕连这都算不上什么动荡。有时候我会在那里睡着。每当警报响时，大楼里的房客全都匆匆拥到那里。大家待在那里，惊慌不安，竖直了耳朵去听爆炸的情形。所有人高声祈祷，并非出于人类的敬意，在紧急情况下，恐惧滋生信仰。我不喜欢这种孤立无援时求救于上帝的祈祷。但是，当我自己不知所措时，我是不是也会这样？我难道不会向天空发出穿越几世纪的呼喊：“主啊，救救我！”？无能为力时，人难道不会重新变回脆弱的幼儿，向作为力量化身的父亲求援？

那些伴随我青少年和青年时代的烦恼是属于另一范畴的。我恐怕都不敢说现在我已经完全摆脱了它的后遗症的影响。忽然之间，在那个对于性的蛮力尚无清醒认识的年纪，我身上显露出人和动物最强烈的本能的原始表现。我是在什么场合、如何开始自慰的，我已经记不清了。我当时觉得这么做不好，所以我总是偷偷摸摸地进行，而且更愿意在自以为更安全些的学校进行。但是，老师发现了这个情况并告知了我的母亲。一天，我正两颊绯红地在教室里扭动着身子，突然，我看到她隔着门玻璃严厉地望着我。她接着向我解释说，这么做对于一个小女孩来说是不光彩的，我决不应该让它再次发生。但这早已成为了习惯，而我又不太习惯于服从。当欲望的潮水猛烈来袭将我吞噬，只有某些外在的介入能使我停止，不然我自认在快感的强烈欲望面前无能为力。

自那时起，在我肉体里产生了一种性瘾和一种对于肉欲的顽念，当欲望蓄势待发时，它的激烈程度是难以尽述的。这种刺激仍没有完全离开我这具年迈妇人的身体，这一实情不断让我感到惊诧和耻辱。我本以为，经年累月，炽热的巅峰会完全消失。然而事实全非如此。为了自我安慰，我常常思考圣保罗的这一隐情："又恐怕我因所得的启示甚大，就过于自高，所以有一根刺加在我肉体上……"由此可见，他的身体对他来说也是骚乱的源泉："为这事，我三次求过主，叫这刺离开我。他对我说：'我的恩典够你用的，因为我的能力是在人的软弱上显得完全。'"[1] 而我自己，也经历了这种非同寻常的体验：从我踏入初修院的那天起，这一始终根深蒂固的诱惑再也不曾战胜过我。日复一日，我亲身体会到这句箴言："我的能力是在人的软弱上显得完全。"

这个令人困扰的经历使我懂得，甚至在某种意义上让我一起分担这股大部分人无法控制的激流在人世所引发的种种悲剧。我的宽容常常使他人惊异。实际上，我始终相信这种所谓的"肉体的罪孽"在上帝眼中是最不具严重性的。许多次我在心里思索基督对行淫的女人所说的赦免之语："我也不定你的罪，去吧！从此不要再犯罪了。"[2] 这一

---

[1] 《哥林多后书》12:7—9

[2] 《约翰福音》8:11

字一句多么经常地使我的灵魂焕然一新！

重新说回我这个小马德莲[1]的故事。出乎意料地，一缕阳光投射到这具不堪烦扰的年轻身体上。一天，我的母亲对我说："你马上就要 10 岁了，那是初领圣体的年纪。"我高兴地跳了起来，我看到自己穿着白裙、金色头发上戴着美丽的丝网眼面纱。怀着狂喜的心情，我走入了圣樊尚－德－保罗教堂，在那里我聆听一位俊朗的神甫热烈地讲述基督的故事，从他的出生一直讲到他的复活。当然，之前我也曾听说过他的一些崇高的事迹，但仅仅是一些小小的片段。我深深地为基督的经历着迷，他为了救赎我们而迈步迎向死亡，为了救赎我，我，马德莲。

"爱"这个字不时被提及，有时伴随着"死"这个字。他爱我们，他爱着我们直至死亡，那十字架之死！这一次，这份爱使我安心。露西小姐的宪兵呀，他都做过些什么呢？他会为她而死吗？甚至于我亲爱的爸爸，即使他死在我的眼前，他也并非为我而死。我还可能找到一个能够爱我至死的人吗？

一天，神甫发给我们每人一本福音书，让我们带回家："你们要慢慢地读。试着把耶稣所受苦难记在心头，之后我会送给你们一幅美丽的画像。就从耶稣常去的客西马尼园[2]开始吧！"一座园子！我开始慢慢地读了起来，反复地读，为了得到那幅美丽的画像。耶稣说："我心里甚是忧伤，几乎要死……"[3]"汗珠如大血点，滴在地上。"[4]我感到它

[1] Madeleine，《圣经》中译作玛大肋纳，新教称之为抹大拉的马利亚，长期以来一直被解读为悔过的女罪人的形象。——译者注

[2] Gethsemane，位于耶路撒冷。相传为耶稣经常祷告与默想之处，亦为耶稣在最后的晚餐后带领门徒前往祷告之处。——译者注

[3] 《马太福音》26:38

[4] 《路加福音》22:44

们滴落在我的心里。至今犹在。

“你们打算为耶稣做些什么呢？”神甫问我们，“他只向我们要求了唯一的一件事：‘爱你们自己，就如同我爱你们那样。’”这一切都使我醉心。我希望现在做出努力、做出牺牲，不再是为了我漂亮的娃娃，而是为了耶稣……“牺牲，”神甫向我们解释道，“它是指某种‘神圣’[1]的东西，某种美丽的、同时也是困难的东西。比方说，对于你们爱吃的糖果，你们并不独自享用，而是和别人分享。”这是我第一次接触到分享的神圣定义。我们并不能直接和耶稣分享，而是要和尘世的人类分享，尤其是那些最为不幸的人。看似平凡的生命一下子显现出它的价值。仅仅通过爱、通过分享，神圣即渗入生命之中。

拷问良心并忏悔的日子终于到来。我们收到了一张清单：“肉体之罪，精神之罪，凭己分辨是非的傲气，自私之罪，自我‘中心’，轻视他人。”我一一辨认出自己的过错。但是，即使我的灵魂已黑如焦煤，耶稣也会使它重新变得白如净雪，并帮助我成为更好的人。这在我看来多么不可思议！

我也时不时听说，对于某些人来说，忏悔是一次多么可怕的“刮骨”，它使得那些会将人直直地带入地狱的忤逆暴露在外；那么，当他们长大成人，便抛开这一枷锁，又有什么好奇怪的？在圣樊尚－德－保罗的教理讲授中，从未发生过这样的事。我经历了精神上第一次绽放。

在针对我的弱点的这次斗争中，失败有时是灼人的。就这样，在我再领圣体的前夜，我又一次不自觉地自慰了起来。第二天，当我第二次穿上白裙，我的灵魂深感困扰：我的内心真的能够受领圣体吗？但又能怎么样，所有人都在等我，要是我没加入他们的行列，会闹出多

[1] 牺牲（sacrifice）一词词根“sacr-”意为“神圣的”。——译者注

大的笑话呀！于是，我还是前去领了圣体。这一时刻对我来说始终都是个丢人的教训。所幸，我很肯定耶稣怜悯于我，因为他爱我。神甫早就告诉过我们："有时候人会跌倒，但只要依凭耶稣重新投入斗争，这就算不了什么。"

我的人生之路渐渐浮现。我毫无经验地投身于这场艰巨的战斗，为使自己重获纯洁天性而虚幻地拒绝女性之身，是注定失败的。不幸的是，由于我不敢向他人谈及此事来讨取建议，有很长一段时间，我都在夜里反复斗争，以某种无止境的强力约束自己，并陷入极端罪恶感的有害心绪中难以自拔。直到积累了多年关于人性的经验后，我才能坦然自若地记录下我的冲动，将自己的注意力集中于当下的事务，平静地等待冲动的消退。

另一事件如同初领圣体般在我的人生道路留下了印记。我的姐姐玛丽－卢获得了一本又大又漂亮的奖品书。非洲传教士的非凡事迹在书中通过充满传奇色彩的插画表现了出来，比《爱丽丝梦游仙境》更光怪陆离：陷阱密布的旅途，凶残的野兽，他们穿越洪峰，到达蛮夷之地，而那里的野人杀了他们其中的一些、折磨另一些、又吃掉了一些。但是这些可怜的野人与其说是恶毒，不如说他们非常不幸，最终他们皈依了耶稣，耶稣的爱穿透了他们的心。传教士的学校里满满地都是再不吃人的好孩子！我心潮澎湃！就这么决定了：长大以后我要前往非洲，去宣扬耶稣之名，使人相爱并幸福。即使被人杀了或者被大卸八块也没什么可惜的，我已经做好被吃掉的准备。我在餐桌上得意洋洋地宣布："我，我要成为修女、传教士和殉道者！"所有人都笑了。玛丽－卢和小朱洛表示他们要使我对成为殉道者这事有所准备："嘿，在这之前，把这些盘子拿到厨房去，把碗洗了，再去街角的面包店买些面包，要是有人掐你，正好让你提前适应起来！"哦！决不！不是这样的，我要的是野人，是真实！第一次吐露心声就受到挫折，这让我很失望，我决定决口不提殉道一事。这样更谨慎些。但是，在我灵魂深处，小小的火焰仍在燃烧，再也不曾熄灭。孩童时代的阅读对于一个女人的一生产生了多么奇特的影响！

1918 年。我开始听人谈论休战，我并不十分理解这个字眼意味着什么。我特别注意到大家不再下到地下室去了，“大贝莎”[1] 也不再发出怒吼。我们赢了战争，看起来是这样，如果说一场千万尸体堆砌的战争也可以用“赢”来形容的话！当时，我仅仅分享了胜利中的巴黎的喜悦。一想到能回到布鲁塞尔的大房子里，我就欢欣雀跃！

最初的抗争
（布鲁塞尔，1919—1926）

就这样，我们重新回到比利时“平原之国”[2]，开始全力以赴平复战争的创伤。我的母亲所经营的纺织用品出口业务又有了新的飞跃，就在那时，我在玛丽修女学院 [3] 注册学习希腊文和拉丁文，这个学院是最早在比利时推行女子教育的学校。学校挑选出最好的老师，显然是从强势性别中，既然在这个领域中还只有男人。修女们这一特殊的开放性使得男性进入了女子学校。对于学校的教学质量，同时对于我母亲

---

[1] Dicke Bertha，一战中德军使用的重型臼炮。在法国常被用来指称 1918 年轰炸巴黎的神秘大炮，但事实上那次轰炸使用的是完全不同的型号“威廉皇帝炮（Kaiser-Wilhelm-Geschütz）”。——译者注

[2] Le plat pays，比利时歌手雅克·布雷尔（Jacques Brel）所唱歌曲，歌中“平原之国”原指比利时西佛兰德省，推而广之可指称荷兰、比利时、卢森堡三个低地之国。——译者注

[3] Les Dames de Marie，比利时最早的女子学校，建于 1856 年。——译者注

为我筹划的动人未来，我一直存有深深的感激之情。

拉丁文和希腊文有效地对我的智力开发起到了推进的作用。在这里，记忆无足轻重，唯智力论高低。我一下子进入了另一片天地。我得强迫自己逐字逐句地仔细琢磨文章，并把它翻译成一种完全贴合它思想的语言。这类智力锻炼教会我客观地思考。有关荷马和维吉尔的探索研究使我目不暇接。马索安先生教拉丁文，弗雷松先生教希腊文，他们不仅学识渊博，而且对古代研究满怀热情。他们让我们欣赏语言之悦耳，体会英雄之崇高，感受情感之伟大。尤利西斯和佩涅洛佩，赫克托耳和安德洛玛克，埃涅阿斯和狄多，他们成为生动的人物，其悲剧性的命运把我们吸引。

为了领会希腊文和拉丁文的精妙，我们付出了努力，也正由于此，我们的心智在一种高尚情操——人在斗争中成长——的熏陶下得以成熟。生活就像一场战役，胜利等待着那些如尤利西斯一般绷紧肌肉拉开弓、不害怕单挑众敌的人。竞技场上的残酷因为某个更具人情味的轶事而有所缓和：被派出来吞食安德鲁克里斯的狮子忽然停下，伸出了自己的爪子，因为它认出这个逃跑到沙漠的奴隶曾为自己拔出过一根大刺。

这些我们感兴趣的文本构成了我们谈论的话题，每个人都捍卫着自己最喜爱的英雄。不幸的狄多尤其引起了我的关注：她为爱焚身而死，临死仍向带走自己爱人埃涅阿斯的船舶投去最后的目光！当然，这样的爱振奋人心，但是，这个无情的抛弃她的大英雄埃涅阿斯，真的值得她为之葬身火海吗？死亡之纠结再次出现，缠绕不休。

组成这个古文科班的 12 个热烈、爱笑的姑娘非常与世隔绝，她们远离这个世界的粗暴与不公。然而，我认为从某方面来看，我们实现了健全的心灵寓于健全的身体。后来降诸我们身上的不同责任都能证明我们这些女人具有真知灼见，已做好准备来面对生存的战役。

这一教育以及我在家中所受的教育对我来说就好像跳板一样，使我仿佛本能似的走向那些艰难的和那些崇高的，它开启了我无尽上升的命运，一如我们在黑板上所写的骄傲的口号：永远更高。这种培养方式让我学会相信人本身的价值，并激励我去把它从桎梏中解放出来。

一天晚上，我正埋首于我的某个初级拉丁文翻译作业。我的弟弟风一般地冲了进来，欢呼着：

“神甫告诉我们，每天都可以领圣体！”

“绝不会在日常生活中，只有在大节日时才可以。”

“那你说，马德莲，是你更清楚，还是教皇更清楚？”

“哪个教皇？”

“庇护十世，他准许日常受领圣体活动。”

“甚至包括孩子？”

“是的，甚至包括孩子。”

在这之前，频繁受领圣体需要特殊的批准，而且很少批得下来。效果立竿见影。我突然感受到在圣体圣事中基督神秘的吸引力：“就这么决定了，从明天开始，我每天都受领圣体……”这是一个易变且脆弱的青少年的决心。不可思议的是，从1920年秋天的这个晚上开始，弥撒成为了我生命的中轴，成了我的欢乐、力量、爱之复燃的日常源泉。无论教堂是远是近，无论工作抑或假期，无论夜是宁静抑或嘈杂，几乎没有哪一天我不去回应自己受到的召唤。那是极其罕见的，大概一年四五次而已。那时我12岁，在我提笔写下这些句子时我已年近84岁，也就是说，我已经成千上万次得到主赐予的力量，它在我每一次滑动时把我重新安放在马鞍上，时至今日仍使我的日子熠熠生光。

有一个问题我常常自问：这么多年来究竟是什么促使我每天早上奔

向圣体圣事？是基督的圣体在召唤我，还是某种神秘的狂热在纠缠我？这会成为一种习惯吗，一如吃饭、喝水、睡觉？当我想到昨日和明日之圣事，心头满溢着的是怎样的柔情？由此我触碰到一种日渐亲密的爱的关系，而我却从不知该如何描述。它并不发生在感官上——我毫不信任我那空虚中会产生兴奋的感官，也不发生在精神中，按照圣方济各沙雷氏[1]的说法，它发生“在灵魂的尖梢”。那是一片神圣的静默，在那里，生动的事物失去了它的魅力，好斗的本性也嬗变为充满神性的温柔，我终于从中幡然醒悟，我的眼中、唇上、心里充盈着喜悦之情，那是任何人都无法提供给我的：从永恒之源迸发出的和平与喜悦。

但同时，我青春的身体仍贪恋着“人间食粮”。从此以后，我发觉自己被强迫在孤独的欢愉和受领圣体间进行选择，而这是场战役：当我晚上独自待在房间时，我能自制吗？一些晚上成功了，而另一些晚上则失败了。这种情况下，我会起得更早些，冲向教堂，在那儿我知道能找到神甫，我忏悔并领圣体。有时候，当天晚上，我又会重犯！这是怎样的斗争，尤其，这是怎样的软弱呀！但不管怎样，我感到，通过这份上帝期许人类得到的自由，这份我时不时地使用着的自由，每一次当我呼唤他时，他总是准备好还我以平静。无知的马德莲为自己的身体感到羞愧，但其实问题并不在此，而在于如何接受它，而又不至沦为它的奴隶。

其他战役不知不觉间即将打响。我没有意识到在我和我的希腊文老师弗雷松先生之间有一种“伏天的”感觉正在滋生。下课后我们俩

---

[1] St. Francis de Sales，16 世纪日内瓦的一名神甫，后升为主教，协助创立了圣母往见修会，是一位出色的讲道者及灵修导师。——译者注

有时会并肩走一段路，他会同我谈论艺术和文学，会借给我一些我们热烈讨论过的书。我总是一字不漏地听他说话。这样的交流看起来无足轻重，但已蹿出了火苗。

一天，我和我的同学心血来潮，决定每人给自己选一句座右铭。信仰的捍卫者纽曼主教的四个简单的字打动了我："上帝和我。"我自豪地把它写在我的作业本上。弗雷松先生把我叫过去："这又是什么新的突发奇想！上帝和我？"我被激怒了："怎么？您竟敢称之为突发奇想？这可是一生的规划！"他看着我："那么我，我被放在什么位置？"他的脸抽搐起来。我盯着他，惊呆了。他嫉妒上帝！

毕业临近。这五六年来，我们的老师就如苏格拉底一样，为我们身上隐藏的 kalos kagathos [1] 助产。我们决定向他们每人献上一段慷慨激昂的感激演说，绝不亚于狄摩西尼 [2] 或西塞罗！自然，我选择了我的吃醋者；我向他宣读了一些溢美之词，以表明他在"我们"心中所占据的位置。很明显地，他深受感动，并问我要我的演讲稿，我就得意洋洋地递给了他。我的同学们放声大笑：

"马德莲，你疯了，你对他做爱的表白！"

"不，不是这样的。"

多么天真呀！坦率地说，我根本不知道自己满怀激情到了何种程度！如果他表现得更敢作敢为些，恐怕我是无法自救的。这个十七八岁、花样年华的年轻女孩已做好了不顾一切的准备，对他来说这该是多大的诱惑呀……尤其在他妻子那个老古董身边。我猜想，这个四十

---

[1] 拉丁文，善与美。

[2] Demosthenes，(前 384—前 322 年)，古希腊最伟大的政治家、演说家和雄辩家，希腊联军统帅。——译者注

出头的可靠男人，为了守护他时不时向我们提起的家庭，一定做了不少自我斗争。最终，他剪断了一切。我们的学业结束后，我们常和过去的老师相聚。有一天，他再也不来了。我很失望，甚至厚着脸皮冲到他家，但他很坚持，我再没见到他。眼不见，心不烦。我那美丽的火焰熄灭了，而我想，他的也是！

在当下社会，对女孩子的告诫已大大不同，道德观也不太严肃，投入对方怀抱就成为轻而易举的事情了。我听到过某个读者这么对我说："你们俩真是太傻了。如果你们相爱，为什么拒绝快乐？何来什么罪过？"究其本身，他是对的：相爱无罪，共享爱的欢愉亦无罪。《圣经》在《创世纪》的开始部分就已经简单明了地对此做了叙述："耶和华神就用那人身上所取的肋骨造成一个女人，领她到那人跟前。那人说：'这是我骨中的骨，肉中的肉……'二人成为一体。当时夫妻二人赤身露体并不羞耻。"《创世纪》的经文可算不上过分虔诚！

我还想引用一段文字，它具有某种罕见的深刻，甚至可能有些隐晦："在男女关系中，这种如此强大的相遇可以激发一切，唤醒最古老的，为生活的力量开启它最自然的道路，对人类来说，它是成熟的标志……恰当的时刻之恰当的赠与。"[1] 大意如此。为什么弗雷松先生要拒绝与我之间这一"如此强大的相遇"？毋庸置疑，因为这会打击到他的结发之妻、他孩子们的母亲。而同时，我相信这也是因为他爱我，正如莫里斯·贝莱的另一表述，他对我的感情已"超越爱情"。他拒绝滥加利用他对我的魅力，因为这魅力带来的并非"恰当的时刻之恰当

---

[1] 莫里斯·贝莱（Maurice Bellet），《考验，即关于神的仁慈的小册子》（L'épreuve ou le tout petit livre de la divine douceur），德斯克雷·德·布鲁韦（Desclée de Brouwer）出版社，1992 年。

的赠与”。不应该使寓居于我身体中的“生活的力量”偏离“它最自然的道路”。在这段发疯般的激情和欢乐过去后，我很可能就会走出这段令人窒息的经历。并不需要让整个自我完全得到满足，我就会渴望奔向其他更为炽热的爱情。相反，在初识爱情时，我比其他人更需要被框定在准则之内，这能保证我动荡的灵魂得到平衡，这平衡通过与他人结合来组建一个自己的家庭实现，它将使我喜悦。

亲爱的弗雷松先生，在每一场代表爱情的战役中，您都情愿克制自我而不愿来征服我，您拒绝糟蹋我为您奉上的醉人之酒，您让我以纯洁之身离开，奔向我的命运。谢谢您对我的这份“超越爱情”之爱！

在这动荡不安的几年间，我非常庆幸遇见了一个无可取代的好朋友——玛丽－路易丝·马约，她严肃的程度不亚于我顽皮的程度，她认为学业高于一切，而我则情愿游手好闲。最为有趣的是，我们俩截然相反的个性中却有着一个共同点：我们各自都认为自己是献身于上帝的，她留在玛丽修女学院（学院让她继续完成大学学业），而我这个钓月亮的人，以传教士的身份经历着各种冒险。

我受她的影响很大。一份深厚的友谊能够带给人丰盛的财富。玛丽－路易丝是“我的安宁”。她心绪的平稳使我的波动起伏得以缓和，她坚固的虔诚之心使我的心也稳定下来。在我们心中都有同样的伤疤：她也曾承受死亡的悲剧，她母亲的死亡。我们常喜欢一起聊聊有关死亡和永恒的话题，探寻绝对存在和献身。在如此年轻的小女孩之间进行这些对话是令人惊异的，但它们确是对我们内心渴望超越的一种回应。这种灵魂的同感深深扎根，再也不曾中断。她在玛丽修女学院担任要职，处于半瞎状态后，她想前往开罗探访那些拾荒者。临死前，她请求她的教会将她的遗产遗赠给学校——这是她的忠诚最后的典当。

我本想和她一起注册鲁汶大学。这所学校歧视女子的历史可以追溯到中世纪，从阿伯拉尔与他的学生爱洛伊斯发生不幸的爱情开始。玛丽修女学院和那些杰出的学者之间进行了多次漫长而困难重重的秘密会谈，才让他们最终接受女性申请者进入他们守卫森严的堡垒。但是我的母亲非常明确地对我表示了反对："我可从没见你认真读过书。你对胡子的兴趣都比对学业大多了！"我模模糊糊地感到她说得有理。我自忖，一个大学文凭，对于成为教会的传教士和殉道者来说，是完全没有必要的，因为我是决不会放弃的！我越来越清楚地发现，只有通过献身崇高理想，我才能实现自我的完全绽放。

在一次化装舞会上，我的姐姐玛丽－卢扮作卖紫罗兰的小贩，她与其中一个跳舞的人一见钟情。在母亲的同意下，他同我们一起到坎布雷的树林散步。突然，雨珠滴落下来。玛丽－卢打开了雨伞。"小姐，您能允许我为您撑伞吗？"怎么可能同撑一把伞而不彼此靠近？于是，我看到玛丽－卢害羞地滑进菲利普的怀抱：在这个世纪的前四分之一，爱情就是这样诞生于一把伞下的。5月1日，母亲收到一篮铃兰，我们的求爱者不敢直接把它送给他的心上人。客厅花香四溢，年轻人受到鼓励……订婚期间，我们这对小情人仅仅被允许在客厅单独见见，而且客厅门还得是开着的！

结婚的那天到来了。宴会过后，我终于有机会颤抖地在一位年轻而又文质彬彬的律师怀中跳舞。他温柔地对我说：

"马德莲小姐，您打算结束您的学业？"

"是的，先生。"

"您没想过要结婚？"

我脸红着别转了头。未来的殉道者一瞬间让位于一个首次与漂亮男生接触而飘飘然的年轻女孩儿。而表兄马里于斯刚离开他的舞伴，他经过我的身边，发现了我的窘境。"马德莲，你愿意和我跳支舞吗？"

他果断地把我拖到一个谨慎周全的40多岁的男人面前，满心惦记着要把他那心灵与感官都顷刻间燃烧起来的天真表妹解救出来。

这一小插曲对我来说是种启示。舞会的烫金请柬送到了我的手上。我的母亲微笑着对我说："马德莲，这回轮到你了。你要去吗？"我的拒绝使她惊讶，她无法理解。但是我自己知道，这不容讨价还价：要么我继续对主的召唤保持虔诚，身体和灵魂保持自由；要么我去跳华尔兹，迅速被漩涡卷走。

然而有时候，被欲望占领，我又会自相矛盾地推开某家我知道有吸引我的东西的舞厅的门。白天（晚上的话，会被母亲发现，我不敢冒这个险）聚在这里的都是有一定年纪的男人，他们出来猎奇。其中有一个南美洲人纠缠得特别厉害……但每次我都为会我这种糟糕的轻率举动深感愧疚，最后总是一逃了之。

一颗年轻混沌的心遭遇的这些不顺——其他多说无益——今天看来确有多愁善感之嫌，是要一笑了之的。现在的教育把男孩女孩们混杂在一起，或许也由此让他们在面对这样的骚动时少了天真少了幼稚。而我还是谈到这些，因为无论它们看起来有多么好笑，它们曾经在我这样的性格中激发了一种席卷一切的迷狂，并且我无法和任何人深入谈及这些在当时仍算"禁忌"的话题。

难道我准备长期放任摆钟在两极间摆动？应该结束了！我决定前往随便一家修道院，去看看自己是否能找到身体和灵魂的安宁。我把这个打算告诉了母亲，她不容置疑地回答道："你根本不是做修女的料！你在修道院里待不过一个星期。要是你离开后转头就回来，可是要闹笑话的，我不希望发生这样的事。等你成年吧，到那时悉听尊便。"很明显，我的母亲不是那种会轻易更改决定的女人。我那时19岁，21岁成年。我的上帝，我坚持得了两年吗？

玛丽－路易丝·马约，我忠诚可靠的朋友，当时已经不在我身边支持我了。进入玛丽修女学院以后，她在鲁汶继续大学学业。但我找到了一个新的支撑。在圣尼古拉教堂，我有时会看到一个年轻的金发女孩参加早上7点的弥撒。几年来，我一直跟她打招呼，但从没真正跟她说过话。在我看来，她实在太腼腆、太虔诚了，和我不是同一类人，但我感到有必要重新结交一个严肃的朋友。某天弥撒后，我上前同她攀谈。我立刻就喜欢上了她。她对我说："很久以来我就想认识您，但您看上去那么严肃，"她笑了笑，"那么'沉浸'于弥撒中，所以我一直不敢！"我笑开了怀。外表这东西是多么富有欺骗性呀！"5点来我家喝杯咖啡吧，那可是活力四射呀！"马德莱娜·史蒂文住在韦尔特街，而我家在布拉邦街，相距不过3分钟路程。

哦！我的朋友们，那是怎样的欢乐呀！和她几个弟弟一起的，总有那么一群快乐而无忧无虑的同龄人。我就像他们的第二个姐姐，这是多么美好的情谊呀！我们一起吞食那些涂满黄油的面包片，欢声笑语不断。路易·伊夫利也是其中的一员，当时他正和史蒂文家的一个儿子安德烈一起准备进入神学院，后来他成为了一本具有全球影响力的书《这人，是你》[1] 的作者。他接下来的人生经历可谓颇为曲折。

在讨论到上帝、教堂、文化或者社会问题这些话题时，我们笑语不断的青春会忽而变得严肃起来。史蒂文家对我来说就是平息躁动、兴奋的最好解药。"找到忠诚的朋友，意味着找到了宝藏……生命的安慰。"玛丽－路易丝以她自发向善、向美、向真的心灵"宝藏"使我变得丰盛；而马德莱娜则给了我"生命的安慰"——她那团结一致、对

---

[1] 路易·伊夫利，《这人，是你》(C'est toi，cet homme)，德斯克雷·德·布鲁韦出版社，1957年，1996年再版。

外敞开的家庭，在那里可以闻到幸福的味道。那些进门时带着焦虑的人，出门时通常都已变得兴高采烈。我在那里学到了一种无可取代的品质——幽默，它能让你承受世间一切悲剧而不被压垮。

马德莱娜，她是盼望出嫁的，但她拒绝参加舞会。她是那么纤弱敏感，对与陌生人进行接触怀着恐惧。我决定特别为她创设一门舞蹈课，朋友之间互相邀请参加。她或许能在课上遇到心上人。而我，在这种不那么殷勤备至的氛围中，也就不会像在舞会里那么快地掉头走人。确实如此。空气中洋溢着友谊的欢乐气息。自然而然，我很喜欢和那些漂亮男生共舞，哪天要是我稍被冷落，我就会嗷嗷大叫以示不满，当然，也就仅此而已。

最终，马德莱娜找到了她的终身伴侣。他是个朝三暮四的人，但她还是为她的孩子们守护住了家庭的和睦。

突然有一天，我的母亲对我说："你想不想去英国，到菲德利斯嬷嬷那儿讲英语？"那是我父亲的某个表姐妹，伦敦西翁圣母院学校的负责人。我的母亲可不会把我送到别的地方去！我欣喜若狂，赶紧整理行李。不管怎样，我就要去一家修道院了！

决定

(伦敦，1927)

如果懂得善加利用、不出什么差错的话，在英国的逗留将提供给我一段安静时期。开头，一切都进展顺利。让我尤为高兴的是，西翁学校接受那些穷困的孩子。我的房间属于预留给修会的那部分，环境安宁、精心。礼拜堂中的弥撒和谐融洽，把我带入一种远离躁动的深层的祷告之中。我感到幸福，平静的幸福。我向菲德利斯嬷嬷表露了我对宗教生活的渴望：

“但我还不知道要加入哪个修会。我只是想加入传教士的队伍……”

“就像我们这样。不过你应该多访问几个修会，好进行自由选择。”

她给了我一些不同的地址，但我仍感到一片迷茫。

一天，在一家餐馆里，我看着服务生让一位陌生人坐在我的桌子边，并迅速地把桌上隔开我俩的花束拿走。这是个法国人，运气多好呀！他向我吐露心声：“哦！您知道，英国女人都是冷冰冰的，完全和我们国家的两样。邀请她们看场电影、吃顿晚餐……她们就跑开了！”他对我使了个心照不宣的眼色。这对我再合适不过了：这场艳遇将是短暂而迅速的，而我的母亲在千里之外。我笑着回答他：“哈，那些英国女人！我们，我们能相互理解的！”由此展开的对话活跃无比。我们告别时，他欢欣鼓舞，我心醉神迷，约会则已定下。当我重新回到修道院的环境下，事态却完全往相反方向发展。我把我的故事叙述给菲德利斯嬷嬷听，当然，我避开了许多无用的细节！但她很快就明白过来：

“听着，马德莲，得严肃点。你马上就要去访问好几个修道院，好从中做出选择，而你却和一个陌生人同桌用餐。你还想再见他吗？”

“啊！这是禁止的吗？”

“问题不在这儿。你得选择：或者同那些男孩子一起玩乐，或者专心为你的宗教生活做准备。”

她笑着看着我：“这是两种截然不同的活动。这点，你同意吧？”

当然，我是同意的。理论上来说是这样，但实践中呢？最终，我没有回到那家餐馆。我那位潇洒的法国人毕竟还是可能会去找某个迷人的英国女人以寻求安慰。

几个月后，我开始能熟练地用英语说话。转眼就得回布鲁塞尔了。

“那么，马德莱娜，”菲德利斯嬷嬷问我，“你完成你的修道院之旅了吗？你做出选择了吗？”

“不，还没有。”

“你是否想找个地方静一静，让上帝来挑选？”

“……”

“你远离这儿三天，使自己感到全然的自由。你诚实地请求上帝让你的使命在光中显现。你得自我拷问：我的存在、身体和灵魂，究竟寄寓何处才能得到最好的发展，是在婚姻中，还是在宗教生活中？必要的话，是在哪个修会？尤其不要紧张，不要自我束缚。马德莲，上帝希望人过得幸福。由我们，由你，去找到它。你很熟悉圣保罗的这句话：‘捐得乐意的人是神所喜爱的[1]’，也就是指那些‘笑着捐赠的’，那些乐于捐赠的。祈祷吧！我们会同你一起祈祷，上帝会给你光的。”

我对此毫无把握，但我同意前往在伦敦几公里外的拯亡会修女那儿。进到我的房间后，我打开了行李箱。悲剧！里面竟然只放了几本书。离开时，在一片慌乱中，我错拿了一个女学生的行李箱！我是以这种赤裸裸的贫乏状态开始我的清净生活的，从中我看到了神对我使的眼色：难道不应该将一切褪去，以走向光明？

指导神甫勒鲁神甫每天早上都会布置给我每日默祷的主题而不做任何阐释，我只是跟随着耶稣的步伐、他的生平、他在福音书中的教诲。我重拾初领圣体时接触的种种，以求更加深入其中。哦！客西马尼园，大血点滴落我的心头……一切都得以复苏。我重新感受到初次接受召唤时的饱满状态，身体放松下来，灵魂膨胀开来。

第三天，神甫仍不做任何解释地对我说：“去拿一张大纸，将其一折为二。想一想并在其中一栏写下‘赞成’婚姻或者献身宗教的理由，

---

[1] 《哥林多后书》9:7

在另一栏写下让你倾向于‘反对’的理由。别忘记探寻的目的——找到安宁，找到喜悦。我为您祈祷。”我长期保存着这一张纸。以下是我所写下的，个别字词可能有所出入：

目标：安宁，喜悦

一、婚姻

“赞成”的理由

1. 我的肉欲能得到合法的抚慰。

2. 对于绝对存在的探寻没法平息我的肉欲，可能还会刺激它。

3. 肉体的安宁。

4. 拥有孩子的喜悦。

5. 婚姻得到上帝祝福，它是一桩圣事。

“反对”的理由

1. 没法平息我对绝对存在的渴望。

2. 对于绝对存在的探寻能够凭借它所带来的支持来平息肉欲。

3. 肉体的安宁不代表灵魂的安宁。

4. 封闭的圈子：那些世界上不幸的孩子呢?

5. 献身他人的宗教生活也是得到上帝赐福的，而且是从更深层次上。

二、宗教生活

“赞成”的理由

1. 不与刺激肉欲的人、事物发生直接接触。认真地读经，朴实地食粮。

2. 日常支持：祷告，圣事，修会中亲如手足的情谊，平静，不躁动。

3. 安宁的巨大源泉：使他人尤其是孩子喜悦的献身之举。

4. 基督曾说：“我已经胜了世界。”他把我从一切荒唐中拯救出来，他还将继续他的拯救。

5. 人的一生都是场冒险，尤其像我这样的脾气。而到底有多少已婚女子在身体和灵魂上都受到压抑？

“反对”的理由

1. 当肉欲无法得到满足时，它会自发被激起。

2. 缺少一个丈夫，日常支持不足以使我平静。并非所有修女都是亲如手足的，也会有惹人厌的。太过平静的生活可能也会使我厌烦。

3. 精神上的快乐之源，无法满足肉体上的需要。

4. 美好的想法，在过去得到了证实，但没有任何关于未来的证明。风险是巨大的。

5. 在修道院，因为缺乏发泄的途径，灵魂和身体可能被压抑得更加厉害。

衡量了“赞成”和“反对”的理由后，我做出了如下决定：

1. 为冒险而冒险，我选择宗教生活。

2. 我决定选择西翁进行这一实践。我很喜欢这个修会：将生命奉献给穷人，致力于他们的教育事业，规律地做祷告，时时感受到一个团体的友善和一个修道院的安全。这一切看上去都与我的理想非常契合。一旦摆脱了“尘世”的诱惑，我的心就能完全自由自在地伸展，充分感受到将身体与灵魂献于上帝和那些最不幸的孩子所带来的喜悦。

我在纸上画下了一个重重的句号。决心已定，我找到了我生命的意义。我成为了“修女”，换言之，就是为所有人修善行的女人。向前，走！

我必须去体验，才能相信。菲德利斯嬷嬷是对的：离开时我深陷一团漆黑，回来时我周身沐浴在光明之中。我，马德莲·桑刚，再也不会心存怀疑。穿过人世，一路疾驰去追逐幸福，这意味着将自己投身于失败和绝望之中。我很确定，在我体内仍存着魔鬼，正所谓本性难移。但基督胜了世界，他也会把我征服……

这七十五年来，他确实做到了！诚然，当人面临这样一种上帝的挑选时，会尽可能罗列一些日后多少看来是有说服力的“赞成”或“反对”的理由。而我无论如何想要一个能给我那始终动荡不安的身体以平静的决定。重点在于，给出实实在在的选择，做下有理有据的决定。在我漫长的一生中，我不曾有一刻对此感到后悔。更何况，这一决定还奠定了我的人生不可动摇的基础。

我回到西翁。菲德利斯嬷嬷在等我。她安静地听我倾诉。这是怎样一种对我个人自由的尊重啊！我至今仍对她心存感激，对勒鲁神甫也一样。在毫无压力的情况下由自己做出选择，这让我不再有反悔的理由。她笑了：“你马上就会有机会来审视你那些理由的效力。你母亲在信中向我提起了一个从巴黎来的追求者。他对巴黎女子的轻浮抱怨不已。他听说你是个正经女孩儿。等着瞧吧！”我没听错吧：“正经”？可怜的男孩，他陷入了错觉。我的上帝，但愿他不那么帅气诱人，不然我就得重读那张纸了！事实上，白等了我一场后，我的追求者怎么来就怎么走了。或许他终于遇见了他梦中的女孩，因为自此他再没出现过。他的离开，是他的运气——也是我的！

我又一次穿越英吉利海峡，坐船前往敦刻尔克。一开始我倚着舷墙站着，很快就坐了下来，双脚高悬在甲板上方，边抽着烟。在那个年代，这是极其不雅观的，我的母亲禁止我这么做，也正因此我品尝到一种极度的快乐：纯粹为了证明我个人的自由，即使我吐出的每一口烟都助长了我的偏头痛！

这种年轻人肆意妄为的姿态理所当然地吸引了一个帅小伙儿（不管怎样，在我的记忆中他挺帅的）。他在我旁边坐下，也把腿翘到舷墙上，同我攀谈起来。我忙不迭地回答他的问题。

“您抽烟，小姐？”

“如您所见，先生。”

“您这是要到哪儿去，小姐？”

“去修道院，先生。”

“带着这样一双眼睛[1]，小姐？”

“我不会把它丢在门上的，先生。”

“我将前往柏林，小姐。”

“那太好了，先生。”

“您想和我一起走吗，小姐？”

“您也想进修道院，先生？”

“当然不，小姐。”

“那么，后会无期，先生。”

事实是，我的阿姨在码头等着我，而我那帅气的金发小伙儿独自出发前往柏林！

最后的抗争

（布鲁塞尔，1928）

在布鲁塞尔，生活重新开始：为了让我学会怎样裁剪自己的裙子，我的母亲让我早上去上裁剪课，晚上，则在圣路易学校听哲学和神学课。那年冬天，我自发组织了一场戏剧晚会：克洛代尔《给玛丽的报信》。

虽然活动纷繁，但在英国做的决定并未中断。我明白我需要一个

---

[1] Avec ces yeux-là，法国演员让·迦本曾以此句夸赞著名女星米歇尔·摩根的眼睛具有勾魂摄魄的美。Yeux，眼睛，也可指门上的视孔。

听我忏悔的神甫。我选择了里克曼斯神甫，他是我形而上学课的老师，我很欣赏他。我前去见他。他大惊失色地听着我的轻狂故事，中间还穿插着我意欲加入修道院的计划。总之，我希望他向我母亲提出要求，让我在成人前就能离开。他深受震动：

“您这话当真，桑刚小姐？”

“当然了，神甫先生。”

“您真的想要得到建议？”

“我正是为此而来。”

“结婚吧，越快越好。”

“永不。我身负宗教的使命，我！”

这是场聋子间的对话。

事实上，伦敦的平静只维持了很短一段时间。混乱、亢奋、忏悔、领圣体，一切周而复始。某个晚上，我感到一切到头了。我需要一个男人。当时是8点差一刻。离家去上形而上学课前，我去拥抱我的母亲。一反往常，她已经睡下了，很累的样子。但和每天晚上一样，她将睡前拨过的念珠握在手里。

“你有钥匙？”

“是的，妈妈。”

“晚安，亲爱的。快点回来。”

我拥抱了她，然后赶紧开溜。我找了条阴暗的小路晃荡。一个人靠近我，窥探我，抓住我的手臂。我任凭他为所欲为。我们肩并肩走着。占据我身体的狂热消退了，我不明所以。骤然冷却后，我勉勉强强地回应着他。他感到惊讶，问我道：“您看上去像个正经女孩儿，怎么跑到这儿来了？”我得编造点故事了。我支支吾吾：“我的未婚夫把我抛弃了。”他停下来片刻：“我的小姑娘呀，未婚夫妻都是吵吵闹闹的，最后又都会言归于好，懂吗？别说什么傻话了！”他放开我，以一种慈父般的声调悄悄对我说：“我的孩子，回家去吧。”

难道是母亲那微小的念珠像面墙似的竖在我和那个男人之间，使得他突然对我低语“我的孩子，回家去吧”？一些人可能会觉得好笑，但我相信我的母亲祈祷的力量，她的祈求总是会以这样那样的方式得到满足。我当即把这个故事讲给我的神甫听。他惊恐万分，盯着我：

“桑刚小姐，您真是昏了头。将您放开的这种人，这世界上一百个里都找不到一个。您直接堕落到卖淫的地步，而您还敢跟我谈什么宗教生活？”

“我当然要谈，而您，您限制我谈论我的使命。”

“桑刚小姐，您到底明不明白您在说什么、您在做什么？入修道院的誓愿会让人受到诸多限制。”

“这正是我想要的：受到限制。贫困，贞洁，服从，这正是我需要的！”

他被惹怒了，回了我一句：

“贫困？您母亲告诉我，你们从来没有足够的钱来买衣服。”

“确实如此，神甫先生。在教会，只有一件袍子，够穿好几个世纪。钱不是必需的！”

他发出嘘声：

“那么贞洁呢，您听好了，贞——洁——呢？”

“呸！没有问题。修道院里没有男人，您想让我怎样呢？”

他哑口无言，但也愈发生气。他接着说：

“那服从呢？您从不服从于任何人，桑刚小姐。证明就是，您选择我做您的导师，但您早就下定决心不让自己被引导。在修道院，有一个简单的词是被您全然无视的：‘好的’……您听到了？‘好的’。”

“不过在这点上，您完全搞不清状况，神甫先生。正因为这样我才要进入修道院。我烦透自己了，我再也忍受、支撑不下去了，我无法自控。我想要一种尺度，我，我需要有人来管住我，来强迫我说‘好的’。”

“那刚好，去找个丈夫吧，他知道怎么管住你，相信我！”

我越来越激动：“我不要个男人来管我，他没这个权利。我要始终保持自由，我！”

神甫和我，我们都过分焦躁了。他受不了我那些不可理喻的自相矛盾。“桑刚小姐，我们什么也没谈成。归根结底，我不明白，您到底为何来见我？”

我一字一顿地说：

“为——了——请——您——去——告——诉——我——母——亲，让——我——进——修——道——院，就这样，没别的。”

“这不可能。被禁足后，您会发疯，还会拖累整个修道院！”

“那么您是准备放任我堕落卖淫了——可是您这么形容的。在上帝和人类面前，您将对此负责。”

他觉得受到侮辱，站起身来：

“我们散了吧，桑刚小姐。瞧您对我说的都是些什么呀？”

“纯粹的事实。”

我拿出手绢，开始抽泣：“我已迷失，而您不愿向我伸出援手！”可怜的神甫完全不知该求哪个圣人保佑……保佑我！“神甫先生，求您明天来我家吃中饭，并告诉我母亲，‘让她去修道院吧，她会回来的，她会结婚的。’”泪眼朦胧中，我补充道：“是的，我可以发誓。要是我回来，我一定去参加舞会，我会接受第一个上前自我介绍的……或者第二个。一切就结束了，我会结婚。”

我感到神甫有所动摇。眼泪胜于雄辩，我们女人都对此心知肚明。

“别哭了，桑刚小姐。明天我会去找您母亲谈一谈的。”

他来了。我的母亲让步了。

总算搞定了！没时间可浪费了。我赶紧写信给菲德利斯嬷嬷，让她请巴黎的初修院接受我。我的母亲也同样急急忙忙写信给院长：她的女儿完全没有进入宗教生活所必需的某些品质，因此应该在接纳她前先考验她一番，这样会更谨慎些！

让我们稍作停留。坦率讲，难道真的如我母亲所言，我一点儿也不具备任何未来的宗教生活所需要的品质吗？1929年，人们是十分严格的：无可责难的道德，遵守戒律的精神，禁得起考验的虔诚，没有一丝卖俏嫌疑的朴素衣着，迎接一切苦难的献身精神……20岁的我，难道不算这一切美德的反面教材？

这里我们触及到了奥秘的核心部分。拉丁语中vocare的含义为“召唤”。一项“神圣的使命[1]”，也就意味着感到被某种超越个人的东西召唤，它使你成为最好的自己，给你意想不到的力量……神秘莫测的吸引力啊！那些在别人眼中或许看起来毫无趣味，甚或不可能以至疯狂的，却是神魂颠倒的你一心一意前进的目标。

既然我所肩负的是宗教的使命，自然而然我所依凭的是上帝。我寻思道：“当我还是孩子的时候，我扑进父亲的怀中，他可曾让我摔着过？而上帝难道不是‘我们天上的父亲’？”

我启程了，两手空空，以此作为对于一份双重召唤、双重之爱的回应：一个来自我初领圣体时的基督，一度消逝后重又激发；另一个则来自遥远的使命以及为穷人提供服务的愿望，这越来越吸引我。别害怕，马德莲，出发吧。向前！基督是唯一永不会让你失望的人。

---

[1] Vocation，与vocare有词源关系。

终于自由了！

（巴黎，1929—1931）

我按下了巴黎田园圣母院街60号西翁圣母院修会的门铃。巨大的能通车辆的门微微打开。“我是桑刚小姐，前来初修。”“大家都在等您。”我被带到负责人康斯坦丁娜嬷嬷处，她四十来岁，微微发胖，微笑迷人，神情坚决：

“我们收到了菲德利斯嬷嬷的一封来信，您想要开始初修？”

“是的，我正是为此而来。我明天开始？”

她笑了笑。她还收到了我母亲的来信！“在这之前，我们将先考验下您。您的房间在年轻女孩儿和寄宿修女那一头。我已经为您做好安排了。”她递给我一张纸：“您将随同初学修女一块儿在小教堂上日课，做家务，并担任学校门卫的工作。但不许外出，也不许到巴黎闲逛，懂吗？”我大喊：“哦！不，千万别。我甚至还没告诉我的姨母们我在这里。”

5点起床。5点半默祷，日课，和修会一起做弥撒。但在食堂，我成了年轻人中最会活跃气氛的那个。疯狂的笑声此起彼伏。很快，侍者修女就把我的餐巾挪到了那些修女边上。我始终爱开玩笑，向她们解释着“我们正吃我们祖先的根”这句话的含义。就连那些一看就让人肃然起敬的六七十岁的老嬷嬷都哄笑起来！

这里，我发现新加入了两个穿着朴素、静静吃饭的年轻女孩儿。我认识了她们：

“我们从罗马前来初修。”

“啊！我也是，我们会一块儿。”

“长袍”修女等着给她们量尺寸。我跑到康斯坦丁娜嬷嬷那儿：“发生什么了？为什么没有准备我的长袍？”她面露难色，回答我道：“马德莲，您还没有被接受，您有些浮躁，懂吗？您的命运将在明天决定，交给理事会的嬷嬷们决定。”

初学修女负责人玛丽－阿方斯嬷嬷收到我母亲信件的警告后，很可能去向侍者修女打听了情况。“未来要求入修会者？她甚至改变了那些年长的修女。”完全没必要让这么颗疯狂的脑袋来扰乱初修会秩序！

院长冈萨雷斯嬷嬷把我喊过去。这是位德高望重的女人，她专心地听我叙述，为我的劲头感到高兴，而同时也注意到了我的决心。理事会召开了。虽然初学修女负责人投了反对票，我还是被接受了，进入试用期。比起我母亲所写的信，菲德利斯嬷嬷这个在修会中广受赞誉的年轻负责人所写的那封信发挥了更大的作用。

我早已选定了自己的教名。《马太福音》引述了《旧约》70名译者所译的希腊文译本中先知以赛亚之言，作为基督降生这一神迹的预卜：“必有童女怀孕生子，人要称他的名为以马内利（就是‘神与我们同在’的意思)。”[1] 这些话语中隐藏了我的使命的深刻内涵：将犹太教传统与基督教新的启示紧密连接在一起，成为令以色列与教会、令所有人（无论他具有何种身份）能够交汇的桥梁。我难道不应该由那个如此轻易就被扰乱的玛大肋纳（马德莲）转向意为“神与我们同在”的以马内利吗？[2]

1929年5月5日，傍晚5点。我脱掉了一个年轻卖俏姑娘的花里胡哨的行头，穿戴上那摒弃一切诱惑之念的黑色长袍与面纱。我试图

[1] 根据《马太福音》1:23

[2] 很久以后，我收到一张我祖母的父亲的照片。在照片反面，我惊愕万分地读到：以马内利·摩西·德雷福斯，1820—1901。我毫不知情，竟重新采用了他的名字！通过他以及我的犹太祖先们，我感觉自己离《圣经》中的以马内利更加接近了。

描述——我做得到吗？——陶醉在自我解放中的我被迸发的喜悦瞬间击中的情形。恰是在那一刻，我感觉到自己不再像从前那样，如夏娃般被诱惑，把外表的美丽看做最重要的价值：明亮的眼眸，嘴唇的轮廓，粉嫩的脸颊，细腻的肌肤，光泽的秀发，优雅的胸部，细长的双腿……我再不是一心讨好他人的奴隶。讨好男性的欲望，这够了，它曾经够使我苦恼的了，就让它去纠缠别人吧！我逃脱了永恒的女性之困，永恒的被奉献却不被满足的祭品之困。我的灵魂从一具准备好成为被人占有并充满占有欲的情人的肉体出逃。我感到突如其来的自由，由身、至心、再到意志的自由。我不再是“桑刚小姐”，而是“以马内利修女”，是所有男人和女人的姐妹！悖论在于，这一可以说再未离我而去的胜利解放是充满矛盾的。我是自由的——并非本真的自由，而是实存的自由。我做下说明。“我是自由的”：我已经成为以马内利修女，不再是欲望之奴隶。“并非本真的自由”：我并未改头换面，我仍是一个夏娃女孩。这个马德莲－以马内利准备好要同基督一起进入连续不断、令人称叹的神游，她的力量寄于她的弱点之中。她将随时随刻乘着“超越之爱”的微风，由他带向“彼岸”。那些袭向她的危机与疑惑都无关紧要：她成为冲浪者，欢快而轻盈，一一跃过前方障碍。她把手放在基督——爱——的手中；在物欲之外，她将向所有人奉献一种无条件的熠熠生辉的友谊。真美妙，开心点，以马内利！别害怕，直直奔向你的命运，初修院正等着你！

不管怎样，玛丽－阿方斯嬷嬷还是热情地迎接了我。在她的带领下，伴着圣歌《我是快乐的》，我在两列初学修女间缓缓前进：“我们往耶和华的殿去，我就欢喜。”[1] 人们依次拥抱了我，带着微笑，情同手足。

---

[1] 《诗篇》122:1

这是个好的开始！

所有人都围着初学修女负责人坐在小凳子上。她讲圣经给我们听。我们没法读到全文，而只能读到一个个片段。在那个时期的天主教教堂中，只有神甫和一些特殊背景的在俗者才被允许翻阅完整的经文。我不假思索地抗议道："我的嬷嬷，可是，在布鲁塞尔，我们上课用的是完整的圣经！"她冷冷地回道："是谁允许的，我的小修女？"我自信满满地回答："是在范·罗伊红衣主教的鼓励下，他是梅赫伦的大主教。"在场者尴尬地沉默了……一道目光愤愤地向我投来："我们不在梅赫伦，而在这里，没有人会反驳初学修女负责人。"课间休息就在这样一种凝至冰点的气氛中结束了。

玛丽－阿方斯嬷嬷把我叫到办公室，并让我跪下。片刻过后，她向我表明希望能立刻使我对宗教生活幻灭：离开对我来说是更有利的。在她看来，我的母亲完全在理。她严肃地训斥了我一番："您才刚来，就敢跟我顶嘴，还是在初修期间！"

我看着她，回答道："不是我这么说的，是范·罗伊红衣主教！"

"难道您还不明白，范·罗伊红衣主教与这里毫无干系？您不过是个狂妄自大的人，随时准备在初修院散播反抗的种子！"

"但，我的嬷嬷，我没有……"

"闭上您的嘴，垂下您的眼。到礼拜堂去，顺着14幅耶稣受难像，在每一幅受难像处边亲吻大地边说：'我只是个狂妄自大而一无是处的人，请原谅，主。'您听明白了吗？初修是一项艰巨的考验，要走要留，悉听尊便。"

我前去礼拜堂，思忖着："我是自由的，因此我要留下。挺过去，这是朝我泼来的第一盆冷水。"我久久地注视着每一幅画像：无罪的耶稣，被判死刑的耶稣，钉在十字架上的耶稣。我深爱的，我只是个在爱中狂妄自大而一无是处的人，请改变我！

次日，玛丽－阿方斯嬷嬷把我叫去，等着我提出离开的请求。我跪下，垂下双眼。

“那么，您感觉如何？”

“哦！好极了。”

她很惊讶，又说：

“抬起您的眼来同我说话。您都做了什么？您是怎么想的？”

“我在耶稣受难像前祷告，我想：是的，我是个狂妄自大的人；这是朝我泼来的第一盆冷水。我来到初修院是为了改正自我。且看后续的表现吧。”

“您真的希望留下？”

“我正是为此而来！”

她的目光变得柔和起来：“好吧，那我们就拭目以待了。我要求您每天坦白地把您心中所想写下来给我。”

开始时对谈并不顺利，但自从她了解到我为了融入宗教生活已准备好付出一切时，她开始对我负责。我也是，我明白通过她，我将稳稳地迈出在metanoia（古希腊文，皈依。此指向上帝的皈依）上前进的步伐。我对她坦承了所有过去，毫无隐瞒。她只是对我说：“上帝太爱您了！您应该成为他爱的使者。我建议您做一次全面的忏悔。通过圣事，上帝将把过去一笔勾销。可以说，他将忘记它，而您也是。当回忆在您身上重新涌现时，您将心平气和地任其消退而不再受它烦扰。鼓起劲儿来，以马内利，上帝与您同在。”

我严格地遵照她的忠告，这给我带来了巨大的好处。我感觉自己脱胎换骨了！一如预料，有时候过去的影像会一股脑儿地涌入我的脑海。玛丽－阿方斯嬷嬷微笑着反复对我说：

“以马内利，被拴住的狗不咬人！就任它依着天性吠叫吧！但要注意，如果您有被铁箍束住的感觉，那就证明您的神甫是正确的：您该结婚！”

“哦，不！正如您所劝告过的，回忆袭来时会产生一些不自在的感觉，我试着不去理会。它们进入，它们离开，而我唱着歌继续前进！”

为什么我如此热爱初修院的生活？没错，我失去了来去的自由，失去了跳舞以及在一场场艳遇间流连的自由。但在初修前，我生活在一种永恒的不满中；而现在，我的心被祷告所占据，它使我的身体、我的灵魂、我的心灵盛放，无论多么单调无味，它都日复一日地辐射开来。

5点。铃声在宿舍回响，一个声音响了起来：“请举心向上！”我边从床上跳起来，边回答道：“我们全心归向上主！”我早已知道我要走向谁。

5点30分。在礼拜堂，我跪下安静地饮用生命之源。圣体圣事不再困扰我，我受领我所爱的。安静笼罩着一切活动，使人即使在清扫时都能同主交流。在进行宗教阅读时，我任凭圣奥古斯丁的《忏悔录》的熔岩烧灼（两者间可互相理解）：“古老而常新的美，太晚了我才爱上你！”之后，我边想着上天，边轻快地前去准备食堂饭桌。

然而，在讲演时，玛丽－阿方斯嬷嬷懂得如何把初学修女们带回尘世的现实中：“如果你们来修会是为了躲避世间的艰难，以图过好小日子，那我劝你们越快离开越好。正如尘世上经过的一切，考验等待着你们。宗教生活首要的考验来自于身与心的纯贞：通常人类都寻求感官之爱以使灵魂和身体得到满足。你们准备许下的关于贞洁的誓愿在你们看来只是几小时走过场的荒唐事。但是，真正的丰产来自于爱。随着你们体验到对上帝和人类愈发崇高的爱，生命之源将从你们身上喷涌而出。你们将奉献出最珍贵的馈赠，那是世上每个人都渴求的：爱中的温情，无所求。”

在爱中无所求，一切尽在其中。这一在我的宗教祝圣之晨由玛丽－阿方斯嬷嬷点燃的理想，成为了在我一生中未曾熄灭的火焰。而当我把这些句子写在贫民窟中我的小屋内时，在我的命运之夜，我依然能用它的余温温暖我的那些拾荒者兄弟姐妹。

“至于关于从顺的誓愿，”玛丽－阿方斯嬷嬷补充道，“它看起来似乎与世间最宝贵的财富之一——自由——相冲突。但究竟什么是这世上最普遍的欲念呢？恐怕是意欲成为自身的准绳，由自己来判别善恶。上帝的命令看起来像是令人难以忍受的桎梏，应该不惜一切代价去打破。然而，正如基督在一句简单的句子中所概括的：‘爱你们自己，就如同我爱你们那样。’对爱的反抗正是恶与不幸的起因，它们有着相同的语源。为了根除反抗之念，基督决定选择从顺直至死亡，直至钉死在十字架上。这就是你们的誓愿的意义，无论付出何种代价，都要如他般从顺。而悖论在于，你们所选择的从顺将带来解脱。修女们围绕着修道院院长聚集在一起，自愿为了集体的利益而遵守既定的秩序，这样的修会是世界上最和平的地方。没有什么比寻求他人幸福更能使人成长的。”

接着，玛丽－阿方斯嬷嬷微笑地看着我们：“这一理想的图景并不总能实现。总会有这个或那个修女在考虑他人幸福前先考虑自身利益，使和平被扰乱。有时候也会有某个修道院院长太过专制，甚至会使令她不悦的修女感到痛苦。在这些情况下，从顺就成为沉重的桎梏。”

她的目光一瞬间变得深邃起来：“因此，这是属于大爱的时刻……你们学会凝视那带耶稣像的十字架而背负起属于你们自己的十字架了吗？有如此多穿越世间的男女不得不经受一些有时看来无法忍受的境况。在这可能有些糟糕的考验之后，你们将心怀世界，从自我中解放出来，懂得理解并帮助人们度过困境。”

这一字一句强而有力，甚至坚硬严峻，打在我心头最柔软的地方。在初修院，从顺对我来说算不了什么。我来此的目的正是为了打磨自己去过真实的宗教生活，是为了一点点控制住我天性中倔强、自私和纵欲的部分。我清楚地看到每日的祷告和一些简单的活动都正促使我向这个目标迈进。玛丽－阿方斯嬷嬷理解我，爱我，支持我。但是如果日后我要面对的负责人不理解我，向我做出一些无理的指示，强硬如我，决绝如我，我要如何从顺呢？

这将是属于大爱的时刻！当它到来时，这一时刻——我还将提到——带给了我非同寻常的经历。从顺在我身体刚硬、执拗的部分打开了缺口。它让我明白正如帕斯卡所言，“大爱”要求“彻底且温和的弃绝”。为了做到这一点，有一天我将不惧刀山火海。

“有关贫修的誓愿，”玛丽－阿方斯嬷嬷解释道，“并非最显而易见。事实上，修道院院长必须为每个修女解决温饱，给予照料，等等。但任何事物你们都不应该据为己有。你们应该满足于别人所给的。每一个将死之人，在他们生命的流逝中，总试图抓住某样稳固的物质财富，意欲成为其唯一的所有者。千万当心，避免自己依附于任何事物，避免说：‘这是我的房间、我的椅子’，甚至还有修女言称‘我的扫帚’，谁动谁就倒霉！……再没有比这小小的占有欲更加尖锐锋利、更加违背有关贫修的誓愿了，它割裂一切联系。

“如果说你们不必为物质忧虑，那是为了使你们能够全心全意为所有人奉献无偿的友爱。我说过，你们应该成为心怀世界的修女，更加自觉自愿地倾身去关心那些最弱势的、最受轻视的群体。只有拥有一颗贫民之心，你们才能走近他们！”

全凭这第三个誓愿，我的命运得以锤炼。它就像螺旋钻般越钻越深，最终将我推至人类苦难的最深处，我分担着它的痛苦，是为了战胜这苦难。

两年无忧无虑的初修期就要结束了。我感觉到玛丽－阿方斯嬷嬷心中怀着一种前所未有的焦虑。她把我叫过去：

“以马内利修女，您第一次立誓的时刻马上就要到来了。您确确实实发自内心地感到幸福吗？”

“是的，是的！那是当然的！”

“您是如此年富力强、热情洋溢，您能够永远忍受宗教生活吗？”

“为什么不能？初修生活丝毫没有使我感到难受。”

她笑了：

“2 年……但 50 年，60 年，或者更多年呢？”

“也许更少，我的嬷嬷。又有什么要紧的！”

“您现在仍有离开的自由。您真的愿意受誓愿的约束？”

“当然！爱，即束缚……死生相连！”

几天后，我必须经历“教会的考验”，由巴黎的大主教所委派的代表负责。他代表教堂前来确认初学修女没有被施加任何压力。我走进会客室，规规矩矩地坐在一张桌子前，一名令人肃然起敬的教士正在那儿等着我。

“我的修女，是怎样的动机促使您来到这里？”

“把自己奉献给上帝、神甫，以及所有世间受苦之人的欲望。”

“没有人迫使您这么做？”

“正相反，所有人都反对我，包括我的神修导师。”

他感到吃惊，又说道：

“包括神修导师？为什么呢？”

“因为我独立、轻浮、卖俏。”

我对细节避而不谈，无非不想惹他反感。

“那初修院没有让您感到难以忍受？”

“哦，没有！它使我从自我中解放出来。”

主考官强调道：

“为誓愿所约束，对此您不会害怕吗？”

“我，当然不。恰好相反，我希望感到自己受到约束，这将有助于阻止我频频回顾过去。”

“但是您有能力守住贫修、贞洁、从顺三愿吗？从您谈及的性格来看，这并非易事。”

我以一种确信的口吻回答道（玛丽－阿方斯表示过同样的忧虑，促使我祷告并长久地思考）：“如果我是独自一人，很显然，我是不具备这样的能力的。但是，在基督和圣母的支持下，在我的宗教修会的帮助下，我很确定我做得到。”我着重强调了“确定”这个词。他再次向我确认：

“您会感到紧绷、挤压，还是膨胀、绽放？”

“哦！没有紧绷感，也没有挤压感。但是绽放，这没错。幸福，这也没错。同自己相处，我感到平和。”

神甫看上去很满意：

“平和，一切尽在其中，我的修女，您的名字是？”

“以马内利修女！”

“好，我会签字同意的。愿上帝保佑您忠诚而幸福！”

“谢谢，我的神甫。”

我撒腿欢奔，好像整个人浮在半空。道路上再无阻碍……

初学修女间悄声流传着一种带有神秘色彩的说法：“在立誓的前夜，玛丽－阿方斯嬷嬷会启示一个秘密。”就在那个翘首企盼的晚上，我们围在她身边。片刻冥想过后，她向我们每个人微微一笑，她的声音在耳边响起："你们从世界各个角落（法国、意大利、德国、罗马尼亚等等）来到此地，都曾受过同样的爱的创伤。但直到现在你们中还没有人领悟到爱意味着什么。这是门鲜为人知的学问，因为它需要绝对的献身精神。

"耶稣直到十字架受难之时仍在爱着。他用爱制成恨与死的解药，使爱成为复活之门。明天，在祝圣仪式结束后，你们都将受领到什么呢？一根链子和一个带耶稣像的十字架。你们意欲系附一生的、你们将称之为'丈夫'[1]的，是浸于圣血中的丈夫。他爱着，直至献出鲜血……那么你们呢？"她久久地注视我们每个人。

"如果你们是忠贞的，如果你们折服于十字架之爱，那么今天的小伤口、你们内心的创伤将会变大。因为日后，任何一个男人、女人、孩子所遭遇的苦痛，都会像烙铁般将你们灼伤。你们将成为全世界的修女，为那些受苦受难者唤醒、激活生命——他们的苦难在你们心上划下伤口，而同时你们内心却也深谙自基督起死亡孕育重生之理——这将是对他们最大的宽慰。于是你们将亲历神迹：从你们内心扩大的伤口涌出源泉，溢出安宁与欣悦，慢慢泛滥开来，最终又会奔流向你们

---

[1] 原文 époux，意为"丈夫"，此指耶稣基督；其阴性形式 épouse，意为"妻子"，特指教会。《圣经》以基督和教会的关系类比丈夫和妻子的关系："你们做妻子的，当顺服自己的丈夫，如同顺服主。因为丈夫是妻子的头，如同基督是教会的头，他又是教会全体的救主。教会怎样顺服基督，妻子也要怎样凡事顺服丈夫。你们做丈夫的，要爱你们的妻子，正如基督爱教会，为教会舍己。要用谁借着道把教会洗净，成为圣洁，可以献给自己，作个荣耀的教会，毫无玷污、皱纹等类的病，乃是圣洁没有瑕疵的。丈夫也当照样爱妻子，如同爱自己的身子，爱妻子便是爱自己了。从来没有人憎恶自己的身子，总是保养顾惜，正像基督待教会一样，因我们是他身上的肢体。"（《以弗所书》5:22—30）——译者注

自己。你们将领悟，世间最美的爱的历程诚然包含最大的苦痛，但也带来最大的欣悦。”

1931年5月10日，复活节后的第四个星期日，大日子终于到来了。家人朋友蜂拥而至，前来参加这场盛典。马德莲在经历了两年考验后，不曾松懈。她投入到宗教生活之中。

弥撒礼拜仪式开始了，那些话语在我心头低吟浅唱：“以欢呼的声音传扬……哈利路亚……耶和华救赎了他的仆人……哈利路亚，哈利路亚。”[1] 在进行第一部分诵读时，感觉就像圣雅各直接与我对谈：“在神——我们的父——面前，那清洁没有玷污的虔诚，就是看顾在患难中的孤儿寡妇，并且保守自己不沾染世俗。”[2] 在福音书中，耶稣本人引领我得喜乐：“如今你们求就必得着，叫你们的喜乐可以满足。”[3] 这一刻，完美的喜乐在我灵魂流淌！

受领圣体前，在8名女伴的陪同下，我坚定地跨上了祭台的台阶。轮到我时，我明确地表了态：“以圣父、圣子、圣灵之名。在尊敬的西翁圣母院总神甫舍夫纳神甫的见证下，在最最尊敬的院长玛丽－冈萨雷斯·德·西翁嬷嬷的助佑下，我，上帝卑微的仆人马德莲·桑刚，教名玛丽－以马内利修女，依照西翁圣母院修会的规定，发自肺腑地向万能的神许下贫修、贞洁、从顺三愿，一年为期。哦！请收容我，耶稣之心、马利亚之心，将我纳入您卑贱而忠诚的奴仆之列。哦！我的上帝，请赐予我力量，使我能矢志不渝地执行这个宗教大家庭的种种规约，并完成我的使命赋予我的应尽之责。阿门。”在我一生中，有

[1] 《以赛亚书》48:20

[2] 《雅各书》1:27

[3] 《约翰福音》16:24

多少次，在神圣的圣体仪式上，我满腔热忱地重述着这段誓词！

舍夫纳神甫把链子和带耶稣像的十字架交到我的手中，我怀着爱亲吻了十字架，并把它戴在脖子上。我在心中默念："我的爱，一切都完成了。谢天谢地！现在，你我之间，死生相连。"根据宗教的规定，在接下来的6年中，我得每年重新立下这些临时性的誓愿，直到最终被接纳为止。教会是多么审慎呀……

唱诗班将一首我最爱的赞美歌献给马利亚："向你，纯洁的化身，我许下我的誓言。你，金色的光芒，孕育一切光亮，请留下我。留下我的眼，留下我的唇，留下我的心。收留我，我是主的奴仆。"我很确信，她将留下我。

刚刚发完愿的修女们接着前往一间大厅，有一百多名修女在那里等着。我们被拥抱，被热烈地款待。那些年长的嬷嬷止住眼泪："你们将代替我，加油！我在澳大利亚度过了50年岁月！"我兴奋地冲上前："我的嬷嬷，我向往澳大利亚！恳请让我去那儿吧！"她对着我笑了笑："我们遵行上帝的意志，不是吗，我的小修女？"哦！从顺……我以一句干脆有力的"是的，上主！"作为回答。

然后，我冲下楼梯，直奔接待室，投入母亲的怀抱。我们俩都深受感动：

"妈妈，谢谢，多亏有你！"

"我的女儿，我只要求你一件事情：做一名好修女！"

我不曾稍忘母亲的心愿。

为什么之前从未听过她话的我能够在那两年中完全遵从一种严格的规章制度？为什么不惜一切地拒绝来自一个丈夫的"束缚"的我却能欣然接受来自初修院更为沉重的"桎梏"？起初，这在我看来有些奇怪，仔细一想，我则找到了不同的几个理由。首先，我将之归结为自然本性的流露：我同世间众人一样，为了自己钟爱的、自由选择的目标，愿意付出惊人的努力，就好像任何一个参赛者参加锦标赛或竞赛时一样。第二条理由：自6世纪以来，数不胜数的基督徒都生活在自愿接受的教规的制约下，他们相信由此能完成上帝的意志，而我也这么相信；现在轮到我加入这永恒的sequela Christi（拉丁文，耶稣的追随者）的行列。第三条理由：我感到有必要泊于某种为我理智所接受的规范中，这些规范充当起护佑我的栅栏——栅栏！——与此同时，把我自己和一个男人以及他短暂多变的爱情结合在一起的念头却使我反感到了极点。我想到的第四条理由，我称之为“超自然的”：一种鲜活的实在存于我体内，不同于我的意识，比之更为要求严格，任何人类的语言都不能与它沟通。它如一阵微风，在耳边轻柔拂过，绝不强加于人，如圣经所言，它带来了上帝的讯息，归结为基督的那句“放下一切，跟随我”。召唤是迫切的。我聆听它，躲避它，在我所有的道路上兜兜转转，直到折服并听命于它。这份爱感知于灵魂的基底，以它的存在为生的人们把它看做确切无疑的体验；而对另一些人来说，呼召则是狂热的神秘主义的标志。这都不是问题：每个人都有权利做出自我判断。

于是，我欢欣鼓舞地等待着使命的分配。我将奔赴怎样的困境？玛丽－冈萨雷斯嬷嬷把我叫过去。我走进她的办公室，心怦怦地跳。

“以马内利修女，以你的学历，我正考虑把你送入索邦。”

“哦！我的嬷嬷，我希望能为穷人做点贡献。我曾向您提出过这个请求，而您也答应我了……没必要为了一纸文凭再等上4年。”

“当然，您可以前往伊斯坦布尔，去负责免费小学的工作。那里的孩子是多么不幸呀！”

“哦！是的，我的嬷嬷，派我到伊斯坦布尔去。”

“我不愿意强迫您上大学，但您再好好考虑下吧。”

“都考虑好了，我的嬷嬷。我热望着去实践，去帮助穷人。”

她静静地看了看我：

“的确，两年的初修后，”她最终补充道，“我能理解您的心情。四年的索邦生活对您来说太严苛了。那么好吧，就决定让您去土耳其吧，在那儿埃尔维拉嬷嬷将成为您的负责人，她会理解您。和孩子们在一起，您会感到幸福。”

她微笑着祝福我。我离开了她，心潮澎湃。我总算正式被接受成为了一名传教士……土耳其人的传教士！

我并没有被派去黑漆漆的非洲，也没有随时等着把我吞咽下肚的野人，是小小的土耳其人向我张开了怀抱。我将帮助他们战胜命运。终有一日，他们将从苦难中解脱出来。而现在，我仿佛已能看到他们昂首挺胸，在生活的道路上阔步向前。我心花怒放。

前进，以马内利，土耳其万岁！

第二部分　伊斯坦布尔

（1931—1955）

风暴及其平息

(伊斯坦布尔，1931—1940)

冈萨雷斯嬷嬷很清楚应该把我的宗教生活的第一步托付给谁。在伊斯坦布尔，我受到了修道院院长充满温情的迎接。她让平和与喜悦之情洋溢在每个修女心头——要在60个女人身上做到这点绝非易事！而这正是埃尔维拉嬷嬷的天赋所在。她懂得倾听，善于理解，喜欢每个人本来的样子。事实上，只有一种既温和又强烈的情感才能解决冲突，那些无可避免的冲突。

我负责50多个小孩，大部分是女孩，这些孩子组成了免费学校的初级班。他们来自于一些贫困的基督教家庭，原籍希腊或亚美尼亚，由于宗教原因而被社会边缘化。幸运的是，一位资深的小学教师马德莱娜小姐一直同我在一起。如果没有她，整个班级将永远处于课间休息阶段。我爱我的孩子们，但这是不够的。我太缺乏经验，又太笑容满面。我也不愿意让班级的氛围太过严肃。我一边培养自己作为老师的教学能力，一边在我的课堂中穿插一些舞蹈和歌唱。总得有些生动的例子吧！我把一只洋娃娃放入盛水的盆中，并用力地给她擦涂肥皂，然后又把她的头发捋平："你们看，她现在多漂亮呀！谁明天来上课时会像她一样干净清爽呀？"在一片欢乐的叫喊声中，小手们充满热情地纷纷举了起来。是马德莱娜小姐使秩序恢复，使课堂得以继续。

教师紧邻礼拜堂。我时不时抬眼看看礼拜堂的彩绘玻璃窗："我深爱的，谢谢您赐予我这些孩子，让我同您一块儿爱他们！"每个人的信仰自由都被尊重。有时我会把伊斯兰教徒留给马德莱娜小姐照顾，而我则带着基督徒来到礼拜堂。我们在那里歌唱或者在耶稣受难像前祷告，我向他们解释耶稣对我们的爱深刻到什么程度，为了拯救我们，他愿意承受怎样的苦难。想重新走上14幅耶稣受难像间的台阶这个念头，从初修期第一个晚上就在我脑海中酝酿了，而当我和孩子们一起将它付诸实践时，我的内心再次响起一首欢欣喜悦的赞美之歌："主，您爱我，携着我，带领我直至此地。感谢您！"我的灵魂是春之赞歌。

正如憨第德所言，在千万可能世界中最美好的世界里，一切总是朝着更美好的方向发展。然而，某天晚上，我开始打寒战。护士萨洛梅娅修女量了我的体温：40℃。她说："赶紧送去医务室！快，到床上去！是伤寒。"我被转送到法国医院，在那里我能得到更好的照顾。医生对我的情况表示担忧。电报发至布鲁塞尔，我的母亲随即赶来。亲爱的妈妈，当我需要你时，你总在我身边！除了埃尔维拉嬷嬷外，她是唯一能让我恢复平静的人。持续高烧的情况下，我如同被魔鬼附体，不断咒骂着修女、医生、护士。陷入谵妄状态后，我叫来院长，向她表示："您的医院里尽是些蠢驴，快把他们都解雇了吧！"

死亡无可抗拒地离我越来越近。我的母亲收到了一份剪报，上面写着："尝试输血，这个方法能救治伤寒病人。"加桑医生读了这几行文字，点点头："她的希望已经很渺茫了，一切办法我们都可以试试。"我的母亲想要把她的血输给我，但测试报告显示会发生相斥。所有的修女为了救我都愿意献血，然而这个举动在当时看来，无论对捐献者还是接受者来说都是冒了风险的。她们中有两人的血型最终是匹配的，泰奥多里亚嬷嬷输了前两次血，玛丽－贡扎戈嬷嬷则做了第三次尝试。她们躺在隔壁房间抽血，以便她们的血能够立即输给我。

我在卡利昂写下这段回忆。我经常前往安息着我认识并喜爱的修女们的公墓，特别喜欢在泰奥多里亚墓前逗留。在土耳其文化中，朋友间交换并互相喝对方的一滴血是一种流行的习俗，泰奥多里亚嬷嬷便是我的“歃血姐妹”。在她的身体里，血液从此凝固了；而在我的身体里，它还在流淌，我的灵魂同她的灵魂深深结合在一起！

焦痂一点点形成，我为此遭受了可怕的痛苦，这使我变得愈发穷凶极恶，以至于某天有人大喊道：“以马内利，‘上帝与我们同在’！不，是魔鬼与我们同在！”疾病仿佛使我身上最细微的优点都罢了工。在我疯狂的幻想中，我看到天花板上有一些黑色的、寻衅的小魔鬼来回跑动；我感到有一个男人的身体躺在我的床上，但我实在太虚弱了，什么都做不了。就这样，我触及到我的存在的底层，体会到泰纳之言的含义，我从记忆中搜寻出这句话，记在这里：“剥去这个文明人的虚饰，您将发现一只凶残而贪婪的大猩猩！”这段丢人的记忆曾多次阻止我对于各色人等的腐坏堕落草草做出气愤难平的判断……我自己呢？

在输血的同时，是我的母亲、埃尔维拉嬷嬷的爱拯救了我。我固执地拒绝食用医院做的“有毒”的食物，西翁的厨师们便为我精心准备了我爱吃的小菜，然后由我的母亲和埃尔维拉嬷嬷一口口地喂给我吃。定期在修道院间传递的“西翁信札”使2000名修会的修女得知在伊斯坦布尔，有一名叫以马内利的25岁的年轻修女正在死亡边缘挣扎。祈祷汇聚到玛丽－阿方斯嬷嬷处，她在人间只剩最后的岁月，而她也为自己门下曾经的初学修女祈求上天！诗篇133所描绘的体验是无与伦比的："看哪，弟兄和睦同居，是何等的善，何等的美！这好比那贵重的油浇在亚伦的头上，流到胡须！"这个比喻有些滑稽，特别对修女来说！管他有没有胡须，西翁的油流满我的全身，在它的柔情中，我慢慢痊愈了。

母亲在离开前不久问我："你真的幸福吗，马德莲？你就不愿意回到我身边吗？"我激动地回答她："哦，妈妈！我宁死也不愿离开。"事实上，当我第一天踏入初修院时，我就有一种获得拯救和解放的感觉，这种感觉随着时间的流逝在我心中扎根，愈发强烈，直抵意识最隐秘之处。和平与喜悦栖居在我体内。在礼拜堂度过的时间加固了我与主之间的关系；而和孩子们共度的时光满足了我对献身的渴望。与其他修女们的关系，虽然有时会由于我决绝的个性而产生一些磕磕碰碰，但最终都会化为真正的友谊。最后也是最重要的一点，埃尔维拉嬷嬷付出的细致而强烈的感情在平日里是我的依靠。

我又怎会料到，在这刚刚获得的欣悦中，一场新的风暴正悄然酝酿？而当我的感官再次进入一种截然不同的兴奋期时，我的力量尚未完全恢复。小学校长奥多－玛丽亚是位举足轻重的女性。她比我年长二十来岁，可以说，我的性格有多无常，她就有多稳重，我有多不能自控，她就在多大程度上能主宰自我。然而我们却有一个共同点：即使她对主的爱撇去了我所怀有的浪漫主义成分，她也能将自己同孩子和穷人们紧密相连。在这些人中，她是神的使者。每个人必定都能在遭遇困境时得到她的帮助。

我对她始终怀有无限敬意。她在我眼中代表着将自己身心奉献给上帝及人类的修女的理想形象。况且，我自以为安枕无忧，因为正如我对布鲁塞尔的神修导师提过的，我没有再与任何男性接触。忽然有一天，我被对这个女人的强烈爱意吞噬。只要听到她的脚步声，我便浑身颤抖。她的一个眼神、一句与我相关的话语，都会让我怦然心动。我的灵魂开始受到困扰，使我眼望礼拜堂窗户的召唤停止了，我与主之间的交流渐渐冷却。

我明白，一场新的战役已经打响了，抗争将无比艰巨。幸运的是，埃尔维拉嬷嬷在我身边。我们都称她为“我们的嬷嬷”，她是多么相称！我前去找她，通红着脸，向她讲述了我内心的不安。她听我讲完，然后，微笑着说：

“没什么可慌的，不是吗，我的小以马内利！一场大病使你的身体备受摧残，现在它报复了、爆发了，这再正常不过了！”

“但是，我的嬷嬷，这很糟糕吧？”

“任何感觉都不糟糕，我的小修女，只有屈从才糟糕。”

“我觉得我的感受与屈从交织着发生。”

“大家都这样，由此我们必须斗争。每一次，迅速地转向主、转向马利亚，坚决地说出‘不’，这就行了！”

她祝福我道：“多想想您的那些孩子，您爱他们！去找找任何有利于他们成长的方法。上帝把他们托付给您，是为了让他们在喜悦中绽放。”

我不得不承认抗争在我眼中是可怕的，我对此毫无准备！一直以来我都深信，当过去终被埋葬后，我将沉浸于永恒的安宁之中。我渐渐地重新转向礼拜堂的彩绘玻璃窗呼唤：“主，不要放开我！我再无力量说不，不，不！”他未曾抛弃过我，我依然得到了我的拯救，这一次是通过我的那些可爱的小孩子。我听从了“我们的嬷嬷”的劝告，愈发向他们倾身。随着他们在我心中占据越来越多的位置，我的狂热消退了！

夏天到了。我们到博斯普鲁斯海峡边的泰拉匹亚度假。考虑到节假日会有寄宿生留校，埃尔维拉嬷嬷在那里买了一处产业。因为学校没有花园，而我们的母亲希望让所有人都透透气，包括修女们和孩子们。

一张名单张贴在修会中："谁想洗个海水浴？"走了什么运！我看到纸上出现了我校长的名字……现在我的确好多了，但这仍是敏感地带！看了眼主，我决定了："我不去。"埃尔维拉嬷嬷把我叫过去，手上拿着名单：

"我没瞧见您的名字，以马内利？但这对您来说应该不赖！"

"是的，当然，我喜欢极了洗海水浴，但她会去。"

"好样的，您真有勇气！"

"我看了眼主。"

埃尔维拉嬷嬷打趣道："好吧，但主还给您使了另一个眼色。将会有两个场次：一场是一大早弥撒前，另一场则在午休时段，没有人会在这些时间去那里。要是被人看到修女们，该是多大的丑闻！您只需做下选择。"

人们从来没有在博斯普鲁斯岸边见到过修女下海。我们的嬷嬷在这方面和她在其他方面一样，是个先驱者。此外，她还收到了不知是谁发出的警告，而她仅仅回道，经仔细查阅教会规定，并未发现有哪条禁止入水。至于我，则全身心地投进滚滚波涛之中。多么欢快，多么清凉！我感到自己重新如跃出水面的海豚一般活泼自在。什么都不必做，上主！与你同在，我大幅度地挥动着双臂划水前进，穿越重重暗礁，徜徉在生之喜悦中。滑板冲浪时，我的双目紧锁天际，嘴里唱着哈利路亚大颂词："你们要称谢耶和华，因为他本为善，他的慈爱永远长存。"[1] 埃尔维拉嬷嬷的智慧与辨识力以及她精神上的自由使我的身

---

[1] 《诗篇》136

心得以重新振奋。

我的闲暇活动的另一个项目是藏有大量重要著作的图书馆：神学、哲学、文学、历史、艺术……埃尔维拉嬷嬷不仅鼓励在校或者毕业了的学生培养智力，也以同样的方法激励修会的修女们增长知识。我痴迷于阅读，并在分门别类的笔记本上大段大段地做摘要概述。我不期然读到了苏莱曼大帝[1]的生平，这是个伟大的故事。要是我给修女们做次演讲如何？对于在我伤寒期间大家所给予的关怀照料，我内心始终怀着满满的感激，一直设法为她们尽点绵力。

我将保存在尚蒂伊的弗朗索瓦一世[2]的肖像画以及苏莱曼的细密画投影出来，然后绘声绘色地讲述着反查理五世[3]联盟。我激情洋溢地描绘格鲁吉亚奴隶洛克塞拉娜[4]，她最终排挤并取代了苏丹的嫔妃们。我画了一幅壁画，画上是维也纳被围攻的情景，城墙在炮火的进攻下开始摇摇欲坠。我提到苏莱曼突如其来的死亡，他带领队伍再次出发远征，在轿子中无声无息地成了一具尸体。最后，洛克塞拉娜胜利了：她将自己的儿子推上了宝座……对于奥斯曼帝国来说，这是大大的不幸，帝国从此走向了衰弱。在维也纳，一位心灵手巧的面包师的发明使欢欣雀跃的人群得以疯狂吞食“伊斯兰”——一种牛角形状的面包[5]。

初中校长可谓眼观四路，耳听八方。之后她找到埃尔维拉嬷嬷：“为

[1] 即苏莱曼一世。（I.Süleyman）（1494—1566），奥斯曼帝国苏丹，兼任伊斯兰教最高精神领袖哈里发之职。——译者注

[2] Fran · ois I（1494—1546），法国国王，被视为开明的君主、多情的男子和文艺的庇护者。——译者注

[3] Charles V（1500—1558），西班牙、西西里和那不勒斯国王，神圣罗马帝国皇帝。统治期间，将法兰西王国和奥斯曼帝国视为欧洲主要对手，多次开战。——译者注

[4] Roxelana（1510—1558），奥斯曼帝国苏丹苏莱曼一世的皇后。——译者注

[5] 即牛角面包。牛角的形状象征土耳其和伊斯兰。——译者注

什么让以马内利修女待在小学，同那些小孩子在一起？她完全可以胜任我们学校中班班主任的职位。”埃尔维拉嬷嬷向我宣布了我的新职位，这使我受到很大的震动。让我为了那些富有的帕夏[1]的女儿抛弃我亲爱的穷小孩们！开学临近了，我变得心如死灰。我会服从，却是如此心不甘情不愿。最终埃尔维拉嬷嬷让步了，她了解这将极大地打击到我，必须审慎处置。

一年飞逝而过，她叫我过去并温柔地对我说：“以马内利修女，之前我把您留在您亲爱的孩子们身边，但现在我希望您重新考虑一下。您爱那些贫困、幼小的孩子，这很好。但您在教学方面拥有更大的潜能。在初中，您能发挥更大作用。难道您从来没有考虑过为青年的培养提供更加有利的环境，使他们更愿意分享、更关心穷人社会等级的提高？这将对穷人的未来以及这个国家的未来都具有决定性的意义，而这正是我们试图同我们的学生们一块儿做到的。他们中的一些人在土耳其举足轻重。难道您不愿意加入到这项工作中来，充分发挥上帝赋予您的如此多的才能？”

理智占了上风。这一次我下定决心全心投入，并被任命为一个由12到13岁学生组成的班级的班主任。不久以后，我开始负责一些年轻的土耳其人、希腊人、亚美尼亚人和犹太人的教学，她们想在高中毕业后学习法语。这对于一个西翁的修女来说是绝佳的环境，因为西翁修会的使命便是理解并接近不同的宗教。这是一段振奋人心的时光。这些渴望深层次地掌握我们文化的学生接连3年同我待在一起。班中弥漫着友爱的气氛，使得一切交流都成为可能。在她们面前，我不再以长者自居。

---

[1] pacha，奥斯曼帝国的各省总督，旧时土耳其对显赫人物的称号。——译者注

还有什么我们不曾一块儿拜访、探讨并实现呢！《熙德》被安排进我们的课程中：学生们兴奋激动，个个化身为施曼娜，等待着她的罗德里克。我知道，按常理来看，她们很可能得听从父亲的安排，嫁给与罗德里克完全相反的另一种人——某个家境殷实的绅士！拯救她们的将是母性。没有一位母亲是完全不幸的。我希望将她们引向献身之爱，而非掠夺之爱；我希望她们能向一切困境投以饱含深情的目光，而不要在她们各自的幻灭前哀号哭诉。我想要采用的是苏格拉底的方法，他把他的助产士母亲的助产术加以改变，运用到精神领域[1]。在为精神富有的人接生的技艺上，他是专家。这些女孩儿的智慧宝藏渐渐丰富、意志力渐渐顽强，这是多么牵动我的心呀！

一些志愿者和我一块儿替工厂里的络纱工分担一天的繁重工作。而同时，我们所有人在一块儿时，会带一些礼物给孤儿以及被遗弃的孤老们。我们目睹了许多。我们看到 50 多个老妇人挤在一间小房间里，她们唯一拥有的财产就是床头柜，这个场景让我特别难以忘怀。尤其她们表现出对温情的渴求！些微爱的表示就能让她们欣喜若狂。在节日里，我们也会准备些绑好饰带的礼物送给麻风病人。范围更小的一群人按时陪我一块儿到贫民窟，和那里的穷困居民们联谊。埃尔维拉嬷嬷灌输给我们每个人的社会学理论的精神在这里得到了体现。我的修女姐妹们引导她们各自的学生关注“城市中”形形色色的贫困现象。直到今天，仍然有不少过去的学生告知我她们继续把劲儿往一处使着，她们建立援助协会，提醒她们的孩子们重视社会公平。

每年，我们也很喜欢准备一场戏剧演出。仍然会有缪塞的《门不

[1] 苏格拉底的精神助产术，即凭借正确的提问，育人以方法和研究思路，激发主体自己去认识真理。——译者注

是敞开就是关闭》一剧中优雅地变换队形的女孩儿在我眼前出现。在《麦克白》中，亚历山德拉一头乌黑的长发，出现在舞台的明暗交界处，她手拿点燃的烛台，用悲凄的语调说道："所有阿拉伯的香料都不能叫这只小手变得香一点。"为演出索福克勒斯的《安提戈涅》，一位古体唱诗的专家前来帮助我们，他带来了服饰、布景和灯光，培训学生们掌握古体诗的和声。这对于初中的学生来说是种迷人的启示。两千年来，"希腊奇迹"把我们引向美，狄奥提玛对苏格拉底讲述的那种美：由美至美的升华，从美丽的身体到美丽的科学，再到自我的美、上帝的美！在我给他们上的艺术课中，我们一块儿攀爬一个个向上的台阶。绘画及雕塑的名作依次展示在我们眼前，使我们目不暇接。我曾在课上讲解过《米罗的维纳斯》，我当然不会忘了提醒大家注意，雕塑刻画的维纳斯即使裸着身子，也不会比某些穿着奇装异服的女人更伤风败俗。对于这些年轻姑娘来说，这是些应该听进去的重要的话。

我还负责一样令人生畏的工作。在中午吃饭期间，我得让食堂里240个学生保持安静。校长在这件事情上作风强硬。怎么办呢？我带去一台"唱机"，并简单地向大家介绍了作曲家和他的艺术成果。瞧，我们的姑娘们全都伴着失聪的天才贝多芬创作的喜悦赞歌《第九交响曲》吃着她们的色拉。当然，大家可能更愿意听埃迪特·皮亚芙唱歌："当你拥我入怀，我看见玫瑰色的人生！"然而，其中一些人永远不会忘记这一天与音乐的第一次亲密接触。我尤其强调努力的重要性。我的学生们把维克多·雨果的这句话熟记于心："生存下来的人，都是奋斗的人。"我向她们引述马可·奥勒留[1]的名言："障碍赋予行动以理由。"

---

[1] Marcus Aurelius（121—180），罗马帝国五贤帝时代最后一个皇帝，著有《沉思录》传世。——译者注

在奋斗中，个人的潜力才能发挥到极致。我以自己年轻时受到的教育作为经验，那种教育粗犷有力而又不乏美感，使日后的日子无论艳阳高照还是狂风大作都有喜悦和力量与我相随。毕业多年后重见的那些过去的学生肯定了它的价值。就在这周，土耳其人伊尔艮途经巴黎，他欢快的声音使我心头一热："谢谢您把我引向成功的人生。"这是人类藏有的最令人惊异的珍宝，它能够代代相传。我接到了这把火炬，而今它那灼热的火焰已在更多人心中传播，照耀着更宽广的彼岸。

在这黄金岁月中，我立下永久性誓言的时刻渐渐临近。自我参加第一次祝圣仪式算起，已过了6年。一天，我待在埃尔维拉嬷嬷办公室，她从我的披风上挑起一小簇金黄色的头发，质问我：

"以马内利修女，您留头发了？"

"没有！怎么了？……这肯定是从我的帽子中掉出来的。"

"您没想过要把头发留长？"

我很讶异，回道：

"怎么这么问，我的嬷嬷？"

"您得考虑很快您就要最终投身于宗教生活……该好好考虑下是否最好还是把您的头发留起来这个问题了！"

我立即懂了。在那个年代，如要"还俗"就必须把头发留长。"我的嬷嬷，您建议我回到世俗生活吗？"

那一刻，她的目光深远起来："以马内利，我感到自己老了。现在我还能关心您的成长，但当我不在了……您可能会遇到一位无法理解您的院长。您不是那么好相处的，我的孩子。我不想您日后感到压抑。上帝会赐予您幸福。您还年轻，多想想您的未来吧！"

"都想过了，我的嬷嬷，都决定好了。有朝一日您会弃我奔向上天，但基督，他永不会弃我而去！我们将并肩战斗，这样我就能坚持下去！”

为了缓和这些晦暗的念头带来的焦虑情绪，我哼起了莫里斯·切瓦力亚的歌曲：“当我们两个人在一起，一切都大不相同。”我们的嬷嬷总会被我的淘气逗乐。

我往巴黎寄去入教的最终申请，得到了批准。1937年9月8日，我欢欣鼓舞地立下了终身誓愿。最亲爱的上主，我们从此生死相连！

生活中充斥着各种小事，而在这其中，现代土耳其之父阿塔图尔克[1]于1938年去世，对国家来说是灾难性的打击，举国为之悲痛，其中也包括我们初中在内。在这之后，我又怀着同样沉痛的心情参加了在埃及举办的迦玛尔·阿卜杜尔·纳赛尔[2]的葬礼。这两人终其一生都在为自己祖国的解放而斗争。“土耳其之父”阿塔图尔克还是年轻官员时，曾在巴黎待过几年，受到了民主氛围的熏陶。1920年，式微的苏丹被推翻，他随之成为国家领导人，与“年迈多病的”奥斯曼帝国划清界限。他把小亚细亚的希腊人驱逐出境，在狭小的国土上建立起一个现代的世俗国家，使之从落后的狂热迷信风气中摆脱出来。他想要的是一个百分百的土耳其，不受任何外国势力的影响。他用简化了的拉丁字母代替阿拉伯文字，在学校和高等学府引入现代化教育体系以取代古兰经的传授，号召女孩上学，禁止一夫多妻，并最终决定推翻全能的宗教领袖——伊斯兰的谢赫[3]。既然民主已经建立，那么法律

---

[1] Atatürk，该姓于1934年由土耳其国会赐予。Ata在土耳其语中意为“父亲”，Ata-türk即土耳其之父。——译者注

[2] Gamal Abdel Nasser（1918—1970），埃及第二任总统。20世纪五六十年代，曾倡导阿拉伯民族主义。——译者注

[3] Sheikh Ul Islam，伊斯兰教教长、德高望重的老人或者智者的称号。——译者注

的投票表决就得召集国会来进行。穆斯塔法·凯末尔非常清楚，在那些议员中有许多虔诚的穆斯林教徒必然会反对他，于是他走进议事厅，公然从口袋中掏出一把手枪，目光紧盯与会者，声音洪亮："我想，你们所有人都赞成建立一个现代化的土耳其，摆脱伊斯兰的谢赫奴役？"他紧握手枪。所有人都知道他是会毫无顾忌地开枪的。他又补充道："请自由地举手表决。"众人的民主表决——如果可以这么说——如一人般整齐划一。

另一部法律毫不含糊地提供了选择的自由："顶着土耳其帽[1]的头颅将在绞刑架上晃动，顶着普通帽子的头颅将在肩膀上摇摆……"许多人的自由就这样通过一顶帽子确立了下来！而一些狂热的不愿被摘除的土耳其帽则随同它们所有者的头颅一起被悬挂起来。我却由此发现，我称之为"狂热分子"的人通常都是与我信念不同的人，而我心目中的"信仰的殉道者"，他们为之赴死的信念则都与我的相契合。我的上帝，要摆脱片面之见、在一己之见中分辨事物有时具有的深层价值——尽管它表面看去是一种荒唐的谬误，这有多么困难！难道我不应该向那些在绞绳面前不愿改变原则的人致敬吗？如果说我认为这种理想是可笑的，在另一个年代，推动它发展的力量可谓强大。我简单地幻想着为信念而死，但当那一刻来临时，我真能义无反顾吗？为了某项在我看来正义且高尚的事业，我会拥有和他们一样的勇气吗？对此我无法确信。

还是重新说回我们的土耳其英雄吧。他活了 58 岁。这个传奇性的人物有一个糟糕的嗜好——酒精。每天晚上，他似乎都会一直喝到醉倒在桌下打滚，等用人们把他抬走。在他活着的时候，阿塔图尔克对

---

[1] 伊斯兰教徒戴的帽子。——译者注

谢赫和伊斯兰的法学权威们煽动百姓的行为厌恶透顶，决定削弱他们的影响。判处那些狂热分子死刑，就会像判处土耳其帽绞刑一样涌现出大批殉教者；将他们投入监狱，待他们出狱之时又会头顶英雄的光环。“土耳其之父”对此深谙于心，他以一种全然东方的方式从表面剥夺那些人的威望。一项法令颁布了：自 1935 年 6 月 13 日起，男女老少出门都必须做市民打扮，这对于土耳其的伊斯兰教徒来说是历史性的一天。任何宗教服装都不再允许出现在这片共和国的土地上！

阿塔图尔克小心翼翼地告知埃尔维拉嬷嬷：他不得不对全体居民实行这一法令，但他真挚地恳请修女们不要离开他的国家。那一年是 1935 年，无论是仁爱会的白色侧边帽，还是里博维莱的修女的圆锥形高帽，再到后来议事司铎们戴的无边软帽，人们从未、也绝不可能遇到不戴修女帽的修女。我们呢，我们佩戴的是一根上了浆的白色绑带，上面系着黑色帆布及白色修女头巾——这很简单，但却让我们看起来德高望重！理所当然，巴黎的修会总部最开始只要一想到我们将做市民打扮就气愤难平：我们必须撤回到更加自由的地带！埃尔维拉嬷嬷决定前往巴黎抗争，可惜没有成效。于是她高明地想到去征求罗马保护枢机[1]的意见，这位可敬的长者不能理解为什么要因为这样那样服装款式的变化而终止焕发生机的事业。因此，我们得以留在了土耳其。面对埃尔维拉嬷嬷的胜利，巴黎发出了一条正式命令：绝不能向虚荣低头！

麻烦的问题来了：有 60 个自 25 到 75 岁的人需要量身定制衣服。在不太关注当今时尚的情况下，给每个人制作的衣服还得款式迥异（世俗的要求），且风格谨慎保守（得让总部放心）。最终我们找到了一位

[1] 枢机是天主教教宗治理普世教会的职务上最得力的助手和顾问。——译者注

老实的家庭主妇，她自己会裁衣服，款式上也毫无卖俏的浮夸装饰——费讷隆不是声称这是姑娘们最大的通病？结果令人满意。“修女们穿着待遇糟糕的仆人穿的衣服”，这一评价很好地说明了这点。虚荣被压制，总部——也包括费讷隆——可以放心了！穿上这些衣服后，我们聚集在一起：每个人看一眼自己的衣服就会有哭的冲动，而看到别人的衣服时又会忍不住想笑！

龙嘉利阁下，即未来的若望二十三世，时任教廷派到土耳其的使者，因此也受到了相同法律的约束。他和善地前来看望我们。他挺着个大将军肚，他的裁缝难道以为尽可能地把礼服做得紧身能够造成某种瘦身的效果？他最终得到的是反效果。我们亲爱的主教自感非常困窘，一边把手交叉放在腹部的位置，一边鼓励着我们：目前来看大家显然还没有找到理想的剪裁方式，但没有必要为此感到不安，第二次尝试总会做出更加合适更加成功的衣服。结束讲话时，他微笑并祝福了我们后，便离开了。

如果说，对我而言，随时准备接受革新不会产生多大问题，但对于那些年长的修女来说却会造成困扰。受到埃尔维拉嬷嬷的激励，也为了能继续留下为土耳其青年服务，她们牺牲掉了在她们看来神圣的衣袍。这种自我超越给年轻修女上了生动的一课。

埃尔维拉嬷嬷日常树立的榜样为我指明了应该遵循的道路。一天，我在她的房间里，她正为偏头痛所苦，这时电话铃响了。

“好的，我马上下来。”

“但是，我的嬷嬷，您正头痛得厉害！”

“如果来找我的是法国大使，我还有理由推拒，但这是可怜的玛丽亚，比起法国大使，她更需要我。”

另一天，我看到她递给管家一张食物清单，让他采购后带给两个试图通过报纸来讹诈她的人，那两人期望得到一笔钱，才愿意停止他们的恶意诽谤。埃尔维拉嬷嬷为此受到了伤害，但她没有抱怨。两个勒索者未达目的，开始感到局促不安起来。

“可是，我的嬷嬷，这两个无赖损害了您啊！给他们面包和奶酪，这已经够可以的了。”

“以马内利，难道基督没有要我们宽以待人？要我们去爱自己的敌人？”

正如我的学生们在《熙德》中学到的：“活榜样是另一种力量。”我所经历的有力地阐释了我在初修期学到的理论。

1939年，我们面临许多重大考验。庇护十一世刚刚去世，去世前他通过《拉特朗条约》为教会确立了独立的地位。几天后的2月16日，埃尔维拉嬷嬷在一场袭击中被击倒，离开我们前往天父之家[1]。龙嘉利阁下当天来我们修会主持了弥撒。这对埃尔维拉嬷嬷来说，是最后的荣誉；而对我们来说，是最后的安慰。人们为她的遗体重新穿上庄严的宗教服装，在她遗体周围，众多好友排成长队，其中既有各个国家的大使，也有最最卑微的小人物，比如可怜的玛丽亚。在这时代惯例要求下的浮华背后传递出一条重要的信息：一位领导团队致力于青年教育的女性，当她的教学超越了国界和宗教的界限，她产生的影响力非同寻常。而对于一个年轻修女来说，在她宗教生活的开端就能投身于具有如此水准的领域，是无与伦比的幸运……该是怎样的恩宠，能够同时打上两位同样杰出、但性格却绝然不同的女性的烙印！玛丽－阿方斯嬷嬷，初学修女负责人，她的目光始终紧锁绝对的存在。她给人的印象就好像是由上帝派往人间的使者。她从每个人——无论是谁——

[1] 此指天堂。——译者注

身上看到神性之美的体现。所有灵魂都会不可抑制地吸引到她的关爱。而埃尔维拉嬷嬷则把目光投向人间，她从人间升向上帝，完全自然地将两种爱汇成一股。从玛丽－阿方斯嬷嬷那儿受到的最初的鼓励使我投向绝对的存在，那是当时的我所渴望的，也唯有此方能帮助我超越自我中耽于肉欲和自我中心的部分。她同时也让我明白，转向上帝而不转向他者，这与福音书的精神是相背离的。埃尔维拉嬷嬷则直接把重点落在了为众人服务上。对她而言，为他者奉献便是找到了上帝。她时不时重复："尊重伊斯兰教和犹太教学生的宗教信仰是你们的义务。永远不要同他们谈论基督，而应该让他的爱'渗入'你们的生活。"

布鲁塞尔那边没有传来任何好消息。这回轮到我母亲生病了，她病得很重，希望我能回去。我得到了允许，在假期中去看望她。能重新见到她是多么令人高兴呀！她还是老样子，总是替别人操劳，从不多为自己想想！我还得前去拜访我亲爱的里克曼斯神甫。在他的小公寓里，他向我投来一道穿透人心的目光：

"告诉我实话：我认识的桑刚小姐是怎么转变为以马内利修女的？"

"基督爱我，"我回答他，"没别的了！"

"看起来，您像是一直没遭遇什么问题？"

"当然有过。但主与我同在，一切就都会过去……神甫先生，最重要的是，我变得自由了，自由，您懂吗？"

"您说自由……难道您没有被誓愿约束吗？"

"您要这样想的话，我有立誓。但，在我看来，誓愿给我以自由。这是多么不可思议！"

"在修道院，您没有感到压抑窒息？"

我笑出声："您说我吗？我始终渴望唱歌、跳舞！"

他想了下："谁帮您唱歌？"

“啊！这就是我的幸运所在了：一位举世无双的初学修女负责人以及一位了不起的院长！况且，我每日都能体会到圣保罗的感受：‘凡事都能做……凡事，靠着那加给我力量的，基督。’这就是我想说的全部！您能明白吗，您，一个神甫？我难道不叫以马内利，‘上帝与我同在’？您还想奢望些什么呢？”

他的脸孔变得凝重：

“您说得有理，信仰带来拯救。以马内利修女，继续歌唱吧！”

“阿门，神甫先生。”

对他过去有过的怀疑小小地施以报复后，我离开他，心中乐滋滋的！

我的母亲情况好转了，我也放心了。战争的喧嚣开始席卷1939年这个夏天。我必须一刻不耽误地赶回土耳其。分离是如此艰难，我们彼此心知肚明可能再也不会相见。我看着她——如果说她曾是强大的女人——正如此虚弱地躺在床上，我自问：“我是否有权利就这么离开？”她猜到了我的心思：“不用为我担心，马德莲。你看到了，我的床头就放着电话机。你的姐姐玛丽－卢或者她的孩子们每天都来。我被那么多人关心着。走吧，我的小心肝，到上帝召唤你的地方去！”如今她已经确信，我的使命有多可靠，我在其中找到了怎样的幸福。她还怎么能够试图将我留在身边？

在启程前往土耳其前，最后一次紧握我的手，最后一次亲吻……

从怀疑到开放

(伊斯坦布尔，1944—1949)

一位新的院长在伊斯坦布尔等着我。让－巴蒂斯特嬷嬷——雷贝尔将军的女儿——她与埃尔维拉嬷嬷共同生活了好多年，并希望沿着同样的道路前进。我们很高兴看到是由她来带领修道院，这就好像“我们的嬷嬷”的精神和心灵还在继续闪闪发亮。

一些已经通过中学毕业会考的学生被安排给我，为了胜任这项任务，一张文学文凭必不可少。让－巴蒂斯特嬷嬷全力支持我。但是，在战争的年代，与索邦取得联系几乎不可能。于是，我在伊斯坦布尔大学注册攻读文学学士。第一年的培养计划包括了哲学和语文课，还有一些其他课程。在语文方面，我有诸如奥尔巴克先生这样的老师，而费奇先生则教我土耳其语特别课程。他们的精神、道德和宗教的价值观使我深深震撼。因为他们，我得以同时与犹太教和伊斯兰教面对面接触，然而，我从未离开过我的基督教圈子。在奥尔巴克先生看来，摩西之外，妄谈救赎；在费奇先生看来，穆罕默德之外，妄谈救赎；在我看来，基督之外，妄谈救赎。我们中的任何一个都顽固地坚守着由祖先传承下来的信念。那么，难道说只是因为我的父母是天主教徒，我才成为了天主教徒，就这么简单？我最珍贵的信仰究竟构建在什么基础上？我用什么来证明它的优越性？

从那天起，一场可怕的危机开始了。这一次不再是肉体层面的紊乱，而是精神上的。这场抗争涉及的是“灵魂的尖梢”、我信仰的核心、我生活的意义。这场与怀疑的拉锯战持续数年，直至今日仍能寻到些蛛丝马迹……

刚开始，我一如往常怀着满腔热忱走进竞技场，对自己的成功自信满满。很幸运，为了完成我的宗教研究，我还修了哲学史。我想选择几个可靠的学说作为我寻找真理（最高真理！）的推论基础。我首先一头钻入的是希腊哲学，我所受的古典教育使我热爱它：巴门尼德以及他的万物归一、永恒不变的思想；亚里士多德以及有关质料上升至纯粹现实付出的巨大努力的观点；我自然而然地热衷于苏格拉底和柏拉图的研究，并坚定地继续迈步向前。但不久后，我便惊恐地发现，这些杰出的头脑常常会被其他时代的思想大师所质疑，他们分别在各自的时代发光发亮。我不无幻灭感地观摩了一出只有唯一剧本的意大利即兴喜剧[1]，阿莱奇诺[2]、斯卡拉穆恰[3]以严肃哲学家身份轮番上场……In fine[4]，法兰西公学院权威人士柏格森[5]吸引了我。但见过前人光芒的消失，我确信柏格森这颗耀眼之星有一天也终将消失在哲学的穹宇——新星则在其上不断涌现。

我不感到气馁。我还没有发现真理圣殿的基石，但重要的是能进入以探究其中奥秘。于是我又投身于宗教史的学习研究。一千多页的巨大阅读量使我的耐心受到了考验。我全心全意地前行着。一如在哲学领域——对此我已经提得够多了吗？——我发现到处熠熠生辉。泛灵论者（后来我在苏丹遇见过）让我对万物皆有灵的美丽自然产生兴趣。东方的宗教很有魅力：佛教启人以超脱之宁静和怜悯之心；儒教教人以最高道义；我也十分欣赏穆罕默德为创立一神论而推倒卡巴三百偶像的故事，等等。当我经过长长的旅程，最终来到基督面前，我看到的不再是星光点点，而是崇高的教义——光芒万丈的太阳。是的，但我的思想受到哲学家们的影响，开始注重推论，力图证明上帝在人世的降生。我寻找几何证明、数学证毕，我的“推论型”理智却未被说服。

[1] Commedia dell'arte，又称“假面戏剧”，是16至18世纪在意大利广泛流行。即兴戏剧没有成文的剧本，演员根据简单提纲上的剧情梗概，在舞台上即兴发挥。——译者注

[2] Arlecchino，意大利即兴喜剧丑角，穿五彩菱形格衣服。——译者注

[3] Scaramuccia，意大利即兴喜剧丑角，穿黑衣服、蓄长唇髭。——译者注

[4] 拉丁文，末尾。——译者注

[5] Henri Bergson（1859—1941），法国哲学家。——译者注

该走向何方？为求真理，应该坚持哪个不变的方向？

轮到萨特这颗魅力之星穿过哲学的天空。他的无神论调的存在主义学说阐释了这样一个观点——人通过行动自我创造，但这一点不能吸引到我。加缪更引起我的关注，但他透彻的分析却徒然只找到通往世界之荒谬的出口：西西弗把石头推向山顶，却无力阻止石头的下坠。

这些优秀的智者为逃离超验性存在而做的努力把我带回了早前的年代、带回普罗泰格拉的论断："人是万物的尺度。"是，但是是哪种尺度？最终，这些"人间食粮"并没有给生命带来意义。我寻找爱与光的喷涌，最终却依旧停留在空无之中。难道我要为了过路的星云而放弃足以与时间抗衡的福音书的照耀？不，千万遍的不！可惜，我已被卷入其中。怀疑与荒谬，我选择了怀疑，它啃噬着我，纠缠着我，我要捍卫我的信仰！与其消融在虚无之中，我情愿在黑夜中前进。

在礼拜堂的一片寂静中，阅读福音书使我骚动的头脑清醒起来。我跟着圣彼得重复道："主啊，你有永生之道，我们还归从谁呢？"[1] 这些话语，任何哲人都给不了我！我平静地离开……直到怀疑再次袭上心头。

这出信仰之剧，尽管无比痛苦，却也打破了我狭隘的盲信——"在我的教会之外，妄谈救赎"，让我受益匪浅。若干年后，整个教会以类似的方式开放，向其他宗教信仰表示出尊重和友好，在这之前这些宗教信仰通常被排斥或忽视。我开始认清自己并非完全、绝对真理的指定拥有者。如那些逝者，我正艰难地行进在求索的途中。相信天主教会的教义不意味着拥有整片光明。

我在其他宗教、其他哲学中发现的那些真实价值，为何要任它们

[1] 《约翰福音》6:68——译者注

坍塌？于是，一种思想的会谈慢慢展开。比之我得到的极大充实，怀疑带来的苦恼又算什么？由此我可以与全世界范围的信男信女们进行开放、信任的对话。

在西方，1939 年至 1945 年的战争对于我们来说太过遥远。我们还没有想到非同寻常的巨大痛苦将很快席卷大地。但当时的我们已经为我们的祖国、我们的亲人朋友感到深深焦虑。土耳其始终保持中立，是安全之地……然而在其他地方，那些缺衣少食的地方，情况又是如何？

那个时期，我和马诺夫人维系着亲密的友情，假期里她到我们在泰拉匹亚的别墅休息。她和她的丈夫都是犹太人。她的丈夫听说希特勒杀害了他的家人，还用他们的尸体制造肥皂，他无法承受这可怕的精神打击。一天，他的妻子发现他躺倒在地上，已经在自己打开的煤气中窒息而死。不幸降临在我们头上，使我们心碎。马诺夫人需要温情来帮助她重拾对神、对自我的信心。

我同修女们一起承担了这项任务。她的父亲是土耳其伟大的犹太教领袖沙班，所有见过他的人都由衷地敬重他、欣赏他。我请他同意让我和他的女儿一块儿阅读《创世纪》最初的一些章节，也就是《摩西五经》，并向他转达我们遇到的困难。马诺夫人的身心被这样的研读调动起来，慢慢地，她放松下来，安宁重新降临在她身上。这些章节以形象化的方式表现了还处于幼年时期的人类，而世界和人类共同构成的意象使我们深深着迷。我们并不探求文本中非显而易见之事物（比如，尘世发展的科学理论），而去思索那些永恒的问题的答案：世界从何而来？谁是神？人呢？什么是善、恶、死亡？在我狂热躁动的学习研究中途，这一次潜心于圣经，就像沐浴在清凉与安宁之中。

一个犹太教徒和一个基督教徒一起阅读神圣的经文，就在那时，伟大的领袖的车开进了过道。那个年代，还不曾有教皇——如 1990 年约翰·保罗二世所做的那样——访问过罗马的清真寺。五十多年前，犹太教和天主教还不存在任何联系。一位伟大的犹太教领袖走进天主教的修道院，简直就是奇迹！同这位高大英俊、蓄白胡子的长者一起，我们缓缓地沿着博斯普鲁斯海峡散步。

我请教他每天都会诵读哪些赞歌以称颂上主，因为我希望能加入其中。我们感到彼此波长一致。他答应我会给我一张清单。这时，我们的一位年长的修女安妮－玛丽小跑步赶到："阁下，您愿意进礼拜堂看看吗？""非常荣幸！"我们激动地看着他们手牵着手前行，一起在祭台前鞠躬。耶稣的母亲在她的台座上对她的子民后代微笑着，他们同她一样正向亚伯拉罕、以撒和雅各的神祈祷。

假期结束了，我们离开博斯普鲁斯回到市区。没过多久，就接到了一通电话："伟大的领袖沙班的灵魂已皈先祖之神。"怀着沉重的心情，我同另一名修女一块儿前往他的坟墓。他身着礼拜的衣饰，直接安眠于地上，周围摆满了蜡烛。一些宗教领袖围着他，低声念着赞歌。马诺夫人哭着递给我一张纸，那是她的父亲在去世前一夜为我抄写的他每日用于称颂神的赞歌。我仿佛听到他苍白的嘴唇在我耳边低语："请继续我的祷告。"凝视着他安详的面容，我回答"好的"。

同一时期，我向我的犹太教学生们建议，每周六课后给她们上一节有关圣经的课。她们欣然接受。我在这些以色列姑娘们身上发现了对神的特别渴望。我们专注于旧约圣经，《圣经》中族长的故事使她们着迷。我们一块儿试图了解神在他的选民前的"显圣"。

有一天我要求她们："请背诵给我听《施玛篇》[1]。"居然没有一个

[1] Shem，晨祷和晚祷中的祷文，申述对上帝的笃信。

人能熟记！我让她们翻开《圣经》，翻到《申命记》第六篇。其中一个姑娘怀着敬意念了起来："以色列啊，你要听！耶和华是我们的神，是独一的主。你要尽心、尽兴、尽力爱耶和华你的神。"这些年轻的犹太姑娘被一下子带回到大约30个世纪前，摩西正在她们的祖先面前发表讲话。我向她们解释："这是世界上最神圣的经文之一，它是犹太教之源，而基督教和伊斯兰教又由此发源。"一如每次感受神圣事物之时，教室里一片寂静。我最后补充道："如果我是你们，我将每日念诵这段经文，就好像它当初在你们的祖先唇边被念诵一般，代代相传，现在该轮到你们了！"许多年过去了，我偶遇其中一名学生。她笑着对我说："以马内利修女，您知道吗，到现在我还每日诵读《施玛篇》。这是从您那儿得到的最宝贵的礼物，不是吗？"

对话的先锋

我的那些希腊正教学生都相当狂热。他们的修会至今保留着——且怀着怎样的尖刻！——那些会引起刺痛的有关第四次十字军东征的记忆，那次东征洗劫了君士坦丁堡，削弱了拜占庭帝国的势力，最终让土耳其获得了胜利。如何才能打破自此之后他们对天主教的一切高筑的围墙（这是可以理解的）？

一天我向她们提议："你们愿不愿意和大家一起向诞神女[1]——'上帝之母'祈祷？只有一位母亲能把离散的孩子们聚在一起。"她们唱起了最美的圣母赞歌，然后我笑着对她们说："非常好！那么，姑娘们，

[1] Theotokos，东正教对圣母的称法。——译者注

周六下午，我们一块儿前往灯笼区[1]，去向圣厄费米祈求保佑，并去看望阿特那哥拉宗主教陛下？”她们看着我，惊呆了。普尔喀丽娜代所有人问我：

“我的修女，您愿意到我们的宗主教堂去？”

“当然，为什么不？”

“如果他们只接待我们，而不接待您，这对您会多有冒犯（那时，我们这些天主教的修女甚至不被允许进入东正教堂，这点我们必须坦承）。”

“这可不像阿特那哥拉的作风。难道你们是对圣厄费米没信心吗？”

“我们有！”她们齐声喊道。

那个周六，我们先虔诚地在圣厄费米前祈祷，她穿着殉道贞女最美的服饰，在永恒的安宁中迎接我们。接着我向圣金口约翰[2]的教座致意，听说他曾痛斥那些宫廷贵妇：“何其不幸，你们这些贵妇！当穷人们饿死门前，你们竟还用着镀金夜壶。”可惜的是，这种强有力的作风在当时的教会早已过时！应该说这一言语上的强硬态度让圣金口约翰付出了惨痛的代价：狄奥多拉皇后将其驱逐，而他最终死于流放途中。

我们来到接待厅前的办公室。一位头顶大帽的东正教神甫向我投来敌对的眼神。如果他的眼睛是手枪的话，我早已倒地身亡！他以极快的速度用希腊语和我的学生们交谈了一番。最终，他去向阿特那哥拉汇报了这次不可思议的拜访请求：一名天主教修女希望得到东正教牧首的召见！

发生了小小的奇迹——我们被接见了，而且被热情、礼貌地款待，

[1] Fener，伊斯坦布尔古城区。——译者注

[2] Jean Chrysostome（347—407），君士坦丁堡牧首约翰一世。——译者注

这是怎样的宽广胸怀、怎样的伟大情操！他张开双臂，将我揽入他的宽袍子中片刻，隔着小胡子冲我微笑："感谢您的到来！"他热情地对我说："我们可不要为过去的事儿感到局促。万有之主、全能的父比人类强大！"

我们像老朋友般闲谈："我在波士顿时，"他向我们描述着，有时还会看一眼我的缪斯欧式耳佩、克利俄和她的女伴，"天主教和东正教常常有共同的节日。美国，你们知道，是一个自由的国度！"缪斯们微微吃惊，看着他，"应该祈祷，我的孩子们：我渴望见见保罗六世，问题在于找到合适的地方。圣灵，他将引我们前往。"他深邃的眼眸定格在某个远方。我们深受感动，同他一块儿沉默。这个人是先驱、是先知。上帝与他谈话。很快，他将被派去耶路撒冷拥抱他的兄弟保罗。

这一次与普世教会合一运动先锋阿特那哥拉牧首的会面在我一生中产生了非常重大的影响，它让我想起基督在临死前夜的最后的祈祷："使他们都合而为一。正如你父在我里面，我在你里面，使他们也在我们里面，叫世人可以信你差了我来。"[1] 阿特那哥拉鼓舞我同他一样，促使各分裂了的基督教教派重生友爱，并将之视为终身事业。在非基督教徒眼中，我们这些多少显得斤斤计较的争吵该引起怎样的非议呀！而在像土耳其这样的国家，阿塔图尔克宣扬开放且尊重其他信仰的伊斯兰教，这又是怎样的反证！

在与正教展开对话的同时，我加紧了与我所生活的土耳其世界之间的联系。在我看来，既然我已落地生根，学习该国的语言和文化便是首要之事。在那个年代，这种意愿极其少见。埃尔维拉嬷嬷却十分鼓励我，还让费奇先生来教我。费奇先生是世界上最好的人，精通古

---

[1] 《约翰福音》17:21

代土耳其文和现代土耳其文（阿塔图尔克意欲消除阿拉伯的影响[1]）词汇。我对语言的掌握不断进步。

这很快就传开了。主教写信来，问费奇先生能否在我的帮助下将基督教教理翻译成土耳其文。这是件极有趣的工作，不时穿插进我与这位年长的伊斯兰教徒间的对话。我们翻译到基督降生这一章节，他笑着向我简单讲述了一段生活经历："当我还是孩子时，我的父亲给我解释古兰经。他说起麦尔彦[2]那个贞洁处女，她诞下了耶稣，耶稣走在由穆罕默德指点的信仰之路上。我那时胆敢叫嚷：'可爸爸，处女是不能生儿子的！'我的父亲于是给了我一巴掌，到现在我都能感到脸颊火辣辣的。'你相信麦尔彦的贞洁，是不是？'这一巴掌使我终生受益：自此，我再未产生过丝毫怀疑！"因而，对于一些人来说，不容置疑的论据始终是最好的！

我们翻译教理中有关圣餐的问答，也就是在弥撒中代表基督身体的圣饼。这一次，费奇先生停下来：

"以马内利修女，您可是个聪明的女人，您怎么会相信呢？"

"费奇先生，您可是个聪明的男人，您又是如何相信马利亚的贞洁的？只是因为您父亲的那一巴掌吗？"

他由衷地笑了：

"没错，这是信仰，没什么可讨论的。"

"费奇先生，您要知道，我从 12 岁起便开始每日受领圣体。对于我所相信其存在的这种力量，我是有个人体验的。"

"我不怀疑您的体验，但那是完全主观、无法证明的。"

---

[1] 土耳其文原用阿拉伯字母，凯末尔革命以来改用拉丁字母，沿用至今。——译者注

[2] Maryam，《古兰经》中人物，即《圣经》中圣母马利亚。——译者注

“当然，只有经历过，才会懂得。”

“好吧，既然我没有经历过……”

他微笑着，俯身继续翻译。

令人尊敬的费奇先生致力于翻译教理，将其献给土耳其籍的年轻基督教徒们，即使这种教理常常与他自己的宗教信仰相悖。他拒绝一切报酬，为自己能尽份心力感到荣幸。不管怎么说，这都是非同寻常的，在今日势必会引来那些宗教狂热分子的指责。他是反宗教狂热的典型。埃尔维拉嬷嬷知道应该让我跟随谁，不仅为了学习土耳其文，更为了让我学会尊重拥有相异身份的他者。试想若让我为那些不懂阿拉伯文的马格里布[1]年轻人翻译古兰经教理，我会同意吗？我无法确定。我们在埃及的学校里的确非常注意针对伊斯兰教徒的古兰经教授，并为此安排了伊斯兰教师。事实上，自从第一批传教士被派遣以来，教皇始终要求他们尊重父母以自己信仰的宗教教育子女的神圣权利。我怀着钦佩之情阅读16世纪以来那些与此相关的传达文件，它们在尊重宗教自由这方面都规定严格。对此，我们在伊斯兰世界没什么需要自责的。确实，在一些特殊的时期和一些特殊的国家，一些传教士有时会在成人身上施加压力使其改宗。在殖民时期，成为基督教徒意味着属于统治阶层，改宗便成为一种进入上流社会的方式，幸而那些被委任的传教士，那些白人神甫，他们始终发自内心地尊重着伊斯兰及其宗教传统。

另一位重要人物，戈捷神甫，成为了我生命这个阶段的标志。作为一名方济各[2]会修士，他以罕见的智慧投入紧张的宗教生活中。他在

[1] Maghreb，北非三国（摩洛哥、阿尔及利亚、突尼斯）的总称。——译者注

[2] 方济各会天主教第266任教宗方济各（1182—1226）在1209年成立。方济各会提倡过清贫生活，衣麻跣足，托钵行乞，会士间互称“小兄弟”。他们效忠教皇，反对异端。——译者注

我们学校和土法男校中担任哲学老师，是我们“了不起的告解神甫”。每星期会有另一位神甫过来听修女们告解，而他则在间隔期间聆听那些需要向他求教的修女。他的精神指导既严格又开放。一方面，他决不接受任何仁慈的缺失（“你们怎么敢一边自称爱着基督，一边伤害着他的身体？”）；另一方面，他常常重复圣奥古斯丁的言论“去爱，行你所愿”，以消除心灵的罪恶感。他试图让我们了解，让万物永生的爱比戒律更加重要，它能抵偿那些无可避免的过失。他的心灵讲演也是在同样精神的指导下进行的，仰圣经鼻息，心理与实际紧密相连。

他同意给我上哲学课，以帮助我完成大学考试的准备。同时，他引导我修读宗教学，这对当时的我来说是学科中的薄弱环节。我的那些对于信仰顽固不化的怀疑并不使他感到惊讶：他与伊斯坦布尔的杰出学者们保持密切交流，这些学者中既有土耳其人也有外国人，这使他的思想境界大大拓宽。他非常理解造成现代不可知论的原因。无神论在他眼中不再是“亵渎之罪”，他认为，在大多数情况下，那只是一个人依凭健全的个体意识行事的结果——人生来便需经过感性体验或理性思考才能相信，因此无法在一个悲剧性的世界环境中给予不可见的上帝以信赖。

戈捷神甫以他的修会领袖阿西西的方济各的信仰为生。他远离各种学术争辩，目光始终定定地望向基督和十字架。他的理性使他对于真理的探寻更加深入，但他也十分清楚限度所在。他是帕斯卡主义者，觉得在他的信仰中，“相信的人能找到足够的光明，怀疑的人则只能找到足够的晦暗”。不久后，他被任命为土耳其拉丁天主教的主教，继续着教会委派的“访问者”和龙嘉利阁下即未来的若望二十三世的事业——拉近与土耳其政府之间的距离。戈捷阁下逝世时享年 83 岁，他的葬礼和埃尔维拉嬷嬷一样，将基督教教徒、伊斯兰教教徒和犹太教教徒汇聚在同一片祷告声中。土耳其报纸无论有没有宗教狂热倾向，在这一事件中都一致着重提及他作为教授的宽容、作为朋友的忠诚以及作为土耳其人民之仆的忠心。

他曾经的一位穆斯林学生，后来成为了学院的教授，他由衷地写道："我是他的精神之子，他在对我的宗教的全然尊重中，将我引向上帝。"其他许多人——无论是伊斯兰教教徒、基督教教徒还是犹太教教徒——都表达了同样的意思。轮到我时，我又说一遍：他将我引向上帝。而他也将我引向了人类，在这条路上我才开始窥见真正的宽广——把人的价值置于一切宗教、政治或文化附属物之上。

这一崭新的观念在我脑海中成形：不要僵化在个人的身份上，而应该将自己的身份与他者的两相结合。龙嘉利阁下与我的看法一致。在著名的圣灵降临日那天，我在伊斯坦布尔教堂现场，他在人头攒动的群众（包括大使和领事们）前，以坚定的声音诵读福音书，用土耳其语！在基督徒的记忆中，这一"异教"语言从未回荡在神圣礼拜仪式中过！这一创举开了"基督教本地化"的先河。土耳其的教会有责任吸收土耳其文化，包括掌握它的语言，将《圣经》嵌入陌生的"肉身"中去。当他成为若望二十三世后，有一天他将邀请整个天主教会走上这条开放、尊重和对话的大路。

战斗不歇

埃尔维拉嬷嬷曾十分担心我同一些思想不那么开放的高层相处时所必须克服的困难。同她以及玛丽－阿方斯嬷嬷在一起时，我在从顺方面没有任何问题。我折服于她们智慧和心灵的高度。

在她们之后的继任者并不总有这些罕见的天赋。如果我没有那么绝对，我应该能够理解她们，帮助她们在她们的任期中完成这一困难的接任。这里，我碰到了我最大的弱点之一：总以为只有我的观点是有价值的，拒绝——有时还带着轻视——其他相异的观点。由我不愿妥协的态度滋生出好斗之心，常常妨碍到我想要捍卫的最好的事业。

埃尔维拉嬷嬷以充满智慧的仁慈减去了不少太过严苛的规矩。她建议不必死盯着那些危害甚微的违规。不幸的是，有一天我们碰上了一位处处以盎格鲁－撒克逊纪律严格管理的负责人。她让结业班负责监督在大街上西翁圣母院院帽的佩戴工作，督促走廊上的队伍保持安静，违反纪律者的名字需要向她汇报。我恶狠狠地抵制这种对于告密行为的鼓励。可怜的嬷嬷身体本就虚弱，又被逼无奈与我较劲，一下病倒了。我前去看望她，体贴地想了解她的情况。我走到她的床头，发现她呼吸困难。一种可怕的想法一闪而过："任她死去吧！一了百了！"

一片静谧的礼拜堂里，我在主面前，没有一点自豪感。"你是怎样对待我的'叫你们彼此相爱'的命令？希望别人死去，这是怎样奇特的爱呀！"

"唐·卡米洛"式对话继续着：

"主，你是对的，但她难道不是令人无法忍受吗？"

我仿佛听到主这么回答我：

"那我，这么长时间以来不一直都容忍着你吗？而这位修女，难道她只有缺点吗？"

"不，她始终忠诚，光明磊落。说她很不错、深受学生爱戴也不为过，但我始终无法与她好好相处！"

"那如果你没有那么不肯妥协呢？"

"是的，主，我会试试看。但不管怎样，在天堂、在靠近你的地方对她可能更好……不过，如果你希望她活着，请帮助我学会容忍她！"

她没有死去。我们各尽其力：情况有所好转！

我的命运注定在抗争中度过。我尽可能频繁地去拜访愈发吸引着我的贫民窟棚户区。我看到那些贫困的人们生活在怎样的境况中：他们住在用废旧铁皮搭建的简棚中，没水，没电，不通暖气。回到修会中，上帝知道这里也毫无奢侈可言。一开始，我的单人房是一间搭在屋顶下的阁楼，低着头才能进入。后来我成为一个寄宿生宿舍的负责人，分给我的小间仅够摆放一张床和一个梳洗台，但房间里有电，有散热器，水龙头不过几步之遥。食堂提供的食物非常简单，但很充裕。我在这里过得体面。1940 年，一个念头开始缠绕不去：去棚户区生活，和穷人们一样，同他们在一起。与他们分享生活，并不会妨碍我每天早上回到学校。如此一来，更易于我理解我的富学生们应当肩负的团结友爱的责任。

我写信给在巴黎的院长嬷嬷，得到的答复是："亲爱的以马内利修女，很不幸您的愿望我们没法满足。您的想法很好，但是您也知道，我们的规定要求必须在日落前赶回修道院。我怎能允许您在贫民区过夜！您必须做出选择：或者继续留在西翁，遵守您在初修期所学的规矩；或者，如果您真诚地感到应该遵循自己心之所向，那么请寄给我一份正式的离会申请，我会让罗马跟进处理的。在您做出决定前，祈祷并考虑清楚。至于我，我请求上帝赐予您判别自己使命的能力。"

我应该怎么办？我强烈地祈望光明。我实在太了解我的弱点。在修道院条条框框的约束中，即使有时我会顺着天性"乱吠"一气，但"蜷缩"在我灵魂门口的"畜生"始终被牢牢拴着。我是安全的：修会生活源源不断地给我以支持；特别能让我有所感悟的是在礼拜堂的集体祷告、心灵的讲演、知识渊博的告解神甫给出的建议，以及如手足般的情谊——尽管有时会遇到难关——这一切都使我浸润在心灵的怒放和安宁中。但假若我是独自一人，独自面对我那瞬间就失去节制的脾气，有什么能向我证明，我不会被落下很远，不会迟早离我那愚蠢的理想非常遥远？

此时，有一位恰能在这方面激发我的了不起的修女——马德娜·德·耶苏，富科修会的创始人——途经伊斯坦布尔。她坐着轮椅穿越了整个欧洲，正在前往耶路撒冷的途中！她在我们修道院停留了几日。在一次课间休息时，她向我们解释了她刚刚制定的新规定：与最贫困的人们分享生命、食物、住房，优先选择待在非洲国家、第三世界国家。我们干粗活时穿着的工作服被她当做衣服样子。这一切深深地吸引着我。我随她回到她的房间，心扑通扑通地跳着：

"我的嬷嬷，我的梦想实现了！我可以继续当修女，一边还能与穷人分享贫困的生活！请您收我进入您的修会。"

"以马内利修女，这不可能。"

我惊跳起来：

"为什么？无论是生是死，只要在穷人中间，我对一切都已做好准备。"

"不可能。我不能夺走西翁的修女。"

"夺走！可不是这么回事儿！是我急急忙忙地投奔您的！"

"不，您没明白。我内心对西翁修道院怀着极大的感激之情。我们在突尼斯起步，一穷二白，没有房子，也升不起炉灶。玛尔塔讷嬷嬷极尽慷慨地招待我们。那时修道院感染了伤寒病，她的修女和我的修女都危在旦夕。她没日没夜地照顾大家。时间，金钱，她倾囊而出，救回了我们所有人的命。我决不能带走西翁的修女！"

一切化为乌有……坦塔罗斯[1]的苦恼哟！我如此热切渴望的理想近

---

[1] Tantalus，希腊神话中宙斯之子，被罚永世站在上有果树的水中，水深及下巴，口渴想喝水时水即减退，腹饥想吃果子时树枝即升高。坦塔罗斯的苦恼，比喻可望而不可即的痛苦。——译者注

在咫尺，活生生地在我面前，全身心地拥抱着我，但这却只是幻觉！我感到失望。我以整个灵魂谈论着贫民窟棚户区。马德莱娜·德·耶苏最后对我说："再等等，以马内利修女。再等两三年，等到您的院长写信给我……但现在，不行，我拒绝。"

我跑到礼拜堂向主抱怨："主，不应该是这样的！不应该将我带到她的面前……煽风点火的是她，她却以最快的速度脱身，弃我不顾，将我留在烈火之中。这都与你无关吗，主？"当灵魂陷落低谷，智慧开口了："在投身火焰前，应穿越它。""耐心赢得一切。"圣女大德肋撒[1]如是说。

确切说来，正是我缺乏耐心以及直言不讳的性格促使我离开了伊斯坦布尔。我早已注意到我那太具革命性、不肯妥协的精神始终考验着我的上级们的耐心，她们感觉到我对那些压在学生身上的严肃纪律、对过于严苛地践行宗教规定都心存异议。

随便举一个记忆中的简单例子。一天下午，在泰拉匹亚，课间休息时我们一起在一条通往博斯普鲁斯海峡的小径上散步。刮着风，浪涛拍打着峭壁。有一名渔夫徒劳地投着锚，小船儿团团打转，令他投不到桩上。修女们和负责人一边观看着眼前的场面，一边许愿，希望他最终能抛锚成功。我最终忍无可忍地爆发了：

"好吧，我的嬷嬷，难道我们就只能长时间怡然自得地注视这人吗？我不能下去帮帮他吗？"

"不行，以马内利修女，不能离开！"

我一言不发，咬着牙默默退开。我一点也不懂得该如何面带微笑、

---

[1] Santa Teresa de ávila（1515—1582），亚维拉的圣德兰。西班牙神秘主义者，加尔默罗会修女。——译者注

温柔地坚持："哦！我的嬷嬷。那个可怜的人，他已经撑不下去啦！"这位负责人虽然在规定方面一根筋，但内心却是十分善良。只要稍微懂得变通一些，我应该就能让她的心代替规定说话："修女只有在极少数的情况下才能离开。"

在礼拜堂明暗交汇处，我向主埋怨："为了一堆故纸而不救人性命，这难道不够愚蠢吗？当然，他并没有处于危险之中，但他筋疲力尽了，那个可怜的人！"答案在我内心回荡："你何时才能以令人接受的方式提出请求？"

最后，修道院来了一位比我年轻、接受不了我好责难的性格的负责人……1954 年 6 月，我收到一封来自巴黎院长的"转院令"，让我前往突尼斯。

"离开，即部分地死去。"这是我的学生们最喜欢拿来发挥的命题，而如今我将切身去体验。修女和孩子们，修道院和这个国家，我所珍惜的这一切啊：和青年研究者们一同上过的课，与修会建立起的深刻友情，在阿塔图尔克带领下阔步向前的土耳其，伊斯坦布尔以及和学生们一块儿游览城市的美妙经历——圣索菲亚大教堂以及金号角湾、博斯普鲁斯海峡以及马尔马拉海，而在这一切之上，还有我们用来祷告的礼拜堂以及其中朝我微笑的圣母！我的心与我们院子中的一砖一石相连，也与远处埃尔维拉嬷嬷安息的墓碑相连，在我眼前她至死都徜徉在无疆大爱中。

随着盟军东线、西线向柏林的全面推进，希特勒的自杀，在广岛、长崎投下的灾难性的原子弹，战争停止了。犹太人的尸体从地下掘出，数字开始流传：4 百万、5 百万、6 百万的男女老少在这场大屠杀中死去。惊愕紧紧拽住了我们的心：我们逃过了"人们沉痛的苦难"，甚至对这场使整个世界都陷入痛苦的悲剧的消息都所知甚少！

至于我，我再一次听到上帝对亚伯拉罕的召唤："你要离开本地、本族、父家，往我所要指示你的地去。"[1] 成千上万的人背井离乡，远走他方，我应该了解他们内心的悲痛，与他们分享，同他们一样，向孤独之地进发！哦！以马内利，向着突尼斯，前进！

我将穿越沙漠的考验。

---

[1] 《创世纪》12:1—3

第三部分　颠沛流离

（1955—1971）

诱惑的沙漠

（突尼斯，1955—1959）

到达突尼斯时，我已声名远播：大家认可我是一名依照规矩管理班级的班主任，深受学生们爱戴与尊敬，也得到家长们的欣赏。但这些女孩子、这些法国殖民者的后代，她们正值十二三岁率性、骚动的年龄——我负责的两个班级各40名学生都是这个年龄段的，她们和我在土耳其的学生们毫无共同点可言，那些学生已经16至18岁，对学习有一种渴望。

我记得太清楚了，我站在两个房间中间所度过的第一个小时，80个女孩子叽叽喳喳地讲着话。我的所有想法都倾覆了，我寻思道：谁将成为胜利者，是我，还是这群乱哄哄的小淘气？

还好，两名老师及时赶到。她们恢复了安静，我赶紧溜走，但160只挑剔的眼睛正打量着我。这一年算是彻头彻尾的失败。这两个班级都在三楼，学生们本该安安静静地排着队上楼。而我完全无法控制这长长的队伍，她们每走一级台阶都要停下来自娱自乐一番。在我的课堂上，骚乱甚至影响到正常的学习。我也缺乏针对这个年龄的教学经验。家长们前来抱怨。院长玛尔塔讷嬷嬷对我的良好声誉寄予了很大期望，她希望我最终能上手。这是位卓越的女性，在突尼斯她对我的意义犹如在伊斯坦布尔埃尔维拉嬷嬷对我的意义，都象征着光明以及各方面的周到款待。

突尼斯极度的酷热是我前所未遇的，这进一步使我的力量衰弱。我感到日益疲惫，又完全不可能在白天休息，因为我的床折叠放在班级的柜子里。直到那时我还保有足够的自制力。然而，有一天我听到有个孩子没什么缘由地哭了起来。我到院长跟前认错，并请她依据惯例对我进行处罚。她微笑着答复我："您太累了。这整个星期，你每天都可以晚半小时起床！"我的疲倦感有增无减，她又把图书馆交给我使用，让我午间能在其中睡上半个小时。但这些都没起什么作用。我那些调皮的学生依然我行我素，不遵守课堂纪律，在她们这个年纪趁机利用我的虚弱算是幸事一桩吧！

玛尔塔讷嬷嬷后来什么都不再对我说了，但我愈发感觉到她对这种状况的不满。在伊斯坦布尔，即使我和上级间不总是能相处融洽，但我始终能让她们感到非常满意，这常常能缓和我们之间的紧张气氛。而在突尼斯，全然不是这么一回事儿！

一切都运作不起来。在我的学生眼里，我是名可笑的学监；在我的院长眼里，我是名无能的班主任；在我的修会眼里，我是名令人同情却无法相助的修女。这种成为众人怜悯对象的感觉对我来说是难以承受的，令我渐渐远离所有温情的联系。

在伊斯坦布尔，我曾感到被炽热的友爱包围；在突尼斯，我却被如此奇怪的印象缠绕：我觉得自己像漂浮在冰冷海水上的冰山。埃尔维拉嬷嬷对我的预言针针见血："以马内利，当您不再能得到您的上级的支持而必须孤身奋斗时，您还能坚持吗？"像我这样，过去一直与他人同舟共济、并肩奋斗，而现在却找不到什么能够依附的东西。我的身体筋疲力尽，我的心灵冰封沉寂，我的灵魂灰心丧气。警钟已为沙漠中的诱惑长鸣。

摆在我面前的选择：或者放弃一切，回到家中，回到母亲身边；或者使劲抓住上主不放。我想，在我一生中极少像那时一样呼唤上帝——我唯一的救赎。每天早上5点，第一次祈祷："主，帮帮我，我没有勇气起床！"……我飞快抓起用来梳洗的水罐和脸盆，穿上长长的闷热的修女袍，把床摆到橱柜里，搞定！是时候到宿舍叫醒学生了。白天越是艰难，我越要呼唤他："快，救我，我撑不下去了。"晚上，礼拜堂里更加清凉，祷告变得更加从容。圣母在我眼中仿佛也更加笑意盈盈："谢谢，圣母，我做到了！"最后，等到我的那些爱捣蛋的学生上床睡觉后，我回到宿舍，内心平静，向主最后一次道安。

每一天都不会给我留下应付第二天的力气，但每一天，放下一切的诱惑都会被又一次战胜。我们中的许多人，在这精神的沙漠中，都会重新体验到《圣经》中希伯来人受到的考验。人性相通，那本该使我们得到解脱的行走在我们看来徒劳无益、凶险重重："百姓在那里甚渴，要喝水，就向摩西发怨言，说：'你为什么将我们从埃及领出来，使我们和我们的儿女并牲畜都渴死呢？'"[1]于是我们企图重新像过去那样沦落为奴，在那里"我们坐在肉锅旁边，吃得饱足[2]"。哦！这是怎样的诱惑：情愿风平浪静地坐在某个锅子前，而不愿在夜里为失落的理想抗争！然而，又有多少人在上帝的帮助下，在朋友的支持下，重新找回了继续发奋的力量。这是一种令人迷醉的体验，只有经历过才会

[1] 《出埃及记》17:3

[2] 《出埃及记》16:3

去相信：在个人脆弱的存在中，颓丧与能量，死的诱惑与生的力量，共存共生。在干渴的沙漠中，即使看不见、感觉不到，我们饮“主”止渴。

有一个问题一直困扰着我：横亘在我的学生与当地人之间的鸿沟。显著的标志：fellah[1]的小毛驴与殖民者的豪华轿车并排前行。殖民者得到的都是最好的土地，并将自己的产能提高到最高限度，从中获益良多。然而，这些人中的一部分也为他们工人的福利操心。他们的妻子拜访家庭，照顾病人，为不识字的人组织课程，收养女孩，等等。今天我们称之为家长式管理，而在那个年代，这是极其珍贵的！

同样，我们班上有三个女孩儿，她们的头发如麦子般泛着金色。她们的父母都是清醒地了解自己社会责任的基督徒，保障每一位员工的福利待遇。然而，这些员工中有一人，为了得到一笔奖金，揭发了埋在花园里的武器。政府害怕殖民者会反抗限制他们行为的新法律，逮捕、监禁接踵而至。那不过是些上场战争遗留下来的老步枪，但仍然不该被存留下来。连续好几个月，整个地区都沉浸在悲痛之中。最终，玛尔塔讷嬷嬷成功地请到我们一名突尼斯学生的父亲施以援手：他在布尔吉巴[2]身边担任要职，布尔吉巴最终签署了赦免令。

这个男人，曾与其他犯人混杂相处，与他们共享公共权利。他出狱后来见我们，已改头换面！他的面孔印刻着饱经苦难的沧桑与疲惫，却仍有一种火焰使他熠熠生辉。“是的，这段日子是十分可怕的，同这些真正的罪犯挨着，远离与我相关的一切，焦虑着他们的命运。但我完全不后悔。我现在理解了人类困境中的绝望。过去，生活对我来说

---

[1] 阿拉伯文，农夫。——译者注

[2] 布尔吉巴，Habib Bourguiba（1903—2000），突尼斯政治家，曾任总统。——译者注

太容易也太舒适了。我离人类的苦难太远！”我们都被深深感染，聆听着这一非同寻常的言语：“现在，我有了对博爱的实际体验，我成为了这些不幸者的兄弟。我明白人是怎样堕落的！”他的目光变得沉重。没有人敢发一言。最后，他总结道：“我感谢上帝。在监狱里，他与我同在。”没有夸夸其谈，也没有铺张的情感抒发，他却给我上了人生中重要的一课：要分享他人的痛苦，就不该在自己的痛苦前止步。我并不是世上唯一感受到沙漠威胁的。

我重新回到我的问题面前：那些走向穷人的召唤不绝于耳，要如何回应？我在伊斯坦布尔能够实现的事，在突尼斯却无法得到任何进展。两位修女前往拜访 gourbi [1]，但我却不得与之同行，更妄谈带上我的学生。

马德莱娜·德·耶苏嬷嬷让我在伊斯坦布尔等待的年数一转眼便过去了。她的修女们住在突尼斯一个贫困街区中。我全部心思都向着她们。正如她们的创始人所要求的，我给我的总院长玛丽－菲利克斯嬷嬷写信：“我的嬷嬷，您十分了解我想同穷人们一起分享贫穷生活的愿望，这在西翁是不可能了，但在富科修会却是可以实现的。我已经等了如此多年。请别再阻止我与人贫苦与共。请允许我跟随马德莱娜·德·耶苏嬷嬷。”我收到了一封电报，要求我前去巴黎。

玛丽－菲利克斯嬷嬷是位目光深远的女性，她思想开放，能够接受不同意见，且极为罕见地懂得聆听的艺术。她以一种富有深情的理解听完了我说的话并回答道：“我对您的状况十分担心。您不快乐，所以我本想把您送到卡兹纳达尔，那里距离突尼斯大约1公里，是完完全全的乡村，或许能使您喜悦。但是长期以来您一直感到一种与穷人

---

[1] 阿拉伯文，陋室。北非弱势阶层的住处。——译者注

共同生活的召唤，这是我无法应允您的。富科修会的规定却不一样。写信给马德莱娜·德·耶苏嬷嬷吧，我会附言以表同意。”我心花怒放。只需要提醒马德莱娜·德·耶苏嬷嬷一下那些我已遵守的约定，我便能最终在她的修会中实现我的梦想——走进那些最孤苦无依的人的生命。

当时是1957年9月。10月就这么过去了，没有任何回应！我重又写了封信给普罗旺斯艾克斯——初修院总部，还是毫无回音！情况一天天窘迫起来。我留在巴黎，在嬷嬷的房子里，什么活动都不参加，只是同年长的修女们待在一起。玛丽－菲利克斯嬷嬷简单地提醒了我几句关于我的情况，但语气并不十分坚持：

“以马内利修女，我希望给你自由，但您也看到了，马德莱娜·德·耶苏嬷嬷没有回信……在卡兹纳达尔，您的位置已经安排妥当了。”

“我的嬷嬷，您是知道的，如果我前去卡兹纳达尔，我就不得不至少在那里待到学年结束。已经二十几年了，我一直为我的这种渴望所焦灼：与穷人共享生命。我马上就要实现了，也许就在明天……我的状况让人难以接受，这点我是明白的：待在这里，除了大扫除，什么都不能做。”

“是的。在卡兹纳达尔，修女们因为您的缺席不得不付出更多劳动。”

“是的，这是最糟的。但是，我的嬷嬷，我不能退让。这攸关着我心向穷人的使命的全部意义！”

“凭您的良心行动，以马内利修女。试着写信给罗马，嬷嬷在那里有一座修道院。在信封上写上‘加急’字样。”

穷人等着我，我要奔向他们，他们是希望的所在。12月的头几天逼近了，三个月的等待后，我终于收到了一封信：马德莱娜·德·耶苏嬷嬷身在美洲的原始部落，她在那里的不同地方安置了一些修女——当然，没有办公场所！她为她的耽搁致歉：“可惜，现在已不可能接受以马内利修女了。太多来自不同修会的修女要求加入我们。于是，我们在规定中加入了一条不得撤销的决议：不接受任何来自另一修会的修女……”

多富有戏剧性的一幕！在伊斯坦布尔，为时太早；今天，为时太晚！90天的等待，只为了得到这样的回复。好吧！尤其，不要慌乱，面对它，面对！不要屈从于离开的诱惑，以马内利！你的位置在西翁。首先，因为我必须留任教职，同时我还要获得学位。显然，面对青少年我一筹莫展，但同那些更大一些、对待世界和个人问题更开放一些的女孩子在一起，我就会变得游刃有余。我需要获得文学学士学位。四年前，我在伊斯坦布尔获得了哲学方向的证书；而现在，索邦的大门已经敞开！

我注册并选修了函授拉丁文课程。嘿！向着卡兹纳达尔前进！在那里，我兴高采烈地被迎入一个互相理解、互相友爱的大家庭中。负责人玛尔特－诺埃勒嬷嬷使整个修会都呈现一派欢快祥和的景象。这里的环境也非常相称。在土耳其，学校十分紧凑，只有一个庭院；而在卡兹纳达尔，学校的产地大大扩展，不仅延伸至柑橘园，还拥有游泳池，夏天池水清凉。我的到来将减轻其他修女的负担。正如玛丽－菲利克斯嬷嬷所预计，我将在这样的环境中如鱼得水。

我负责结业班，和这些学生在一起，一切进展顺利。每天晚上，我学习拉丁文，就这样一个个赶上了其他同修这门课程的同学。我能够在突尼斯参加笔试……幸运！我通过了。口试必须在索邦进行。仍剩下一些作家，我还没有做功课，我用晚间的部分时间完成研读。最后只剩拉丁文文学了。这不难，在船上重读一遍即可。

啊！可是船晃得厉害。随着浪花上下颠簸，左右摇摆，我晕得厉害。我极其费力地下了船，拖着身子坐上火车。我感到越来越难受，不停在车厢和厕所间来回跑。停！巴黎！我像一筐脏衣服那样瘫在那里。好心人把我送上站台，好歹把我安置在了搬运车上。有人打电话给西翁。半小时后，两位修女出现了，她们扶着我前往院长室。玛丽－菲利克斯嬷嬷等着我，她为我请来了一名医生。我几乎没了脉搏，我没有半点力气开口说话。医生忧心忡忡："快！注射强心针！"

被安顿在医务室后，我感到好多了。玛丽－菲利克斯嬷嬷挂心我的状况，待在我的身边。我焦虑地对她说：

"我的嬷嬷，明天，考试……"

"别担心，医生会给您开病假证明，您呈交上去，就不会有问题了。"

松了口气，我昏睡过去。几天后，我痊愈了。"以马内利修女，瞧您多让我们操心！医生害怕您会心力衰竭！这是您的病假证明。您的主考官已经得到通知，他明天早上等着您。"

我来到索邦，心跳得厉害。我还没怎么打开过拉丁文文学书。我带着它，但愿考官来之前有时间翻一翻。倒霉！他很快就到了。"我的修女，看来您已经恢复健康了！这是您的考题。给您一刻钟时间思考，到时我会回来。"他就这样消失了，和他进来时一样快。

我看了眼考题纸：《埃涅阿斯纪》中的一节。我还没有重读过！不幸中的不幸！我只记得小爱神丘比特将他的箭射向埃涅阿斯和狄多，于是他们之间迸发出爱的火花，但狄多最后没能把她的爱人留在迦太基，当她看到埃涅阿斯的船载着他扬帆远去时，她直直地躺在了柴堆之上。任何其他部分，我都记不清了。我的文学教材就在那儿，上面还记着所有章节的概述。我只需要打开它，一刻钟足够让我准备妥当了。

道德感使我陷入进退维谷的境地。瞧，我面前充满诱惑：

"那么，你是否打开它呢？"

“快，赶紧呀！”

“对，可我常常要求学生不要作弊，应该光明磊落，不存欺骗。”

“傻话！你可是不远千里从突尼斯来的，可不是为了带着失败离开：还扭扭捏捏什么！”

看，不看，看，不看……我的书放在我膝盖上，始终合着。

考官回来了：“您准备好了吗，我的修女？我洗耳恭听。”加油，哦，我的灵魂，谈谈那些你知道的吧！我开始了。埃涅阿斯，狄多，特洛伊战争，埃涅阿斯背着他的老父亲安喀塞斯——父子之爱之美；对赫克托耳忠诚的安德罗马克——夫妻之爱之美；《萨莫特拉斯的胜利女神》——希腊艺术之美；菲迪亚斯装饰雕刻的巴特农神殿——希腊奇迹之美；维吉尔带着但丁穿越地狱天堂——《神曲》之美；我不知怎么又接着谈起了瓦格纳——音乐之美！

我筋疲力尽，停了下来……也穷尽了所有我能展开的有关美的话题。主考官全然安静地听完了我的演讲：“我的修女，您的文化修养让我非常难忘，但在我看来，您似乎偏题了！”我指了指我的书：“是，这就是事实。我生病了，无法学习。”我继续补充道，觉得自己实在太傻：“我不想利用您不在的时间打开它。”他笑了，我们开始谈论音乐。在伊斯坦布尔的食堂，我给学生们放过不少古典音乐的片段。我猜他是音乐家！我们在和乐融融的氛围中道别……而我得到了我的拉丁文证书！

我快乐得乱颤。我准备第二年选修希腊文，弗雷松先生为我打下过基础；还有法国文学，这部分我非常熟知。我感到自己插上了萨莫特拉斯的胜利女神威风凛凛的翅膀！

玛丽－菲利克斯嬷嬷叫我过去：

“您的负责人希望您能停止学业，在她看来，似乎这与教学很难两相结合。”

“但是，我的嬷嬷，去年，我也是全职工作，而我成功了。那么，为什么不让我继续？”

“我了解您的想法，以马内利修女。但是我应该为每一个负责人保留自由管理她的修道院的权利，我不想太过干涉……”

就好像有一个拳击手直直地击向我的面部，我的头脑嗡嗡作响。怎么能向我下达如此愚蠢的命令？我的理智奋起反抗，一股狂热劲儿直冲脑门。我重又回到孤独中，回到存在的无限张力中。我跑到礼拜堂喊出我的愤怒：“主，我受不了了！这实在愚蠢至极：我是老师，对不对？我应该获得学士学位，对不对？我成功得到了第一张证书，对不对？我全职教学，没有打扰任何人，对不对？她们应该先征询我的意见，对不对？我应不应该遵从一条如此愚蠢的命令，应不应该？我开始受够修道院里那些端庄的修女了。一会儿禁止我同穷人们生活在一起，一会儿又站在教学的角度指指点点。主，我不再听从别人的话，我要奔向正召唤我的苦难。”

我尚未平静，但气郁的感觉慢慢缓和。另一种声音开始从心底响起：“你从顺的誓愿还在，对不对？你的初学期导师曾经提醒过你，对不对？过去，那些并不违背道德的命令，你也心甘情愿受其约束，对不对？而在这个问题上，道德感至关重要，对不对？你敢不敢直视面前的，敢不敢？”我感到，在愤怒与诱惑的骚动中抛下一切，这当然会把我引向贫穷之路，但同时也是脆弱之路。我已经够资格全凭自己的力量行动了吗？我握紧手中带耶稣像的十字架，我凝望十字架上的基督，我聆听玛丽－阿方斯嬷嬷的话语：

“这是属于大爱的时刻！”

“是的，主，我与你相连，自由地，自愿地。是的，无论如何，与你同在，像你一样，我将服从。”

这场新的战役在我看来比之前的更糟，因为这不再是肉体层面的战役，而是针对我应该压制的情绪以及我应该克制的因成功而骄傲自满的个性。

当我回到卡兹纳达尔，“是”与“非”之间的激烈抗争将我压垮。上一年，我或者和学生们一起，或者奋斗在故纸堆中，充满了激情与活力。如今，我又像在突尼斯时那样感到孤独，感到心力交瘁。然而，在每一处急转弯，永恒的生命奇迹总会又一次喷涌而出，就好像马匹受到骑士的精湛骑术牵引，一路跳过横亘的障碍——有一种精神的力量使我跃向前方。显然，圣保罗是正确的：“凡事都能做……靠着那加给我力量的，基督。”在我力竭的身体里，我亲身体验到了这句话的意义，这是突尼斯给我的体验：我的脚行走着，我的手书写着，我的唇微笑着，而奇迹中的奇迹发生了——我的头脑渐渐平静了。我一点点接近“完全地弃绝尘念和甜蜜”[1]。

但是，我遭遇了和在突尼斯时一样的困扰。那些当地土著的陋屋在我们庞大产业的边缘展开。每天，当我看到那些赤着脚的孩子时，我总是感到拘束不安，我们会给他们一些面包和橘子，当然不总是最好的橘子。我们的突尼斯仆人和他的家人挤在修道院的一间小房间里，而我们的意大利司机早就让他的家人住进了别墅。为什么会有这样的差异？回答是：那些土著已经习惯挤在同一间屋子里，不应该去打乱他们。这算什么理由！难道我们不应该反过来帮助他们的阶层提升？这激起我强烈的愤慨。然而，应该注意到，当时西翁其实已经设立了一些班级以接受贫困的突尼斯孩子，为他们预备了更加美好的未来。现

[1] 语出帕斯卡。——译者注

在，我们的领域已经成为国家财产，突尼斯家庭能够体面地住在里面。但在我仓促要求革新的当时，我不能理解这种变化需假以时日。

这异常艰难又异常热烈的五年沙漠岁月最终结束了：伊斯坦布尔重新请我过去。我回到土耳其，但已物是人非。

我不再是过去的我。在人群中，我历经孤独，像是预演的死亡。友谊，爱情，在我眼中不过是过眼云烟。活着不再具有意义。去向何方，又为了遇见谁——那些麻木冷漠的面孔，那些失去柔情的眼睛？我的教育工作意味着什么——毫无指望的失败？对人类的信仰？那些小土地主始终还是些可怜的坏鬼！对上帝的信仰？当我呼唤时，回答我的只有静默！对贫困的向往？这早被风沙埋没的愿望！

然而，诱惑的沙漠中的这些年，又是格外丰产的。它让我对自己能力的确信统统消失，它使我了解那些在伊斯坦布尔环绕着我的光环是如何转瞬即逝。我收获了令人印象至深的体会：虽然上帝总是静默，但他赐给了我卓越的力量——无论如何，无论经历了什么，我还站着，没有倒下。

沙漠内化了：真福突尼斯！它对我严酷的教育剥除了我具有浪漫主义色彩的理想，理想中，友谊尚未经历艰难时刻的考验，贫穷的召唤带着浅薄的家长式保护观念。真福突尼斯！它在净化的爱中获取珍宝。

文学学士

(伊斯坦布尔，1959—1963)

在伊斯坦布尔，两位负责人轮流接待了我，她们都极富智慧和个性：吉莱纳嬷嬷是文学方向的学士，她是继埃尔维拉嬷嬷之后最能理解我的修女；而阿兰嬷嬷则是建筑学硕士学位获得者。她们两人都鼓励我完成我的学士学业。学生方面我也没有遇到任何阻碍。我完全可以在晚间进行学习。索邦，前进！主，原谅我曾如此激烈地责备于你！

现在，我已像一名具有良好文化教养的五十多岁的女性一般成熟，更何况，我已深入撷取我们大作家们的“精华”！我全然不抗拒谈论这些，因为它们拓展了我的眼界。

在法文的课程设置中，蒙田的《随笔集》、拉克洛的《危险的关系》都是必读书目，尤其还要求阅读帕斯卡的《思想录》以及柏格森的《道德与宗教的两种来源》——这是何其幸运！

帕斯卡成为我思想的导师。白天，我反复回味那些晚上读到的句子，其内涵在我看来无限拓展：“我们知之甚少。”具体来说，我们究竟知道关于谁、关于什么的深层的本质？关于那么多年来我一直热爱并与之同行的修女们？关于与我保持热烈联系的学生们？关于每天不断涌现的大小事件？它们的由头，它们的后果，我知道些什么？“知之甚少”：即使是我最熟悉的事物——我手中的这支铅笔，它又从何而来？木头，树木，第一颗种子，第一棵树，若追溯到史前时期，已经历了多少亿年？我的思想迷失在无限中。

“人的软弱与伟大”：我试图将帕斯卡的奥秘应用在自己身上，这一“始终伏在我们门前的动物”，它早被该隐所识[1]，玛丽－阿方斯嬷嬷也曾向我们提及。“小心潜伏在你体内的那条蛇，”她说，“它活着，始终伺机而动：女性的嫉妒，统治的野性，苏醒的肉欲，平庸的私利。”啊，是的！我本体的软弱，我能感觉到它只是被制服了，却从未消失。而同时，作为“思考的芦苇”的伟大——我的理性从未间断地喷涌而出，

[1] 参见《创世纪》4:6

罗丹战胜了顽石花岗岩，思想在其上通过物质展现，就好像密涅瓦[1]披着盔甲从宙斯的大腿降生——所有这些古代的、现代的符号，都使我为自己是人类的一员而自豪得战栗。

有多少次我不断重复着这句话，它那如音乐般回荡的深意将我迷惑："这无限空间的永恒沉默使我恐惧！"我看到天空中闪烁着相隔光年的无数星星，而我细如尘埃，迷失在这"浩瀚无垠、中心缺失的周界中"。

帕斯卡最启发我思考的是他对基督教上帝的研究，而在过去，上帝在那些自由思想家眼中始终是非理性的产物。我感到身处问题的核心，这个问题自我进入伊斯坦布尔大学以来从未得到澄清。帕斯卡会最终带给我基督教真理的超验性证明吗？"一切过眼即逝，遁形于一场永恒的逃逸"，这是最先引起我长时间思考的句子。在我还处于青少年时期时，便敏感地察觉到时光无情流逝，半点由不得人，并由此产生纯粹精神意义的不安，唯恐抓住的只是消散的影子，唯恐留住的只是苦水飞溅起的一点泡沫，手中依然空空荡荡。帕斯卡还写道："感到自己拥有的一切正在消逝，这是恐怖之事。"这些形象纠缠着我，将我带往唯一的永恒之轴——上帝，却终未带给我任何结论。当怀疑对我发起突袭，它们便"钻"入我的心。"钻"这个词很好地表达了不安深陷于存在之中的状态，就好像螺旋钻钻入木材。戈捷神甫认为认识并分享迟早会搅浑所有人类之生之死的事物是有益的。信者疑其所信，不信者疑其所疑。我不了解这在他人身上产生的效果，但我很清楚在我身上的反应：身心的疲惫，挂在嘴边的厌倦。一切又有何益？生生死

[1] Minerva，罗马神话中智慧女神、战神、艺术家和手工艺人的保护神。主神朱庇特（Jupiter）的女儿。——译者注

死，何益之有？当一切化为虚有，在周身摇曳不定时，能拽住的究竟是什么？

那么，论及此，帕斯卡究竟给我带来了什么？——对怀疑的清醒认识。乍看充满悖论，但却至关重要，他让我理解：宗教从不自诩能“清晰地看到上帝”，能无遮无掩地拥有他……相反，他在行文中给出的名字是 Deux absconditus[1]。在一次夜间散步时，帕斯卡提出了他著名的上帝之赌：“上帝存在或不存在……理性在此决定不了什么。有一种无限的混沌把我们隔开了……你不得不赌……你已经上船了。”然而，早在伊斯坦布尔，我已为上帝而赌。那次的选择为我带来了多少生命的喜悦！与主之间日益亲密的联系超然于所有黑夜之上。

柏格森也促使我拓宽了思路。在《道德与宗教的两种来源》中，作者指出一些为生命的冲力所牵引的人，他们由个人圈子的封闭行会精神走向了“人类的博爱精神”，由此“敞亮了紧闭的道德”。他赞赏伟大的神秘主义者，尤其是大德肋撒修女，她凭借自己的持重与智慧，“敞亮”了 16 世纪狭隘的天主教教义而未受到任何审查。这些善男信女，穿越时间，荡涤了教堂和隐修院的浊气。自我孩童时期以来所呼吸到的便是这生机盎然的空气，第二次梵蒂冈大公会议向世界传递的也正是这种清新气息。正如若望二十三世的表达：“应该‘打开窗户’！”也许未加意识，他重述了柏格森的理念：“由静到动，由封闭到开放。”

期末论文的题目是蒙田，我就他做过不少功课，所以对我来说并不困难。口试时，我抽到《危险的关系》中的选段，让我评价。我当时还穿着宽大的修女袍，我猜这让我的考官感到为难：

“我的修女，您可以重抽一次，也许就会抽到帕斯卡了。”

---

[1] 《以赛亚书》45:15。拉丁文：自隐的神。——译者注

“先生，您真好，但这个问题没有什么特殊的，不必更换。”

我的回答令他满意，一切进展顺利。我得到了我的第三张证书，法国文学证书。

急切地想要更进一步，我冒险同时提出了希腊文的考试申请，对此我丝毫未做准备。我失败了，但假期里我留在巴黎进行深入学习。1962 年 10 月，我通过补考终于拿到了希腊文证书。

我不断遭遇各种事件而被迫中断学业，现在已经 54 岁了！是拿学位的时候了，只需要通过语文考试，那是最难的一门考试！

我回到伊斯坦布尔，忽然之间——一道晴天霹雳！——1963 年 2 月，我收到了一封电报：“以马内利，亚历山大港，玛尔塔讷。”玛尔塔讷嬷嬷当时已调任省级负责人，在她的召唤下，我打包行李，赶紧前往亚历山大港。这短短三个词使我重新踏上辗转之路，从一个大洲到另一个大洲，从亚洲到非洲。前方等待着我的是全新的冒险，也将是我所难以想象的烫手山芋！

最初的分享

（亚历山大港，1963—1971）

我先在开罗下船。在转乘飞机前往亚历山大港前，我有三个小时可供自由支配。我飞奔向金字塔……神奇、宏伟……最后一处尚存的“世界七大奇迹”！

我抵达亚历山大港，加入了一个迷人的修会，吉莱纳嬷嬷重新成了我的上级。她鼓励我修完语文学，并减少了我的教学任务，以便我有更多时间学习。1963 年 10 月，我短暂地在巴黎逗留，并最终取得了这一著名的文学学士学位，这是耐心的果实，我已经 55 岁了！

许多已出版的与我相关的书籍中都详述了我在亚历山大港度过的这几年的经历[1]，在这里我所做的仅是简单回忆。

如今我负责的是哲学班。我的学生们所能写出的论文是任何法国学生都难以企及的！她们聪明伶俐，却完全与社会脱节，实在可惜。理由很简单：迦玛尔·阿卜杜尔·纳赛尔把她们的家人的一大部分财富都国有化了，这些人过去还认为对穷人负有责任，而现在则把所有帮助穷人的义务都扔给了国家。

来自穷人的呼唤越来越汹涌地闯入我灵魂的空隙。我的学生们的全然冷漠对我而言变得难以容忍。如果我的教学无法使她们敞开心怀，睁眼看看在她们周边、簇拥在街头巷尾的穷苦人家，我那费尽千辛万苦得到的学位又有何意义？教师的使命曾让我充满热情：我应该向学生们传授文学知识，同时我也应该让她们明白她们所肩负的社会责任。而这正是我现在所力不能及的！

出路在哪儿？向西翁要求从屏障的另一边跳出，去教半免费小学的穷人们！我的修会当时已从巴黎迁往罗马。新任的修会总负责是一个英国人，并不认识我。她断然拒绝将一位有能力带毕业班的学士调到小学。从纯粹理性的观点看，她完全在理。我看起来是多么愚蠢。我曾为这一纸神圣文凭多么执著地奋斗啊，而现在我却拒绝使用它！谁能理解我？我曾那么天真地以为到哪儿我都能像在土耳其时那样对高年级学生产生重大影响，更何况我的高等学历还使我具有更多能力。可我的中学学生们的心整个背向任何社会问题！

一场新的纠结出现了。诚然，我曾立下从顺之誓，但玛丽－阿方斯嬷嬷曾告诫我们：若良心不愿苟同，任何事都将失去它的意义。

---

[1] 关于这个主题，在我看来最忠实的叙述是由我的表兄弟保罗·德雷福斯所写。

我是怀着圣伊雷内[1]——高卢人的使徒——的理想献身于上帝的：homovivens，gloria Dei[2]，那是上帝之子、人类之兄弟。我的教学要如何才能达此目的？难道它仅仅是为了培养一些能在某个沙龙或者某所大学出尽风头的学生吗？谢天谢地，我还有其他事要做！

在这场斗争中，对峙的两种观点都同样有理有据，没有哪个能被另一方观点驳回。三个月的学校假期变得极其沉重，令人难以承受。坚持说“不”，这不足为奇，但一个人得为她的不服从付出代价——她会被赶出修会。怀疑划过脑海：我这么做确是出于上帝及仁爱的精神，抑或只是傲气使然而冥顽固执？我了解我的骄傲，总以为自己是排除万难、坚守真理的那个。问题不在于在途中冒险——为上主应该尝试一切——但是得选择对的方向。加拿大方济各会主教让·德·卡皮斯特朗阁下认可我，并准备派我负责一项与穷人相关的工作。不，我不要穷毕生之力培养附庸风雅之流！也许有一天我过去的学生会读到这几行字，但愿她们能原谅我！她们中的一些人后来也会参加一些社会活动了。当时，我必然是失去耐心了，这不是第一次……当然也不会是最后一次！

9月到来了，自我斗争的第四个月。罗马方面将给出最后决定。我收到了一个建议，算是 modus vivendi[3]：我将被派去免费学校为穷人工作，但我同时也得给哲学班上几节文学课——拉芒什海峡的隧道，各占一半！我同意了，为能够留在西翁而感到愉快。

于是，我终于能和我的小学生们待在一起，直面人生苦难：与那些

---

[1] Saint-Irénée，即伊雷内·德·里昂，里昂第二任主教。

[2] 拉丁文：上帝的光荣就是活生生的人。——译者注

[3] 拉丁文，妥协方案。

食不果腹的孩子谈心，访问一个房间里挤上8到10个人的家庭以及大城市中被隐形的贫民区……但是，每晚我都回到修道院，吃得饱，穿得暖，住得好。我离我的人生理想——与穷人们一起过穷苦日子——仍相距甚远！

举例说，为了均衡营养、维持体力而准备，但每天我们几乎都吃得到肉。可每当我坐在食堂、看到我面前摆放的食物时，一种厌恶感便油然而生。沙迪娅、萨菲纳、玛格达，她们此时此刻吃的是什么呢？毫不夸张，我咽不下任何东西，我的胃拒绝存放食物，每顿饭都变成一种折磨。

我常常家访。约瑟菲娜在她家中接待了我：狭窄的门厅，极小的厨房，10个人蜗居在两间微型小房间里，而在院子后面，还有一间空着的房间。

“为什么不住那儿，约瑟菲娜？”

“那儿太潮湿了，没有人愿意住在里面。”

“哦！我，我一点儿也不怕潮湿。我能睡里面吗？”

她的脸亮了：

“哦！何不就现在呢？”

“不行，我得先得到允许。”

我写信给罗马。梵蒂冈通过了，它希望修士们不再只是等着世界走向他，而应该积极主动地自己走向世界。那神圣不可侵犯的规则终于被打破了：我得到了允许。我也询问是否有人愿意为我每月支付一个修女的伙食开销，我就足以应付困境。这一次，一切都顺利办妥！有吉莱纳嬷嬷做我的上级实在幸运，她为我凑齐了费用！

向着巴科街区——我的新住所前进。我运去了一张床、一张小梳妆台和一把椅子……什么都不缺！每天早上6点，我回到修会去做晨祷，之后的每一次祷告我都与修会一同参加，直到晚上6点。白天，我管理亲爱的半免费小学，带动起小学里工作学习的氛围，使其充满欢声笑语。中午，我在街角买一盘黑蚕豆，这是穷人的主食。有时候，如果不贵的话，我还会再买一个西红柿或者橘子。十分之九的财富我都用来与约瑟菲娜一家分享晚餐，如果不这样做，他们就会常常挨饿。

总算，我同穷人们在一起过着穷困的生活，我不再“不像别人受苦”[1]。我成为了绝大部分芸芸众生中的一员，过起了粗茶淡饭、节衣缩食的生活。这是非同寻常的向前飞跃，这是崭新的祝圣仪式，这是身心的欢腾欣悦！

我开始了在穷人学校中困难重重的见习期，但却是如此的必需！我希望所有来自生活条件优越的国度的修道院及初修院的修士修女们都有机会在第三世界过上一年半载。一个来时自私自利、娇生惯养的孩子，离开时都会变成懂得团结友爱的大人。

我曾许下贫困的誓愿，但我并未曾体验它，“体验”，在圣经的理解中，表达了一种存在的关系、一种具象的经历。阿西西的方济各曾与“贫困夫人”结合，现在轮到我来“体验”它，为了孕育出爱的种子。就这样，我“体验”过约瑟菲娜家中的断电断水、没有煤油的暖炉、没有火柴的灯、没有糖的茶水、没有鞋的孩子、没有书本的学校，但从未遇见没有爱的家！

有几个修女曾试图尝试体验，或者来与我同住，或者适当地进食黑蚕豆。但她们都没能成功。我的小房间里常常会有一些夜访者出现，比如大老鼠或者小老鼠。我的勇敢的同住者，不惜一切代价想要在我这儿打地铺暂住，突然发现面临严峻考验：“以马内利修女，有只老鼠，

---

[1] 《诗篇》73:5

刚从我上面跳过去。”“那是善良的小动物！”不幸的人受到惊吓，一夜难以成眠，第二天早上便收拾东西，溜之大吉。

然而，大部分修女看到我每晚离开修道院到外住宿都会惊讶万分。不管怎么说，这在一些修会中还是闻所未闻、见所未见之事，从传统的眼光来看，算是极引争议的行为。接任玛尔塔讷嬷嬷的省一级负责人接二连三地收到来信。她来到亚历山大港。我一如往常地路过食堂漂亮石阶前的花园，在那里遇见了她，我正准备从那儿离开修道院。她以一种坚决的口吻质问我：

“以马内利修女，您要离开？”

“是的，我的嬷嬷，就如同每个晚上。”

“这种情况不能被允许。您必须选择：如果您想要留在穷人家里，那么就得离开修会。”

我没有丝毫慌张不安：

“我不会这么做，我的嬷嬷。我得到了总负责嬷嬷的允许，我也得到了主教的支持。”

“对于修会来说，您是非议的焦点，对于外面的人来说肯定也是这样。为了停止这一切，您最好写信给梵蒂冈，请求教皇特许您还俗。”

“我绝不会写这封信。如果说，无论如何您都希望我离开，那么应该由您去做这件事。但我会为自己辩白的，因为我想要留在西翁。”

她向我投来愤愤的目光，迅速消失在石阶后面。

明天，赶紧去卡皮斯特朗阁下家中，要赶在省会长嬷嬷之前告知他！他接待了我。他的脸上布满皱纹，看起来善良、温厚。我向他简述了近来发生的事情。

“以马内利修女，您是唯一夜里走在街上的女人吗？”

“哦，肯定不是！到处都是要去买面包的小女孩儿，手里拿着几枚皮阿斯特[1]，还有各种购物、串门的女人。在巴科，店铺一直开到晚上10点！”

“我不能理解为什么您在街上，会引人非议。住处离修道院远吗？”

“步行15分钟左右。”

“这根本称不上距离！不管怎样，您别担心。要想从梵蒂冈获得修女的开除令，必须提供丑闻的证明，这是长期且繁琐的过程。您知道的，我站在您这边。更何况，您还有您的总会长的信函。我很确定，她不会改变主意的。”我离开了，一身轻松。

不久后，我们接待了我们过去的总会长费利克斯嬷嬷，她对修道院进行常规访问。她把我叫过去。会发生什么？一枚新的炸弹：

“以马内利修女，我能不能与您同睡一晚？这样我便能更好地理解您的这种生活！”

我开心地跳起来：

“当然可以，我的嬷嬷！您不怕老鼠吗？”

“不那么怕。而且只住一晚，那根本算不了什么！”

我们疾步走过满是妇女小孩儿的大街，到了我家。她对所有人、所有事都感兴趣，连珠炮般地对街区生活提出各种问题。我看到她越发容光焕发。睡前，快将近午夜时，她对我说：“谢谢您让我能够和您分享一夜您的生活。您干得好极了，继续吧，我支持您。”最终，一切都成了：我仍是西翁的修女，生生死死！

我和约瑟菲娜一块儿去拜访其他人，伊斯兰教和基督教教徒都以同样的热情欢迎我、接待我。最让他们忧心的事情，是不能帮助到他们的孩子的课业，因为他们中的大部分人既不会读也不会写。我找来

---

[1] Piastre，埃及货币名。

了一名学校老师，很快，可以毫不夸张地说，我的房间每晚都被那些带着书和笔记本的小家伙挤得水泄不通。课程是为了帮助他们能够顺利通过小学最后一年级。他们的父母非常高兴，因为他们没有能力付钱让孩子上课后辅导，而考试的成功又是获得社会成功的第一步！

我也去拜访病人和垂死者。这些简单纯粹的人，当他们看到来了一名修女，表现出多少欢乐呀！在这个信仰的国度里，所有人，包括基督教徒和伊斯兰教徒，他们都激动地对我说："谢谢，你为我们带来了幸运。"事实上，对他们而言，一名修女的在场意味着上帝的降福，这是他们眼中最珍贵的财富！他们这种充满欢声笑语、亲如手足般的款待使我动容。当我们举杯共饮传统茶水时，要怎样才能描述存在于我们之间的友谊之情？

1970年9月28日星期一晚上，我在约瑟菲娜家中。她的丈夫米拉德带回一台他修理好的旧电视机。突然，电视里出现《古兰经》中的经文，紧接着是副总统安瓦尔·萨达特的脸，他的脸上溢满痛苦之情，超越了一切表达。他喃喃低语："哦，平静的灵魂，归向你的上主……我为大家带来了最令人心碎的消息：世界上最有价值的人，我们的总统迦玛尔·阿卜杜尔·纳赛尔，去世了。"即刻，惊叫声四起。街上一下子人潮涌动。妇女们呜咽抽泣，扯脸撕衣，全然不顾及形象；孩子们发出尖叫；男人们也不管这些喧闹刺耳，只是念诵着《古兰经》的经文。黎明时分，痛苦耗尽了体能，所有人回到各自家中。当我前往参加为埃及而进行的祷告时，所有的街道都如荒弃般散发出一个民族的死亡气息……

在我和那些穷苦百姓分享生活的过程中，我打心底把自己当做了埃及人，把迦玛尔·阿卜杜尔·纳赛尔看做我最热爱的英雄。"我的埃及兄弟，抬起头，你是一个自由的人！"当他把英国人赶出国门后这么写道。无论他的政策在其他方面有什么过失，但他怀着尊严为自己民族争取到几个世纪来未曾得到过的自由，抬高其种族地位，这难道不算一笔无与伦比的丰厚遗产吗？但愿它能被誓死捍卫，直到永远！

我希望不惜一切代价完成在这个国家的使命，提高半免费学校的水平。为达此目标，我可算是一个严苛的领头人：精确，纪律，工作，严厉的斥责。学校取得了突飞猛进的成绩，但我的神经却绷得太紧。所幸，我得到了一本有关瑜伽的书。我发现里面的一些练习相当容易。每天早上去学校前，我都会做一刻钟瑜伽。令我惊讶的是，我放松了下来，开始面带笑容。“嘿，莫娜，你怎么啦？像你这么讨人喜欢的小女孩儿，怎么会去扰乱课堂秩序呢？我相信你会成为班上最优秀的学生，你爸妈会为此感到高兴的！”莫娜开心地离开了，下定决心要改正自己的行为。嘉奖，散心，准备好蛋糕蜡烛的生日聚会，一年两次的联欢会……到处都显得兴高采烈。班主任、孩子和家长们，大家力往一处使。学校成为了欢乐的海洋。我们的考试成绩是全区最高的。我想，如果没有每天早晨的瑜伽练习，我的世界就会到处擂响战鼓，却达不到工作中如此的热情。

对于外界的不公正现象拍案怒斥对我来说是很容易的，但需要一个朋友为我指出我自己身上存在的不公平，才能让我重新审视自我。我要说一件事，在此事上我没能遵循公正原则，我愿意坦承。我开设了两个幼儿园班，请来了优秀的班主任，两个班都越办越好，因此学生数量也不断增加，得为此请一个助理帮忙。有一个已经离开我们的学生没能在外面找到工作。我拥有的资源有限，于是我给了她非常微薄的薪水。她的家庭特别贫困，父亲因杀死想嫁给穆斯林的女儿而被监禁多年。我在《同拾荒者们在一起的女拾荒者》一书中已经详述了这场悲剧。时不时，我会带些食物或者日常用品去拜访这个家庭。我全然一派家长作风。还好，一个朋友对我提出了质疑：

“以马内利修女，那个年轻的戴夫，她的工资，您真的只给了……”我记不清具体数目了。一里弗尔[1]吗？我不敢相信，因为说真的，这实在是够丢脸的！

“您是知道的，我没有更多的了。”

“但，以马内利修女，多少次您不都为绝望处境中的人问我要这笔那笔款项？我总是会为您搞到钱的。公正应比慈善先行。”

我的不公平得到了弥补！我的这位无与伦比的朋友，米格尔·扬苏妮，是我美丽高中的校友，她定期来帮我：“以马内利修女，我觉得这比花大把时间打桥牌或者泡在发廊里有趣多了！”我们决定花更多精力关心健康问题。米格尔准备了健康检查表：体重、身高、疾病……所有都严格记录下来。别人向我们推荐了一名经验格外丰富的儿科医生。

“医生，这是表格。”

“哦！身高体重不怎么重要。重要的是牙齿。”

他一丝不苟地检查了孩子们的口腔，需要拔除的牙齿数量相当可观。我们需要一位驻场牙医。但是拔牙发出的尖叫声会打扰正常有序的课堂环境，这使我们却步了。医生写下建议拔牙的医嘱，我们则尽责地一份份寄给孩子的父母，却没有收到任何成效。

这名优秀的医生工作越来越繁忙，不再有时间来现场检查我们小学的牙齿健康情况。别人又向我们推荐了一名肠腔方面的专家，据说这是社会底层的普通大众最需要的。这一次，又是完全不同的另一个方向。他对米格尔表示：“要紧的是进行粪便分析，否则我没办法给出

[1] Livre，法国古代的记账货币。——译者注

任何诊断。普通老百姓大部分肚子里都长虫，那是一切疾病的隐秘病根。您的表格没有任何用处。”说完这些总结性的话，他理所当然地离开了。

我和我的朋友四目对视，忧心忡忡。这事重重地压在心头。要给其中一些孩子进行粪便分析。但古人说过，困难生来就是为了被人克服的。在一切情况下，都应该遵循笛卡尔的方法：把困难尽可能地分成小块。

米格尔跳上她的车，一家家走访那些专长于此的医院。最后，她终于遇到了一位善解人意的负责人，他无法拒绝这样一位迷人的女士。周一和周四，孩子们一个班一个班轮流前去检查。大量的专家为他们服务，还有一些必要的助手。

可惜我没有像拉伯雷似的文笔，没法详述这一过程的种种细节。这位《巨人传》的作者想必能写满一页妙趣横生的故事！护士们完全被这一大堆人给搞晕了，名字全都弄混了，这就是我能说的全部。“医生，”他们对米格尔说出实情，“这其实关系不大。所有人的情况大致完全相同。最好给他们所有人催泻，这对他们没有害处！”

结果，在沉重的秘密协商后，我们决定在同一天里为整个学校催泻。班主任们对此尤其满意，因为她们凭空多出了一天假期。我们的好医生大获全胜——他极具先见之明。不幸的是，当我们打算采取一种科学的、井然有序的方法时，我们的肠腔专家离开了——为美洲催泻去了。不过，我们的医生认真地将分析结果一一归类，整理妥当。

附近医院的一位修女向我们推荐了一名新医生：“他具有出众的诊断能力，你们完全可以信任他！”医生买了一张专门用来检查疑难杂症的床，表格完美无缺，我们为此感到坦然。这位出色的医生看了一眼米格尔递给他的文件，不以为意地问：

“粪便检查的结果是什么时候的？”

“大约三个月前，医生。”

“这已经失效了。没有什么比虫子的再生速度更快了。得重新来过。”

医生和我，我们面面相觑，神情绝望。而我们的好医生又开口了：“这不是关键，重要的是咽喉。”我们俩松了口气：我们逃过了怎样的一劫！“在埃及，所有人的扁桃体都有点问题。如果照顾不周，就会转变为引起突发死亡的风湿性心肌炎。无疑必须赶紧安排检查。叫学生们过来。”我们的放松感化为乌有。每个班级需要就诊的学生数量是可怕的，但医生很坚持：“这是性命攸关的问题。”他离开我们的时候，已完成他的任务。米格尔和我深受震动。我们可能眼看着这些无辜的小生命向不远处的死亡终点走去吗？

医生又上了车，飞快地驶向其他医院。那些医生看到名单后，仍是一片茫然。“冒昧问一句，”他们中的一位问道，“我听说过聋哑盲人学校，但是，夫人，你们难道开设了一所扁桃体炎患者的学校吗？”最终，凭着魅力和说服能力，她在各处得到了几张床。我们喊来家长。大部分情况严重的孩子的家长都同意了，只是妈妈们坚持要留下来陪自己的孩子过夜，引起了与护士间的争执打闹。我放任对立双方面对面较量，从不插手，通常情况都是妈妈们占据上风：女人想要的，便是上帝想要的。

不说玩笑话了。人体是如此复杂，这些医生每个人强调的重要部分都不尽相同。后来，我尽力重视，尤其在我的小拾荒者们身上发现他们拥有近乎相同的症状：蛀牙且没有好好治疗，因寄生虫困扰而略微偏瘦的体形，频发危险的扁桃体炎！

正当我与我的专家和他们的医嘱缠斗之时，来自基督教不同学校的教友们正在亚历山大港组织一系列的圣经诠释大会，众多最优秀的神学家参加，包括：来自耶路撒冷圣经学校的图尔奈神甫和布瓦马尔神甫，来自罗马圣经学院的利奥内神甫。《旧约·传道书》探讨人间事物之空无并呼唤耶稣带来的最高启示。圣保罗在大家眼中成为了基督赐予人间的自由的捍卫者——希腊或罗马，奴隶或自由人，男人或女人，一切相依相爱，休戚与共。约翰，上帝之爱的使者，始终凝视半开的天……

四年来我一直上神学课，而这特别的几天中的精神熏陶又带给了我新的启迪。很快，我将在贫民窟度过二十几年与深刻的宗教教学无关的日子。而我又怎能料到这会是我路上最后几个路标，这条路将突然延展至一个噩梦般的境地……仅一眼便紧紧拽住了我的身、我的心！

事实上，有一个棘手的问题摆在眼前，让我们担忧：我们没有足够的修女来接我们的班。1971 年，上面决定把我们美丽的学校转给埃及的一个修会。我们所有人都被要求向省会长嬷嬷陈述自己希望加入的事业，以及是否想要退休。我 62 岁，觉得自己精力旺盛，绝不想休息！

很早以前，达米盎神甫的非凡经历便征服了我的心，在年轻时我就曾梦想有机会去医治照顾麻风病人。一所重要的麻风病医院正位于距离开罗五十多公里的地方。教廷大使布鲁诺·埃姆阁下好心地把自己的汽车借给我。但当时我们正与以色列激烈交战，我作为一个外国人，未经允许进入了军事区域。我被逮捕，差点被投入监狱。

布鲁诺·埃姆阁下于是建议我去负责一个拾荒者的贫民窟，那儿的人——开罗的道路清洁工——的命运令他担忧。他亲自带我到那里，下车步行，穿过一条车辆几乎无法通行的道路。贫民窟向我展现的景象像一把火点燃了我的身与心，这把火再未熄灭。请想象一条小路上遍地垃圾，以至于都找不到一处干净的地方落脚，到处都是破了洞的棚户，黑猪、野狗、又肥又大的老鼠满街乱跑，成千上万的苍蝇嘤嘤嗡嗡，而就在这垃圾场般的环境中，能看到一大群脏兮兮、穿得破破烂烂的小孩儿，他们脸上沾着脏东西，还有苍蝇停在眼睛上。他们中的一个俯身捡起一个快烂了的西红柿，把它塞进嘴里。我惊恐地喊道："不，不，这可不行！"他的母亲就在不远处，耸了耸肩："没关系，不要紧，他习惯了。"习惯以快烂的西红柿为食！而我呢，我又习惯什么了？没有水，没有电，没有学校，没有教堂，没有门诊所……孩子和垃圾，垃圾和孩子！

有某些东西正摇晃我，仿佛有人在对我说话："你愿意住在这里吗？你的双眼太常漠视人间疾苦，你愿意把它们献给我，让我——耶稣能怀着爱看到这一切吗？你的唇太常紧闭且冰冷，你愿意把它献给我，让我怀着爱同他们说话吗？你愿意把你的脚、你的手、你的身体、你的智慧、你的意愿、你全部的全部都献给我，让你能与我一起拯救他们吗？……你愿意吗？"

这是可怕的，住在一堆垃圾中，闻着腐烂的气味……一小时一小时，一天天过去，我能始终拥有力量吗？"凡事都能做，凡事，靠着那加给我力量的……是的，耶稣。赶紧，我们一起，向前！"就这样，协约定好了。生生死死！

我对我的埃及朋友们说起此事，他们都惊恐不安："但是，以马内利修女，那个贫民窟是强盗的巢穴！到处都是小偷、烟客、印度大麻贩卖者，甚至还有杀人犯。警察都不去那里，他们害怕！"这是真的，二十年来，我从没见到过警察！"他们会杀了您的，以马内利修女，您要是单独一个人待在那里，他们会杀了您的！"

他们会杀了我的，这可得好好考虑一下。就这样，我经历了了不起的生命体验，比之前的所有都更加非凡。基督他要我将我的全部奉献给他，作为回报，他使我的身体充满生命力。仅从我个人的表现而言，那些不堪设想之事都能实现。我感到被一种比死更强烈的爱鼓舞，即使我形销声灭，这种力量尚存，不可毁灭。

现在我需要得到我的上级省会长的允许。自从花园那一幕之后，我和省会长嬷嬷再不能相互理解。她听完我的陈述，想了想，看着我：

“您真的决定了吗？”

“是的，决定了。”

“这比之前更加疯狂，我不能支持您，但我也不会阻止您。”

“谢谢，我的嬷嬷。我不会再要求更多。”

“我事先提醒您，对于一个如此荒唐的计划，我不会给予任何物质上的支持。您得自己想办法生存下去！”

“主教与我同在。我只需要和拾荒者一样的最低保障。”

让·德·卡皮斯特朗阁下想每月给我至少 10 里弗尔，将近 5 美元。这太多了，5 里弗尔足够了。最终，一切安排妥当，我开始同穷人们住在一起，过着贫穷的生活。

这场伟大的冒险将使我在后来的许多年中在我的修会中处于边缘化地位，不过在对此进行叙述之前，我必须承认这其中确实不合乎情理。我独自一个人跑到一个没有男人、没有警察，尤其没有女人踏足过的地方。对于省会长嬷嬷不愿给予帮助这事，我没有什么可抱怨的。而在漫长的耐心付出后，当成果开始慢慢显现，她真心地对我表示了关心。5 年的沉默后，当我们再次相遇，她表现出来的温情与友好超出了一切预期。上主将主教送到我身边，为我打开道路，并一步步伴随我走过……还有什么问题！

火之夜

我多希望不必再回忆当时的情境去描述这个火之夜我所感受到的

灼伤，这伤疤至今仍未消失。“火之夜”，这个词汇是多么贴切地表达了实际情况呀。

那是一个夏天，窗户里吹进一阵阵湿乎乎的热气。半梦半醒，无精打采，我陷入了昏昏沉沉的状态。在梦中，夜晚一笔笔勾勒出一位教授的脸部轮廓，那是一位我自发对其抱有好感的教授，两节课间，我总是与他对话交流。一种强烈的愿望涌向我：和他过夜，与他共度一生……软弱无力的回答：不，我是修女……然而，在梦中，我听到他步步靠近，一点点俯向我……不，不，退后……我徒劳地挣扎，现在呼吸到的正是他的气息，他的气息在我的身体里点燃了一把火，我的胸部挺起，我流着汗的肉体颤抖不停……后退，走开……是的，抱紧我……我抵抗，我放弃……我奋起反抗，我自我放逐……这炽热的夜便在出其不意的进攻和缴械投降中度过……从头到脚，我的身体只是一堆燃烧中的火炭。

起床的钟声敲响了。我梳妆完毕，四肢如散架般，头脑发热。在礼拜堂，我无法祷告。他就在那里，近在咫尺。对院长谈论此事？我不敢。我逃到一个很老的修女旁边，坐在她身边的一个小板凳上，我把我滚烫的手放到她冰凉的手中，我低声说道：“我撑不下去了。我感到筋疲力尽。”我抬起我饱受打击的眼，望着她的眼。有时候在这些老人身上，我们能感到一种源泉的透亮。我仿若重新获得初生的纯洁。

“这太可怕了。在梦中，我一整夜都在挣扎，为了逃脱他……我被点燃了。”她什么都没问我，更加语重心长地对我说话，就像一位母亲在同她受苦的孩子说话：

“我的好孩子，每个人都有心，有时它会燃烧得过于剧烈，这很正常。”

“不，不该是为了一个男人，只能是为了上帝。我是一名修女。”

她的脸孔变得凝重起来：

“您经历了火的考验，这对一名修女来说是好事。火能炼金，试金。”

“哦！不，这太可怕了。”

“听着，我的以马内利。正如您说的，终其一生保持对一个联盟的忠贞，唯一的同一个联盟，这是可怕的……终其一生。您难道以为那些夫妻如果想要至死保持对对方的忠贞，不需要经历火的考验？各有各的悲喜。”

“现在，对我而言，我对夫妻之道不感兴趣。那个晚上，我的力量消失了……我……我动摇了！”

她温柔地把我的手紧握在她手中，微微笑了：

“应该对其他人事感兴趣，我的好孩子……峰回路转，力量会重生。再说，”她补充道，“如果这确实超越了您的力量，您随时都可以向罗马请求中止您的誓愿。您知道的，不是吗？”

“永不，永不。我绝不离弃基督以及他通过我所爱着的一切。我宁愿一生忍受烈火之考验！”

“我对您的回答很有信心，以马内利！”

我们交换了目光，她的温柔如一阵夜间微风，荡涤了我的心。“让我们一同寻找，”她说，“当然，要祈祷，尤其向纯洁的化身圣母马利亚祈祷，她是海上暴风雨中的启明星。但是，与此同时，还应该行动。以马内利，自救，老天才会帮你！事实上，您只看到您自己的问题。这很正常。但，多多分享他人的问题，您自己的问题将不再占据您内心的全部位置。以马内利，打开您的心，向着他者的伤口，您自己的伤将会闭合。”她开玩笑地加了句：“有时候，我们都有些冒冒失失，不是吗？”

我离开她，最后的温柔目光，使我安下心来。她的手中已经拿着为我祈祷用的念珠。

那一天我重又得到了怎样珍贵的建议！必须反反复复地聆听，因为我总是很快遗忘主旨。若我面对自我，独自浴火，我将很快整个儿地燃起。于是，我更多地去倾听那些病人，安静地听，将他们的苦痛转化成我的苦痛。我更加长时间地坐在面临困境的穷人身边，和他们一起寻找改善他们以及他们孩子命运的方法。我放弃了与他交谈的快乐。尤其，我加紧祈祷：圣母是我的脆弱的永恒庇佑。

然而，在我金婚[1]之际，在大量信件中，有一个信封，我认出了上面的笔迹，正是来自那位谈吐不凡、魅力四射的教授。相信我，我的心战栗了——一个73岁老人的心。这是封祝贺信……一声叹息，一抹微笑，一句谢谢，喃，一箩筐的浪漫情怀！啊！人已垂垂老矣，却仍长着颗少女的心！

但是，想一想吧，向弗雷松暗送的秋波中，那位“超越爱情”的恋人。设想一下，若我嫁给了我梦中的黑夜诱惑者，他应该能让我幸福，他是真的很好！我会有几个孩子：就像那些拾荒者家中一样，数量可观。至少6个，7个，8个，9个，10个，11个，12个！够了，停下吧……而今天，当我写下这几行字，我已经成为3千多个小拾荒者的妈妈，我把他们送去上学，另外还有3万多个小苏丹，他们每天在我们的芦苇学校中领取食物，接受教育，他们也都叫我妈妈。实际上，我们在喀土穆[2]的教室都被孩子们挤爆了，我们不得不为此加固支撑芦苇的木桩！思及此，我不由得跟着先知重述：

---

[1] 金婚：宗教生活五十年纪念日。

[2] Khartoum，苏丹共和国首都。——译者注

你这不怀孕、不生养的，要歌唱。

要发声歌唱，扬声欢呼。

要扩张你帐幕之地，

要放长你的绳子，坚固你的橛子，

因为你要向左向右开展！[1]

---

[1] 根据《以赛亚书》54:1—3

第二部

大爱无疆的岁月

（1971—1993）

第一部分　贫民窟的生活

在把光集中地投射到“大爱无疆的岁月”中我所生活的地方（那地方不可避免地有其局限性）前，让我们回顾一下当时的大背景吧。我的修会欢欣鼓舞地接受了第二次梵蒂冈大公会议的最新指示：如今门已大开，与其他宗教信仰间的联系已然建立，甚至到了宣告基督教徒与亚伯拉罕后代间存在一种精神上相合关系的地步。这与西翁尤其息息相关，西翁由一个犹太人建立，而我自己也是德雷福斯[1]的后人。另一方面，教会怀着友爱精神转向伊斯兰教——我的福地，不再抱着使其改宗的念头。

世界上发生的大小事件以及被压迫者的呼吁得到了参加宗教会议的神甫们的极大响应。我们新的组织提到：“犹太民族的历史使我们对少数派、穷人以及所有被边缘化的人群的权利尤为关注。”遵循这一宗旨，吉莱纳嬷嬷在卸任了伊斯坦布尔及亚历山大港为条件最优越家庭设立的学校的负责人一职后，在开罗，在马塔利亚一个不受人待见的小镇创办了一所为穷人而建的幼儿园。毫无过渡且义无反顾，她放弃了所有她的身份地位为她带来的好处——带司机的汽车以及各种服务——她开始亲自打扫、亲自下厨。我们的修女被安排到最荒芜之地，

[1]　Dreyfus（1859—1935），犹太裔法国军官，19世纪末法国著名反犹太案件主角。——译者注

范围延伸至美洲、菲律宾。在我亲爱的开罗的修会中，有一个加拿大人和一个奥地利人动身前往埃及最落后的村镇，去推动那里的发展。大学教授们则以另一种引人关注的方式发挥所长，比如举办自15世纪以来西班牙与以色列间第一次研讨会。我那想要致力于最不受重视的人群的愿望，融入了修会开始奉行的新精神。

然而，如果说我仿佛着了拾荒者的魔一般，那是因为我听到远处传来让我跟随基督、与最不幸者“共同生活”的呼唤，而拾荒者正是这种呼唤的化身。基督爱我们，于是愿意从“神的形象”变作“人的样式”[1]，为了“进入”、分享我们的死境。因为说到底，爱，究竟意味着什么？那是一种无可抵抗地将一个个体带向另一个个体以分享生命的激情。而分享，又意味着什么呢？难道不是与对方的命运结合，“无论顺境逆境甘苦与共”？

当我走进贫民窟时，我那漫长的、向着一种更加崇高的爱的行进，终于靠向了它的港湾。而现在问题出现了：坦率讲，我真的分享了那些拾荒者的贫困与不幸吗？完完全全？承认这点只能是个谎言。对他们而言，贫困与不幸是本体性的，与生俱来。缺乏教育，没有资源，生活在垃圾堆中，他们是被社会排斥的一群人，社会瞧不起他们，就像瞧不起他们的猪一样。我是否做出了侮辱人的卑鄙行径？从未。恰恰相反，人们赞美我，因为我分享了他们的生活。更进一步说，我分享的只是他们一部分的物质贫困——这是难以承受的部分，的确如此。而与我那充满关爱的修会所带给我的安全感相比，他们的安全感又是怎样一回事呢？

与他们紧挨着生活在一起，宣告自己也是“拾荒者”，可以说从某

---

[1] 《腓立比书》2:6—7

种程度上抬高了他们的地位。我对他们每个人所表现出的尊重使他们获得了为人的尊严。如果说我未能与他们一起降到最低，我确是激发了他们摆脱社会最底层命运的愿望，尤其通过他们孩子的教育。这也是为什么即使我仅仅实现了我的部分理想，这一段与我的拾荒者兄弟姐妹共度的时光，对我、对他们而言，都是“大爱无疆的岁月”。

新婚

一头驴拖着一辆小车飞快地行进在通往埃兹贝·纳克尔贫民窟的路上。我坐在一张床中间，周围摆着几件个人物品。孩子们将我团团围住，拍着手，唱着：“年轻的新娘。”根据埃及穷人们的习俗，年轻女孩要从家中带着嫁妆入门，这是平民百姓的喜事。街上的小伙子们很快认出了我。我由衷地笑着。我已经62岁了，可我觉得自己仿佛正怀着少女的心步入新婚。40年前，在西翁的礼拜堂，在巴黎，我在一场庄严的祝圣仪式中全身心地献出了自我。今天，在隐蔽处，进行的是一场完全相同的奉献，却是跃到了穷人之间。

我的心沉浸在强烈的喜悦中。为把自己与其他人隔开而人为构建的屏障消失了。我远离安全地带，毫无防备，像基督那样将自己全然交付出去。长期以来被紧锁着的爱的重量，如今得到了释放，引领我下沉，所有障碍都被扫除。在心灵的蓬勃朝气中，新娘无忧无虑地奔向她的命中注定：跃向那化身，人类的命运。

我走进我的新朋友——拾荒者拉比卜——为我准备的小窝棚。快走开，门外那两只狗和一些鸽子！打扫看来是必要的，我就这样住下了。有句话不断在我耳边回响：“他们会杀了您的。”好吧！我才不相信。但即使存在着危险，也应该迎向它，不然就只能永远逃避。不要害怕，以马内利！我和拉比卜一起走向离我最近的拾荒者，他正坐在从开罗收集来的垃圾中间。我祈祷，愿爱的基督存在于我的眼、我的唇、我的心。微笑着，我俯身向他伸出了手。那人一震。这是头一次，一个来自所谓上等社会的人这么靠近他。他起身，大力地握住我的手掌，都把我弄痛了。他实在是力大无穷！

“来杯茶？”

“好的，乐意之极！”

我们紧挨着坐在地上。那些废品丝毫无碍，重要的是一起畅饮！街上的其他拾荒者跑过来加入我们。如兄弟姐妹般，我们围成一圈，喝茶，闲聊，笑声连连……我成为了“同拾荒者们在一起的女拾荒者”！肩并肩就地而坐并喝下这杯茶，这是意义非凡的征兆。友谊平等地弥漫在我们之间——我们所有人都在同一平面上。突然，我的新朋友们在我眼中再不是沉在底层的渣滓。

晚上，在我的小窝棚里入睡前，我陷入了沉思。我前来，将自己的命运与贫民窟紧紧相连，无论将来发生多好或者多糟的事：和这些单纯的人在一起，彼此相爱，这将是“最好的事”；我们一起扛过压力，走过绝境：这将是“最糟的事”。我还不清楚自己陷入了怎样的争斗。在这些抗争中，首要的是推翻将人与人隔开的厚墙——宗教狂热。对于那些盲信者，最可怕的是发生身体冲突，这常常招致死亡——这阴森恐怖却又司空见惯的访客！

宗教狂热

作为一个“新婚者”，我迈出的第一步便是拜访我的新家庭，一条街一条街挨个走访，与每个人友好地交谈。让我惊讶的是，某条胡同，小泰雷扎带我走的时候会让我小心翼翼地避过，而穆罕默德领着我的时候，却会直直地把我带到那儿去。最后我终于明白了。小基督教徒想要避过的是与伊斯兰教的一切相遇，而穆斯林则毫无避讳地带我前往。我向拉比卜打听：“在这里，总体来看，没有人进行宗教修行。人们不会在这方面争斗，但大家都不谈论。”哦！这不行，这得改变！这问题并不简单：我在这里，想要成为连接两岸的桥梁，但是从哪里、怎样着手呢？汇聚点又在哪里呢？

我到处与年轻人聊天。我听他们说，基督教徒和伊斯兰教徒都着迷于同样的足球巨星！我找到啦！我对我的良师益友莫里斯神甫说起此事，他对我的计划满怀热情。某个假日，他带来了一些耶稣会的年龄较大的学生。在一片欢悦的气氛中，他们把我们的拾荒者们带进了这一全球性运动中！成功大大超出了我们的预期。很快，再没有什么穆罕默德，什么吉尔吉斯[1]，只剩下并肩作战的顽强球员。足球创造了奇迹！在一个不幸的日子，穆罕默德被恶性疟疾击垮，不到三天便死了。基督徒和伊斯兰教徒人生中头一回齐聚在清真寺，痛苦将他们紧紧相连。

在圣周[2]期间，我把小基督徒们喊到我布置好的幼儿园里。我对他们说起耶稣，耶稣爱我们，直至被钉死在十字架上。我们也应该彼此相爱！他们同意我说的话，但不针对伊斯兰教徒，他们向我解释了原因：

“他们会下地狱！”

“所有人？”

“是的，没有例外！”

我向他们提出了一个简单的推理：

---

[1] Guirguis，即乔治（Georges），基督教徒名。

[2] 复活节前一周。——译者注

“耶稣是不是爱所有人？”

“是的，是的！”

“伊斯兰教徒是不是人？”

“哦，是的！”

“那么，耶稣爱伊斯兰教徒。”

我们的小家伙们目瞪口呆。我强调道：“既然耶稣爱所有人，包括那些伊斯兰教徒，那么我们应该像他一样，爱他们！”他们被说服了吗？不能肯定。他们正向我讨十字架，这放到明天进行。圣星期五，为了使他们不至推倒摇摇欲坠的大门，我让他们乖乖地在小院子里排好队。我让第一个小孩走进来，向他展示了小十字架。

“法雷斯，你爱谁？”

“糖果，巧克力，妈妈，我的笔记本，我的铅笔，爸爸。”

“就这些？昨天我们谈论过谁？”

他紧张地想了想：“哦！我爱穆斯林。”他拿到了十字架，满脸幸福地跑开了。其他小淘气在门后偷听到了这段对话，一个个走进来，“我爱穆斯林，糖果……”，然后开心地紧紧握住他们的十字架。我的方法确是最朴实无华的，但这只是最初的启蒙！根本在于，他们看到我以同样的慈爱关心他们每个人，不加区分地给予他们我心中最好的一切。

我发觉，最自然的方法——一个眼神，一抹微笑，对宝宝的抚爱——就能编织出人与人之间的联系。母亲对她的每一个孩子的爱使他们骨肉相连。如此非凡之事完全出自自然之举。这些平凡生活中他们所能触及到的点滴光亮传播着人间的温暖，这种温暖自然而然地离他们愈发接近。在我们的国度，无论在小学还是在诊所，无论在休闲俱乐部还是在养老院，所有人紧挨着坐在一起，友爱地相互交谈。在埃兹贝·纳克尔的贫民窟，基督的愿望——“使他们合而为一”——

实现了。

死亡

当我到达贫民窟时，我看到在养猪的院子里人们挖了一个大洞，用来填埋那些因破伤风而死的新生儿的僵硬肉体。当他们还有呼吸时，女拾荒者把他们带到我面前，一张张小脸耷拉在肩上，抽搐着，纤细的手指向掌心内曲着。这是可怕的场景，而我只能无能为力地看着：病菌已经侵蚀脑部。所有有此体验的人都会知道：把将死之人紧抱怀中，是世上最残忍之事。有时候，悲剧在同一星期内反复上演。斗争给人以希望，但在这事上，根本谈不上斗争。面对这些等待处理的尸体，即使那些女拾荒者不在场，我自己也会陷入绝望。黑夜降临，我坐在她们身边，在她们棚屋前的垃圾堆里。每个人怀中抱着渐趋冰冷的身体，那是她们早上才带到我面前的。我们不说话，我们一起哭泣。然后，我只是轻轻对她们说上几句安慰话，也试图以此说服自己："你知道，你的孩子离开了我们，但他是飞去了天堂。他很幸福。他正和圣母马利亚一起唱歌。"这给我上了怎样的有关信仰的一课呀！我看着她，看着这位母亲，她略略抬了抬她的已经毫无生气的骨肉，抬眼望向星空，喃喃自语："哦，我最亲爱的。你离开了，但你是幸福的。你和圣母马利亚一起唱歌。而我，我在哭泣，但这一点用都没有。你，你是幸福的，我最亲爱的！"我隐约看见在她的脸上露出某种不可捉摸的神情。不算是喜悦的光芒，这言过其实了，但可以说是一种泰然自若。我的拾荒者姐妹们让我联想到《圣母怜子图》，死亡使她儿子的身体承受痛苦。我说的不是米开朗基罗的那幅，那上面的圣母太美了，离我们的女拾荒者的形象太过遥远，那是希腊的女神。我所说的是我们乡村教堂中的圣母，通常以淳朴农民的形象示人，怀里抱着一具可怜的尸体。那是陷入痛苦的女子，但却从未陷入绝望，她相信她怀中的身体将颤动、将苏醒，就好像我的拾荒者姐妹们已经看到她们死去的孩子化身光明的天使！

在那些突如其来地被丢弃在沟壑里的生命中，我要说说你，奥妮。你长着布娃娃般的脸蛋，在我的棚屋边我所创建的幼儿园里，你永远是最活蹦乱跳的那个。某一天，我因发烧而全身滚烫，被米米医生强行带走，米米医生每周来这里看望一次病人。当我的姐妹们不惜一切代价——医生、抗生素、昂贵的治疗——为了医好我的伤寒时，奥妮，你染上了麻疹。我没能在你身边保护你。你没有医生，没有得到治疗，没有人站在你与死亡之间，将你们隔开。死亡很快将你夺走，你的弟弟也紧随你而去！当我回来时，我不知所措，说不出一句话。难道不应该让我这样的老太婆消失，而不是把你和你的弟弟从生命之槛带走？

我曾想与贫民窟结合，生死与共，共度贫困之境。这突然在我看来，甚至愈发——我曾经提起过——像是一场可笑的婚礼。不，至死我都不会像我的兄弟们那般贫困，我也永不会像他们那般认识、体验没有食物的日子、得不到治疗的疾病、没有被子的床、没有屋顶的棚屋……可笑的婚礼，多么恰当的形容，因为我做不到为爱而共赴死地！

那么，说到底，我究竟能为这里——这个我居住了 5 年的贫民窟，这个不幸之地——带来什么改变？破伤风从未停止夺取幼儿们的生命，麻风病把孩子们扔进坟墓。我依然没有资金，没有疫苗，没有诊所。的确，你带给大家美好的微笑，以马内利。但是微笑不能阻止死亡。是的，你有什么用？你该做什么？

我饱受折磨，感到自己无能为力，直到有一天另一场打击如此猛烈地向我袭来，发展到最后，我开始在全世界往返奔波，无暇喘息，永无止境。与这位“恐怖的访客”的相遇发生在一条小路上，每天晨祷后我都要经过这条小路回到贫民窟。在满是泥泞的沟渠边，有人给了我当胸一击：

“巴扎克被人杀了！”

“巴扎克，那个讨人喜欢的年轻穆斯林！被谁杀了？”

“被他的同伴们！”

“为什么？”

“他们全都醉了，不愿意付给他 10 个皮阿斯特（还不到 1 法郎），那是他在赌博游戏中赢来的。”

我认识他们，那些同伴们。他们为了巴扎克可以两肋插刀，他们的年轻朋友，他们的穆斯林兄弟。但当他们喝醉时，他们便红了眼，他们杀人。我认识那儿，他们的棚屋：又暗又窄，没有灯，没有床，就几个纸箱堆在地上。晚上，他们能去哪儿呢？某个破败的小咖啡馆，整个屋子里只有一盏丁烷灯发出微弱的光，他们在那里打着牌，一边喝着 2 个苏买来的劣质烧酒！愤怒如急风暴雨般使我浑身颤抖。最后，究竟谁该为巴扎克的死负责？是任凭这些年轻人烂在垃圾堆里的社会……还有我，是的，我，以马内利修女，是我没有尽力为这些年轻人争取，甚至只是一个晚上可供休闲的地方！这一切绝不该重演！巴扎克的血在我眼前流淌，他把我变作一个生猛的女人，决定以自己的力量撼动地球。我变得贪心，尤其对叮当作响的现金。我每月有几个美元，现在我想要几千、几百万美元。无论付出多大代价，我都要得到它。世界上没有钱了吗？以马内利，走吧，启程到那些富有的国度去吧。是的，吼叫，尖叫，大叫，没有埃居[1]就别回来！

[1] écu，法国古钱币。——译者注

这成为我一系列奔走的开端，在这15年间，我走遍了欧洲、美洲、澳洲。我敲开各种地方的大门——协会、学校、教堂、私人客厅和公共大厅。我做了很多讲座，也会锁定一些个人以各个击破。我访问过梵蒂冈、欧盟（与雅克·德洛尔[1]会面）、卫生与人道主义事务部（与贝尔纳·库什内[2]会面）、美国政府（与乔治·布什会面）、世界银行（与让－卢·德尔[3]会面）。可以说，这些会面都是卓有成效的。捐款越积越多。不同宗教的各种项目，如龙卷风般席卷了开罗的三个贫民窟。带产科的诊所、医院、扫盲课、学校、晚间娱乐场所、纺织作坊、职业中心，这些一一开设出来并对外开放；孩子的教育活动开始风生水起；在贫民窟中还建造起了一座化工厂；破伤风的疫情被控制住，麻风病则被完全治好了。一幢宽敞的大房子建在了苏伊士湖沿岸，用于接待每年放假到清凉的海水中泡澡的成千上万的拾荒者。

显然，这所有的一切多亏了慢慢在我身边聚集起来的团队才得以实现。无论是那些满怀热情且能力卓越的埃及的职业工作者，还是从欧洲来帮把手的年轻志愿者们，他们都有一个共同的目标：帮助我们的拾荒者朋友们安身立命。长路漫漫，纷纷扰扰，但最终它通向了成功。奥妮，巴扎克，大家为你们报仇了！在那永恒之地，你们也会因此而快乐得颤抖吧！

而其他人，开始投身于这件壮举的各种冒险。

[1] Jacques Delors（1925—），法国政治家，曾任欧盟主席。——译者注

[2] Bernard Kouchner（1939—），法国政治家、外交家、医生，无国界医生和世界医生组织创始人之一。——译者注

[3] Jean-Loup Dherse（1933—2010），曾任世界银行副行长。——译者注

学校，有什么用？

在我移居贫民窟的第一年，入睡前我要想一想孩子们的悲惨命运：捡垃圾，垃圾分类，把自己整个儿都献给了垃圾堆。我寻思着："他们现在已经成为了我的肉中之肉，无论如何我都要把他们从垃圾堆里拯救出来。我刚刚创建的幼儿园是不够的。不管怎样要把他们送去上学。"挨家挨户，为了争取到孩子父亲的同意——同意送孩子上学，我遭遇了怎样激烈的斗争！

始终是同样的场景：我坐在翻转过来的水桶上，面前是一个顽固不化的男人。"学校，有什么用？我既不会读，也不会写，我就这样！与其浪费时间读书，我的儿子应该来帮我工作！"和这么个木头脑袋进行了一番争论后，我最终忍无可忍："听着，在欧洲，猪都住得比你好。我看过许多住在干净小间里的猪。看看你们用废旧铁皮搭起的棚屋，到处都是洞，还塞满了脏东西。你想把你的儿子一生都关在这么个垃圾堆里吗？"乌黑的大眼睛还在紧紧盯着我，充满无力，我更加冒火："我爱他，我，我比你更爱他。我要拯救他的未来！"

有时候父亲最终会让他的妻子把出生证明拿来，如果那证明还没有被老鼠咬坏、掉到火里或者索性遗失的话。然后，第二天，大手牵着小手，我和我的小拾荒者一起兴高采烈地前往最近的学校。

刚开始，我仅仅动员了大约 20 个孩子加入到我们的队伍中来。但爱绝不妥协。20 年间，我从未间断为此抗争，当我离开开罗时，3 个贫民窟中已经有近 2000 个孩子，每天早上雄赳赳气昂昂地去我们为他们建造的学校上学。

每一次，当我看见他们乖乖坐在板凳上，专心致志地读写，我那年迈祖母的心便会快乐得乱颤。他们社会地位的提升开始了。当比利时亲王菲利普来我们的莫卡塔姆中学访问时，国家教育部的高级官员们前来参加了以他为名组织的庆祝活动。孩子们用英文和阿拉伯文表演了短剧，其中一个官员深深震惊于这些孩子所表现出的优雅和翩翩风度，向我们的巡查员询问道：

“这不可能，这真的是些拾荒者吗？”

“是的，当然。而且这所学校是我们整个地区最好的学校，无论是从学业还是从清洁卫生的角度看。”接着，他高度赞赏地补充道，“在这里，学生们被尊重，被热爱。”

这个人找到了成功的原动力：尊重与热爱。

一些一点文化也没有的大人也开始渐渐感受到学习的必要性，其中一些人报名参加了夜间的扫盲课。但是，道路清洁工的工作实在太辛苦！爬上千格台阶打扫公寓房的垃圾极度损耗了他们的体力。比起继续花力气在黑板前学习，他们情愿坐在街角咖啡馆休息。我可是永不气馁的老妈妈，我前去把他们一个个找出来。他们笑了，丢下他们的牌，跟着我走。Aleph，bé，sé，té[1]……我俯身看了看他们的笔记本。我们都笑了，一种相同的自豪感使我们紧紧相连。他们的自豪感来自于自己能整整齐齐地写下一个个字母，而我的则来自于看着他们一个个成为有学识、受尊敬的人。我爱他们，就像爱我的儿子们，我们之间还是上下两代人的关系。正是因为我们之间的墙渗着温柔慈爱，这些拗脾气的人才变成了听话的学生。巡查员说得有理，不仅是我们的小学生们，还有这些大人，在这里，他们都感到“被尊重，被热爱”。在贫民窟，无论大人小孩儿，他们对于别人投来的鄙视太过习惯——“臭不要脸，捡垃圾的！”，而现在也就对尊严得到承认这件事同样敏感。

---

[1] 这些为字母A、B、C、D的法语读音。——译者注

所有成功的教育都会向人本身投去“某种目光”。无论他是谁，他的价值都被认可。它不取决于生存处境或者财富。这种尊重自然地与爱相依相伴，这份爱试图把所有个体的个性发扬出来。无论是我们的幼儿班，还是我们的成人班，都成为了这样一种培养文化、促进贫民窟解放的重要场所。

妇女的屈从

在贫民窟，做个女人可不是什么好事。自十一二岁起，小女孩就被交到一个男人手中，男人把她当做自己的奴隶，从新婚之夜就开始打她，为了让她明白从今往后她的主人是谁。

她唯一的角色：一年都不歇地生育孩子，一天也不停地养猪。我回忆起我到达贫民窟的第一个星期遭遇的事情。那时，我突然听到从隔壁邻居穆斯塔法的棚屋中发出刺耳的尖叫声。肯定出了什么事，我飞快地赶了过去。他正在揍他的妻子。像我这样一个崇尚自由的欧洲人，自然会冲上去救她逃离魔爪。但当他看到我后，他更加怒不可遏，他的吼叫声越来越响。那个可怜的女人向我示意，让我以最快的速度消失！

我明白我得改变计划：不在殴斗发生的那刻跳出来。那天晚上，我们喝着茶，我温和地重又提起这个问题：

“我所听到的尖叫声是怎么回事？”

“哦！你知道了，我打了她。这是对付她的唯一办法。”

“啊！确实没有其他办法了吗？”

我半正经半开玩笑地开始提出自己的想法：“我认识你的妻子，她不笨。为什么你们俩不时常互相沟通呢？”最后，他同意尝试一个星期，到时候我再见他时，我们再谈论这个问题。坦白说，我没有多大收获。

在我看来，一个最简单的手段是推崇母亲节的价值，这是拾荒者们所不知道的节日。建立这样一个节日应该成为提高妇女地位的第一项举措。效果立竿见影！幼儿园被挤得水泄不通，大家都情绪高昂。我们的孩子们满怀信心地歌唱着，我觉得他们如拉斐尔画中的天使般美丽："哦，妈妈；哦，美丽！"妈妈们双眼湿润，爱怜地看着自己的孩子，世上最美的孩子！紧接着礼物时间到来了：女孩们绣的手帕，男孩们用纸箱做的糖果盒，还有——哦，成功！——我们一起用邻居的面包烤炉烤出来的巨型蛋糕，一眨眼工夫就被吃光了！

提高妇女地位，提高母亲地位，和孩子们一起，这是轻而易举的事情。但是，到了晚上，与扫盲课上的男人们谈起，却又是另一回事儿了。"这些用花装饰的标语是为什么？"他们问道，困惑不已。"是为母亲节准备的。你们准备了什么礼物呢？"多么奇怪的问题！他们开始哄堂大笑。我转而发难："你们为什么要打自己的妻子？"更加奇怪的问题。仍然是千年不变的答案：

"这是唯一可行的方法，女人什么都不懂！"

"嘿！那么我呢，我也什么都不懂？"

回答针锋相对，此起彼伏："哦！你，你可不是女人！"这就是他们的逻辑：因为我拥有智慧，因此我身上便去女性化了。

我花了很长一段时间去摸索根据不同情况的最好的说服方法。比如，可怜的哈勒姆在丈夫的拳打脚踢下，精神肉体受到双重伤害，呼吸困难，到了有必要住院治疗的地步。"千万别对他说，"她恳求我，"他又该打我了！"晚上和他一起饮茶时，我对他说：

"我遇到哈勒姆了。她看上去像是病了！"

"哦！她从屋顶上摔下来了！"

我笑了："听着，米哈伊尔，对我说实话。她看上去倒更像是挨揍了。"

他爆发了：

"当然！她任凭大门开着：一个小偷进到屋里，偷走了我的收音机。那是我唯一的消遣。"

"我明白，米哈伊尔。这是笔巨大的损失。但你要知道，她的状态很糟，得送医院治疗。"

"这，绝不可能！"

"随便你，但如果她没有被治好，可就没有力气帮你看猪了。"

这理由切中了要害，米哈伊尔把哈勒姆送去了医院！

另一个令人痛苦的问题：割礼。割礼在法律上是被禁止的，但是在很多卫生条件极其恶劣的地方却偷偷摸摸地进行。实施割礼的人是某种巫女，她带着多少还算干净的锋利器具来到施礼的地方。母亲和另外两个辅助的妇女在切除阴蒂时用力按住八九岁的小女孩。我们幼儿园的孩子阿米娜有天满脸痛苦地来上幼儿园。她情愿站着，而不愿坐下。真相最后大白：这个10岁的孩子承认她已经完成了"手术"。她的伤口受到了可怕的感染，问起对此的治疗照顾，她轻描淡写地说道："这是我的错，我在手术中动得太厉害。"

和母亲们秘密会谈是多么徒劳无益呀！她们肯定地表示，如果不施行割礼，没有男人会娶她们的女儿，因为她不会成为一位温驯的妻子。这种要追溯到文明诞生之前的古老传统的力量，是多么不可思议啊！还好，还有几个思想稍稍开化的母亲同意接受我们的观点。事实上，我们更多地指望的是从我们学校毕业出来的年轻人，男孩和女孩。他们这一代会最终明白，应该结束这种基督徒和穆斯林都遵循的野蛮传统。

我们莫卡塔姆中学的女孩子们已经迈出了提高她们社会地位的决定性的一步。在一次学校组织的在亚历山大港的露营中，她们告诉我："您为我们做的最好的事，是学校。没有它，我们12岁就得结婚了。"1992年，预备课程学习的终期考试（一种文凭）刚刚结束。男孩们都通过了，而女孩们都失败了。老师们惊讶万分！这群女孩神色不安，表示："男生们作弊了，而我们没有。"最后，我们得知，事实上，33个女生串通好要在考试中失败。理由是："我们的父母不会允许我们到一个远离贫民窟的地方上学。他们会把我们嫁人。我们宁愿留级重读。也许您将来也打算原地再建一座高中？"我们训斥了这些孩子不该背着老师擅自行动，但心底里我们由衷赞赏。这是贫民窟的革命。在男人和女人的记忆里，从未出现过女孩自己决定命运的时刻。女人想要的，便是上帝想要的！让我们开始募资吧！

作为一个法国女人，在我眼中，我的拾荒者姐妹们就是些悲惨的奴隶。我用尽一切力量试图促进她们的解放。从某种角度说，在我看来，事情的关键在于不要让她们每隔10或12个月便怀孕。这种频繁重复的妊娠的确使她们过早衰老。40岁时，她们已然成了年迈的祖母。然而，随着时间的流逝，我开始意识到，她们中的大部分人远远谈不上悲惨，甚至她们比她们欧洲的、大西洋彼岸的姐妹们更加容光焕发。从不间断的母爱是从天性中流淌出的源泉，在生命最隐秘之处使她们绽放。在她们眼中，这便是生命的意义，而她们对此乐此不疲。幸亏她们还有孩子，因为她们没有其他任何东西。我们的妇女们始终鼓胀的胸前总是紧搂着一个婴儿。她们用一只手臂抱着孩子，用另一只手臂工作，一边还满怀爱意地对着孩子微笑。她们的幸福之根是否藏在她们的子宫之中？

难道我还要试图使她们的快乐源泉干涸？注意了，这事关母亲，但也事关孩子。孩子们，他们是超员家庭的牺牲者。你们看到他们光着脚丫在垃圾堆到处乱跑，脏兮兮，穿得破破烂烂。难道降低生育频率后，女人们就无法保有做母亲的幸福吗？

科普特[1]东正教会——大部分拾荒者属于这个教会——为这些问题感到忧虑，开放了家庭规划中心。在那里，经验丰富的女医师会进行身体检查，并根据情况提供避孕药或避孕环。她们关心妇女的健康，但是我们的妇女们因为害怕自己的丈夫，所以很少前去。对于穆斯林来说，情况也是一样，大部分穆斯林女人从不去政府设立的中心。

遵循特蕾莎嬷嬷在印度的经验，以及在毛里求斯岛工作的医生的经验，我将我们的女医师中能力最强的一个送去巴黎学习“自然法则”，这种避孕方法最无可争议的好处即在于尊重女性自身的生理周期。这种方法要求在最易受孕的时间段停止发生关系。我们的女医师回来后，并没有得到什么实质性的结论。

陷入僵局后，我就此事咨询了一位埃及专家，政府委托他寻找降低出生率的最好方法，当时埃及每10个月便有100万新生命诞生。根据他的结论，唯一行之有效的方便是给渴望并且有能力工作的妇女们找到有报酬的工作，这样她们就会感到自我价值得到认可，并且对自己的丈夫有一定影响力，自然而然地，她们就不会每年都怀孕了。

这条珍贵的意见在我接下来就要谈及的化工厂的附属纺织车间得到了实践。我亲眼见证了纳马这个例子。20年前，在和她的父母一番抗争后，我让她上了学。她最终获得了一个不错的学位、工作，并与她所爱的男人结婚，显然也不会生一打孩子！要有耐心：从我们高中毕业的姑娘们将成为自由的女性。她们不会再说出她们的祖母一字一顿对我说的话：“我们女人生来就是要挨打的。”

---

[1] 从埃及发源的基督教派。

化工厂

试着说说贫民窟的“卫生”状况吧！试着估计一下每天成吨成吨的垃圾带进来的各种细菌、病毒的数量吧！那些破布、纸皮箱、纸张、碎玻璃和塑料被再次转移到回收工厂，而残渣剩饭则成为猪的饲料。剩下的，混着各种垃圾，由拾荒者们归拢在一起，堆在他们的棚屋前，或者等到某天被某辆卡车收走，或者放一把火烧掉，烧的时候会冒出致癌的烟。

许多年来，我都徒劳地为这个问题耗费心力。难道不可能将这些致死之物转化为某种化肥而成为生命的希望？由于不断探寻，我终于在瑞士遇见了阿诺尔德·冯·希沙伊德，他是垃圾回收再循环方面的国际专家，愿意无偿为我提供帮助。他到达开罗，热衷于把垃圾一边消毒、一边肥料化的想法，并起草出一份天才的项目计划。就只差60万美金的资金缺口，而这是笔不小的数目！我该做什么呢？请我的三个协会帮忙——“以马内利之友”由一些活跃的朋友在瑞士、比利时和法国分别建立起来。他们招收会员，为我组织巡回演讲，为改善拾荒者社会地位而募集大量资金。但当我对他们谈起化工厂时，他们头一次不容置疑地对我说“不”，给了我当头一击：“以马内利修女，您不是商人。在这个处处埋伏陷阱的领域，您将被打败。您走向的是一场完全的失败，您会输得很惨！”和在贫民窟一样，在欧洲，那帮男人是否会听任自己被一名女性说服？管他呢！我会在埃及找到能完美实施这个项目的专家的！无论付出任何代价，都应该实现这项了不起的计划。

得费好多笔墨才能讲清楚筹集这60万美元的曲折过程和其中的种种偶然。我去了布鲁塞尔，从欧盟委员会那里得到了30万美元的资助承诺。在瑞士，一个促发展组织给了我15万美元供我支配。剩下的就不难弄到了。我回到开罗。市长喜出望外，立刻拨给了我们一块地，并慷慨地表示："只管拿走你们所需的，土地属于你们！"我跳上吉普，驱车前往沙漠：没有路，没有水，没有电……又一年的考察研究。最后，市长在距离贫民窟很近的地方拨给我们一块对我们有利的土地。我又飞去瑞士，去拿那15万美元。晴天霹雳！他们等我等得不耐烦了，便出发繁荣哥伦比亚去了。以马内利，别垂头丧气，重新举起旅者的权杖来！在法国，米谢勒·托尔[1]同意在马戏团唱歌了。国际埃玛于斯组织[2]众人齐心，尽其所能。我还要去请让·萨热贡献他的力量。当我最开始住进贫民窟时，他便来看望过我，并深深为如此深重的苦难而动容。他向我承诺，只要我有需要，他一定响应号召——而他成为了我最能干的朋友之一。"让，求救！请你帮我移开大山！"我们弄到了那60万美元，分毫不差。

在开罗，穆尼尔·纳迈塔拉及其团队的能力开始显现。优斯雷娅·萨维里斯这样一位真诚可靠的商界女性自愿担任了由相关专家组成的行政委员会的主席。基督学校修士会的布拉德修士是中学校长，曾在法国攻读会计，由他主管财务。我们还找到了一位能力卓越的厂长，由他雇佣员工。工厂破土而出，肥料成堆成堆生产出来，但却缺少买主，大家都不信任新的产品。化工厂派代表把免费肥料带给农民们，他们看到他们的卷心菜越长越大，他们的谷物越长越密。最后，经过一年的耐心等待，厂里已经呈现供不应求的景象。

[1] Michèle Torr（1947—），法国歌手。

[2] Compagnon d'Emmaüs，由皮埃尔神父于1949年创立的国际慈善机构，收留无家可归者。

优斯雷娅着手将织毯业务归入工厂，这期间得到过如安妮－玛丽·坎波修女、玛丽·艾斯阿德和莱拉·卡迈勒等杰出女性的合理而机智的帮助。她的目标即在于为女拾荒者们提供一份由工作带来的稳定收入来源，以此提高她们的地位。很快，150 名妇女在这里除了织布，还上起了扫盲课、卫生课和画图课。她们还能得到一台在家使用的织布机，自我培训。她们的数量一点点增加，得建造宽敞的场所来培训她们。

埃及总督对整体结果密切关注，最近请我再建第二座工厂。但我已是不可以为筹钱而四处奔走的 70 岁左右的年纪，价格上涨后，现在筹建这样一座工厂需集资百万美元。以后，在我之后的其他人也许能实现这个愿望！

这个有关化肥的故事说明了一条人所周知的经验：如果你不放弃战斗，那么胜利就等着你。再补充一句：那些拒绝帮助我的人，因为他们都是外国人，远离这片土地，所以他们不能理解这个项目的价值，也看不到实现的可能性；其他人，那些埃及人，他们很快同我一起充满激情地投入这项事业，因为他们亲眼目睹了它的刻不容缓。由此，我更加清醒地意识到应该寻求当地人的支持：在埃及的埃及人，在苏丹的苏丹人，在黎巴嫩的黎巴嫩人，以此类推，我所到之处无不如此。

就此，一个跨大陆工作的生意人有一天对我说："无论我去哪里工作，我都对当地居民报以信任。我在他们身上激发的冲劲带来了硕果累累。我只失望过一次。以马内利修女，相信当地人，他们将有出色表现。"

达尔·萨阿达，幸福之家

多亏了化工厂，莫卡塔姆变得更加干净卫生了，而正当我为此不懈奋斗时，我思忖道：“难道我们的拾荒者们没有权利到远离垃圾的地方休息吗？我们应该在空气清新的地方弄座房子，要是可能的话最好靠着水。”但每次我只要一提到这个计划，回答总是：“这太奢侈了！这可不是他们现在的需求。”太奢侈！只是让孩子们有机会逃离臭气熏天的地方，去看看除了猪和废屑以外的其他东西！以马内利，出征吧！盟军，你总会找到的。

应该去向何方？亚历山大港，太远了，300多公里。那么看看伊斯马莱亚吧，距离只有一百多公里。我去了，在那里兜了个遍，但价格实在高不可攀：太奢侈！最终，我好不容易才在离海有一定距离的地方找到了一座价格合理、四周环绕着农田的房子。我们忠实的朋友布拉德修士和难以简单归类的合作伙伴萨拉修女（我很快就要说到她）陪同我们一起前往考察。“这儿实在离拾荒者们如此需要的水源太远了，”修士惊呼起来，“沿着通向苏伊士河的河滩找找看吧。”

对于这次新的征程中所遇到的那些诡计多端的业主实在多说无益，他们拿着的产权证是假的，他们给出的承诺是骗人的。拿破仑曾说：“胜利属于那些多坚持一刻钟的人。”实际当然远不止一刻钟时间。而有一天，我和萨拉修女在阿布·苏丹找到一个坐落在苦湖[1]边上的小房子，价格不算太高，这真是值得纪念的一天！放置上下铺的话，里面一晚上就可以塞进40多个少男少女们。至于白天，根本不构成问题，他们不是在水里，就是在沙滩上！……缺的只是钱了！何其幸运，正好有一个关心拾荒者问题的荷兰人经过。他看上去是个有钱人。我向他提议邀请一群小淘气到海边去。他们是如此欢乐，以至于深深地感动了我们的朋友。我趁机向他解释我的愿望。他很快就被说服了。一张支

[1] lac amer，苏伊士运河流经的咸水湖。——译者注

票送到了我们手中，房子紧随而至！

当我们的孩子头一回看到巨大的延展开的蔚蓝在和风中微波荡漾，那种兴高采烈劲儿根本无法形容。他们拍着小手，奔跑着往浪涛里钻，在沙滩上打滚，在天空下欢笑歌唱！

是的，但我还希望我们的女拾荒者们也能感受到这种非同寻常的快乐，而这是另一场和丈夫们进行的斗争。所幸，我找到了一种举足轻重的说法："法雷斯，你也会被邀请，但首先是你的妻子。"我坚决不肯妥协，"或者接受，或者放弃。"为了说服这些先生，我一个个地保证，毫无抱怨："你的妻子将时刻在我左右，我一步也不会走开的。"最后，在一次次会谈后，我们出发了。我身边挂着一串 20 个女拾荒者。她们容光焕发，对我说："这是我一生中最美的一天！"

然而，小房子还是拥挤得可怕。萨拉修女和我看着我们屋子右边延伸出去的一大块土地，面露渴望！得赶在某个买家把它变成颇占地方的咖啡馆前买下它。一个黄道吉日，从法国来了另一位重要的朋友，费里修道院院长，带着一群童子军。在教我们年轻人游泳时，他着迷于金色沙子的炫目，承诺会在他的教区采取行动，以募集我们需要的款项。还需要特别提一下普法雷·勒涅以及慷慨的奥地利捐赠者……一处宽敞的住所就这样建起来了，每年从 5 月到 9 月，每周都能轮流接待百余名拾荒者：孩子们，妈妈们……还有爸爸们。

有时候，一些朋友会客气地问我："您到哪儿度假？到我们这儿吧，您会感觉很好的。"我笑了。去别处休息，主啊，而我老迈的身躯难道不是在与孩子们一起嬉戏时重新找回青春活力的吗？而我们的孩子们在湖中玩得多疯呀！难道幸福之家不就在这里——达尔·萨阿达吗？当我漂流在水面上，抬眼望向薰衣草蓝的天空，我喃喃自语："我们天上的父，你的名被尊为圣……"圣化上帝之名，难道不也是另一种帮助人世间家庭在世间万物的魅力中尽情喜乐之法吗?

达尔·萨阿达，爱的最后胜利，在我眼中代表着老天的预感。在这里，没有泪水，没有惊叫，只有宁静和喜悦。在这里，所有人如兄弟般团结。在这里，再没有穆斯林和基督徒。在这里，人们歌唱，人们相爱!

萨拉修女

自从 1975 年起，萨拉修女就成为了拾荒者解放斗争中我的无与伦比的助手。我第一次遇见她是在贝尼苏韦夫修道院，贝尼苏韦夫是距离开罗几百公里的一座城市。我是为了阿拉伯的紧张住宿前往那里的。我碰到一个修女正蹲着，用水擦楼梯。

“我想见你们的院长。”

“我就是。”

她微笑着用极流利的法语补充道:“我们非常高兴能够接待您。”

她带我参观了贫民窟，而这次参观对她的人生造成了冲击，也同样对我造成了冲击。那些遭受苦难的孩子召唤着她，她全然被吸引过去。

她属于年轻的科普特东正教会的马利亚之女修会。贝尼苏韦夫的主教阿萨纳西奥斯阁下这位杰出的人物创建了它，这在他的教会是一大丑闻。公元 4 世纪以来，埃及的修道制度诞生并由此传至世界各地，修女们事实上一直是幽居在修道院里的。最初几个修女穿过大马路时，谩骂声不绝于耳，人们对她们表示唾弃:“多羞啊，快回你的修道院去吧!”

她们平静地继续行走，前去救助穷人和病人。对于她们中的大多数人来说，离开家庭早就付出了惨痛代价。当年轻的塔赫尼告知她的父亲——一个有钱的农业耕作者——她决定加入马利亚之女时，她的父亲暴跳如雷，拔出手枪："比起看着你在街上乱跑，我宁可打碎你的脑袋！"塔赫尼等着……而后离开了家！她成了萨拉修女，直到她前往贫民窟前一直担任她修会的负责人。渐渐地，人们看到了修女们做出的贡献，也看到了她们处世的沉着稳重，偏见渐趋微弱。现在，整个埃及到处都需要这些修女。

说说一个经常向我提出的问题吧："为什么您会选择萨拉修女作为您事业的接班人？"我早就在有关化工厂的章节中给出过粗略的回答。"当地"人能带来怎样的宝贵财富！ 18年来，和埃及人萨拉修女的紧密合作是我人生中承蒙的巨大恩典中的重要组成部分，也是我们事业成功的源泉。如果没有这个聪明且充满活力的本国女性的帮助，我自己能实现什么呢？阿萨纳西奥斯阁下也为我们提供了有力的支持。随着我们活动的日趋丰富，他派给了我们20几个修女，她们分别接受过护士、老师和社会福利员等各方面的专门培训。

这种基督教的紧密合作在其他层面也颇有成果。萨拉修女这个科普特教徒的目光不再紧紧局限在拉丁教会上，而拓展到当今降世为人的基督以及其身上流淌的人道主义精神上。至于我，我则学着将自己浸润于（但远远不够！）这种流传千年的精神，这种精神始终保持着一种孩子的清新淳朴，他朝向自己仁慈而有力的父，秉承着任何考验都无法挫败的信念。我也领略到每周三、周五以及节日准备期所进行的斋戒的种种益处。如此培养出的人从小就懂得节制自己的食欲，并将之与比他更加贫困的人分享。信仰尤其在到修道院朝圣时显现出来，朝圣的队伍沿着尼罗河排成长长一列。圣母马利亚的相关节日中，我们和拾荒者们一起，总是兴高采烈。教堂如家一般，一家之主接待着他的孩子们。人们睡在里面，吃在里面，而只有在进行弥撒时，才形成某种安宁的氛围。上帝的善良子民在供香的香气中连续数小时欢唱不止。周围一带，小商贩们拿出用纸板做的有趣小玩意儿和彩色糖果来卖，都只卖几个苏。人们乐此不疲地淘便宜货，离开时一路唱着赞美歌。

也许是因为这种修道院宗教虔诚的简单淳朴性，又源于从斋戒中汲取的精神力量，科普特教徒们始终保持着最初几个世纪以来殉道者们的精神信仰。他们是整个北非地区唯一拒绝皈依伊斯兰教的人。在整个区域的宗教迫害下，坚持基督教信仰有时是英勇的行为。我十分赞赏他们对教廷的忠贞。他们中的许多人都非常贫困，但他们却对以成为穆斯林为条件而得到更丰厚报酬的工作机会和升迁机会不以为意。他们信仰的力量在日常生活中激励着我的信仰！

拉丁天主教主教埃古迪奥阁下一直鼓励我与东正教徒交心。科普特教派牧首谢努达也成了一位重要的朋友。“到什么时候能和罗马教廷达成统一呢？”有一天他这么问我。“很快。”看着我的欢欣鼓舞，他微微一笑：“可得注意了，以马内利修女，‘很快’在阿拉伯文中可被翻译作 bokra，也就是‘明天’的意思。”而所有人都知道明日复明日，明日何其多！科普特基督教徒害怕拉丁基督教徒。后者是一群保守分子，不能接受任何对《圣经》的阐释。梵蒂冈某种程度上的专政也让他们望而却步。无论如何，两个教廷间的谈判还是有些进展，即使只是小步前进！

教会或者世俗中一些人这么建议我：“您应该根据您的理念自己建立一个修会，而不是依赖那些外国人。”我给出的回复是：

1. 我并不具备创始人的才干。我实在太过绝对，轻而易举便会有失沉着。然而，稳重却是建立一个新组织最重要的素质之一。因此在这个问题上煞费苦心是无用的，结果可想而知。

2. 加尔各答的特蕾莎修女已经极好地将我有关贫困和服务的理想做成事业，世界各地遍布着特蕾莎之家。没有任何理由还要建立另一个相似的修会。

3. 西翁修会曾是我汲取精神力量的源泉。离开它，我能成为自己和他人的不竭之源吗？

4. 举足轻重的理由：我要到哪里去找比阿萨纳西奥斯阁下特别派遣的修女更好的合作者？她们来自萨拉修女的修会，为埃及最穷困的人服务。多亏了阿萨纳西奥斯阁下，科普特教会意识到自己除了在精神信仰方面需要担负起责任以外，还应该为一切悲痛绝望提供物质上的支援。

最后很高兴能够以一份美好回忆来结束这一章节。萨拉修女和我参加了在贝尼苏韦夫礼拜堂举行的埃娃修女以及其他4个初学修女的祝圣仪式，埃娃修女在贫民窟工作。仪式一开始是为圣像屏后的祭台奉香。庄严的基督圣像在一缕云烟后半遮半掩。每个修女轮流被叫上去："埃娃修女，您决定要将自己的一生献给上帝吗？"她们在总体氛围的感染下一个个铿锵有力地说出"是的"。接着，5个人匍匐在地，在圣像屏前伸展开。5条苋红色的长纱巾把她们整个盖住。这是沉入黑夜的象征，预示着"旧我"的消亡，随之带走的是眼睛、肉体和心灵的色欲、贪欲。大家在5座静止不动的墓碑前唱诵死者的晚祷。突然，便到了复活之时，苋红的布嗦嗦抖动，苏醒的身体站了起来，爆发出欢乐的颂歌。

用过友爱餐后，一切重归宁静。修女们欢快而轻盈地奔赴各自的任务：幼儿园、老人之家、孤儿院、刺绣工坊和诊所。

萨拉修女、埃娃修女和我回到平原，那里有许多拾荒者正等着我们。我们在一座能触及天空的顶峰度过了24小时。我们再次启程，满心欢喜，向着我们尘世的兄弟姐妹。

第二部分　拾荒者的苦难与伟大

在贫民窟度过的23年间，我日复一日发觉，在我的那些拾荒者兄弟姐妹们身上，最好的与最坏的以一种惊人的方式结合在一起：原始的粗暴和柔和的善意，抢夺和无私，放纵和忠诚，亵渎和信仰……相悖之处数不胜数！

有几个矛盾的典型还在我的记忆中根深蒂固。

拉比卜：我的良师益友

将一个拾荒者当做良师益友，这是上帝赐予我的明智。我从来不曾不征询拉比卜的意见就行事，拉比卜就是那个为我提供棚屋的人。在我到来前，我听说，比起工作来，他更喜欢出入咖啡馆，而且还是一个严重酗酒者。他打妻子就像打石膏像似的，偶尔还打孩子。然而，当有一天他明白了我交付给他的是我的全部信任时，他成为了怎样一位珍贵的建议者、忠诚的朋友啊！他不再去咖啡馆赶场，也和酒精告了别。从早到晚，担当我的向导，带我走向每一处绝望之境，即使深受脚病折磨，也始终坚持。有多少孩子因他而有机会上学，有多少病人因他而得到照顾，有多少纠纷因他而得到平息，有多少妇女因他而振作精神，有多少出游又是因他而得以成行，这些实是数不胜数。

他的家庭是最早达到较好生活状态的家庭之一。他的孩子们在远离垃圾堆的地方学习，女儿们结束学业后都嫁得不错，而儿子们都找到了好工作。现在他们一家所有人都在贫民窟外定居，虽然行走不便，但是拉比卜仍然坚持每天到贫民窟来为大家服务。他是拾荒者提升计划的冠军！

扎哈里亚：爱之门

在拉比卜为我腾空出来的窄小空间里，我建了第一个幼儿园，那时是没有大门的。我想定做一扇 hobaybi [1]，价格还算适中。我听人说起有一个叫扎哈里亚的人，他是个穆斯林细木工匠，时不时要点心眼、搞点欺诈。我前去见他，向他解释了我的目的：首先让小小孩在快乐中受到教育；教他们不要互相争吵打架，而要相亲相爱、和乐融融。一下子，他降低了价格！

当他把门带来给我时，他从眼角紧盯着我。门上刻着一个十字架和一个新月图案，两者交织在一起，下面则刻着 Allah Mahabba [2]。我欣喜不已，他也开心地笑了。在这个年轻的手工艺人心中藏着怎样的脉脉温情！是出于爱，他才放置了这样一种基督教徒和伊斯兰教徒对话的标志。这是友爱的象征，是亚当的子孙们的首要使命，它在这扇欢迎之门上显现，意味着所有穿过它的人都结成一种友爱的关系。敞开吧，hobaybi 的门。我们一起建造一座新城！谢谢你，扎哈里亚！

谢努达：吹哨者

谢努达 10 岁了，他和其他不幸的成天和垃圾打交道的年轻人一样，

---

[1] 阿拉伯文：指用甘蔗皮压成的材料做的大门。——译者注

[2] 阿拉伯文：真主之爱！仁慈的真主！——译者注

耷拉着脑袋、哭丧着脸、蓬头垢面地前去工作，他得把人们在公寓门口态度轻蔑地丢给他们的垃圾收起来。

然而有一天，人们看到他吹着口哨，高抬着头，面容敞亮。他怎么了？他露出骄傲的笑容，以坚定的声音解释道："啊！我们家发生了些变化，现在我们有属于自己的修女了。是的，她是属于我们的，她和我们生活在一起！"当人们把这个故事讲给我听时，我沉浸在巨大的感动中。小男孩懂得：不，他不该被动地忍受被人看不起的道路清洁工的生活状态。他应该让别人知道，他有他自己的价值。看到我和他共享悲惨的处境让他对自己作为人的伟大充满信心，并为此吹起歌唱生命的口哨！

警察：间谍

谁是拾荒者最怕的人？警察。而警察最怕的是谁呢？快速掏出小刀的拾荒者！就这样，两者之间互相疏远。然而，一个星期天——那天，我正好回到修会中——两个警察到我居住的小巷中调查。这是些民事警察，他们与穆斯林谈话，因为基督徒很可能会袒护我："这个外国人是谁，这个定居到你们这儿来的修女是谁？她肯定是受雇于以色列的间谍。"（时值 1973 年，正处于全面战争阶段，他们无法想象我是毫无他念、坦坦荡荡地来到这么个狗窝的。）所有人都惊呆了！我们的人平时在警察面前几乎总是惊恐不安，此刻却显得咄咄逼人："我们的修女，一个间谍？除了我们的孩子和病人以外，她什么都不管！你们想带走谁就带走谁吧！但她，想都别想！她是唯一爱我们的人。"他们变得气势汹汹。调查者和他们来时一样飞也似的离开了……没有人来打扰我。虽说他们臭名远播，但这些人，他们都准备好顶替我被带去监狱。

塔尔：报仇雪恨

不幸的是，仇恨在一些悲剧中迅速滋生，比如发生在世界上最好的伙伴间的悲剧。叶梅亚16岁，穆斯林，而贝吉17岁，是个基督徒。他们俩天一亮便一起去工作，晚上又一起吃饭。他们肩并肩来上扫盲课，两人都因我的鼓励而感到自豪。但在一个悲伤的星期六晚上，他们趁我不在，开始玩一种纯粹碰运气的赌博，这种赌博游戏我总是让他们避而远之。贝吉赢了2个里弗尔和30皮阿斯特，大约共值10个法国法郎，对他们来说这可是笔大数目。叶梅亚，在疯狂中拒绝支付这笔钱。斗殴一触即发。突然一把刀一晃，贝吉倒下死去了，叶梅亚被警察带走。

在修会过完周末后，我回到贫民窟，听说了这个悲剧故事。我迅速赶往扎卡家，那是贝吉的父亲，当时他和其他家人一起凑满了100个里弗尔，用来“让叶梅亚有机会出狱”。我愣住了，问道：“您想要放走杀死您儿子的凶手？”他们觉得我的天真之言多么可笑。“我们用钱贿赂看守。午夜，叶梅亚会逃跑，而我们将杀死他。”他们随手抽出了刀。他们眼中充满戾气。我突然感到害怕。塔尔，在埃及，报仇是基于荣誉的要求。以牙还牙，血债血偿。

“你们都是基督徒？”

“是的，没错！”

“基督难道没有说过要爱自己的敌人？他在十字架上的最后祷告是什么？‘父啊，赦免他们！因为他们所做的，他们不晓得。’[1] 叶梅亚晓得他所做的吗？”

---

[1] 《路加福音》23:34

静默。我补充道："让我们一起向父祷告。"

我们起身，依着科普特教派的传统，面朝太阳升起的方向，高声念诵："我们天上的父……原谅我们，一如我们原谅……"

扎卡改变了主张："我们是基督徒，我们不杀叶梅亚。"其他人，默无一言，各自取回了自己那份钱。

巴西特：杀人犯

巴西特是街角的大人物。他杀死过两个印度杀手，击晕了第三个，而自己安然无恙。他因此受到了大家的普遍尊重。

这些打架之事与我无关。巴西特是我的好兄弟。我常常在我的棚屋前，靠着他坐着。我们一起喝茶，谈论孩子，谈论他们的上学问题以及他残疾的外孙，等等。他信任我，就像信任姐姐一样。他知道我永不会背叛他：姐姐[1]是不会背叛自己的兄弟的！他对我表现出的体贴令人感动。他永远是第一个为我提供帮助的，他会借我交通工具用以运输各种物资，也会派他的某个儿子来帮我搭把手。当我前去表示感谢时，夜幕降临了，我们便挨着坐在一起，在我眼中他是如此温柔，如此礼貌。我自问："那真的是他吗，贫民窟最让人畏惧的杀人犯？"我的好感令他自豪，他十分珍惜我的这份器重。尊重和敬意对一个人的影响是难以估量的。就好像一种全然的转变，一种与更好的自己的重逢。巴西特再没杀过任何人。

---

[1] 此处原文 soeur，具有"姐姐"和"修女"的双关语义。——译者注

奥姆·沙班：宽宏大量

奥姆·沙班是住我对面的女邻居，她也就成了我来往最密切的朋友之一。当然，对她我得多留点心，因为她的手很“长”。她走进我的小屋后，如果那时剪刀正好放在桌上，而我又正好别转头去，那么三下五除二剪刀就消失了。她的手段实在高超！当她和人发生争吵时，她会乱抓乱咬，以一种难以想象的力气与人撕扯。早上，当她的丈夫去垃圾场工作后，一个小伙子路过，他会很轻易地在她家停留，对此我不再感到惊讶。我所了解的是，在这里我们的妻子们如果胆敢看一眼随便哪个朝她微笑的男人的话，就会被她们的丈夫狠狠修理。然而奥姆·沙班心中藏着怎样珍贵的品质啊！有个晚上，我因照顾病人或是夜祷晚归，竟发现家中没有一片面包，尤其可怕的是竟没有一滴水，那可是炎炎夏日的8月。我邻居的油灯亮着，也就是说她还没睡。我捧着我的罐子：“能请你给我点水吗？”虽然我对她持种种异议，她仍然把自己剩下的所有水、所有面包都给了我！深更半夜酷热难当时，人们是愿意用黄金来交换水的。至于面包，明天她得顶着烈日步行一个小时才能买到，或者她得花更多的时间来和面，再把它放进用干泥巴搭起的炉灶里面烘烤。奥姆·沙班，拾荒者姐妹，你是多么心胸宽广呀！你只要看到有人陷入困境，你就会立刻尽你所能、倾你所有来帮助他。

塔基：虔诚者

离我亲爱的穆斯林邻居奥姆·沙班几步远，住着塔基，一个基督教徒。他看起来是个严重酗酒者——喝的都是那些颇为刺激的劣质红酒，常常烂醉如泥。半夜，他会拿出刀在空中快速挥舞，随时可能把它插入他周围随便谁的胸脯。在他的小破屋子里，他那不幸的妻子常常被揍得性命堪忧。而如今，贫民窟建起了一座教堂，还有位神甫来到我们中间，这些使他开始发生转变。他邀请我参加一次夜祷。那是怎样的环境呀：墙是铁皮墙，脚踩着的是泥巴地，屋顶用棕榈叶搭成，月光就这样流泻进来，油灯的灯芯寿命短暂，老鼠在我们脚边窜来窜去，而猪就在门口！伴随着驴子的依依啊啊，撕心裂肺唱毕了感恩歌后，塔基站了起来。他垂着头，耷拉着肩，沉着身子，他向主大喊道："哦，主啊，我有罪！"他不断重复："我有罪！"片刻静默，接着他抬起头，重新挺直身子，将目光投向天空："哦，主啊，可怜可怜我吧！"他的嗓音变得越来越欢快。塔基知道上帝听到了他的忏悔，会如一个父亲对待孩子般原谅他。他重新坐下，双目澄澈，面容平静。

事实上，很快，他就不再打他的妻子了，他成为了"我们的父"的左膀右臂——教士，并永永远远地从咖啡馆消失了。他成了大家珍贵的朋友，无论何时，无论所为何事，都能找他！

在人们教我的所有祈祷方式中，他教会我的是最好的一种方式。自从那个光明之夜后，我会把所有的尘世间的兄弟姐妹们聚集起来，向着上帝喊叫，为我，也为他们："主啊，我有罪……主，怜悯我吧！"主的平安一点点蔓至我心。

法齐亚：女英雄

法齐亚就住在紧邻着我的棚屋内，日日夜夜、抬头不见低头见的生活把我们紧密地联系在一起。她的小屋常常乱得让人忍不住皱眉，但每次我试图帮她清扫时，她总会按住我手中的扫帚。她实在太累了——她一个接一个生了太多孩子，这些孩子又一个个死去。显然，和奥姆

·沙班一样，这个可怜的女人也会干些小偷小摸的事情。一天，我正好看到她在我家找一些皮阿斯特，可能她确有需要……而另一次，她把她最后一块肥皂给了我，让我给我们的姑娘们洗澡，她还把自己脏到不行的盘子拿出来共享。她的丈夫海尔里和孩子们一起时温柔备至，对她却粗暴得可怕。她也同另一个男人有瓜葛，海尔里产生怀疑而意欲杀了她，我刚好赶到救了她。

一个星期一的早晨，我发现她整张脸如死灰般，双眼充血，身体瘫倒在地上。她最后承认了，海尔里先是把她压在身下痛打，后又把她往锋利的旧金属做的门上摔。我出离愤怒了："这可不能再继续了。法齐亚，带着孩子回娘家吧！"她毫不含糊地拒绝："不，不！"透过血眼蒙蒙，她向4个小孩投去爱的目光："你看，他们喜欢他们的父亲，离开他，他们会很痛苦的！"她补充道，"应该由我来承担痛苦！"她抱起特雷莎，那是最小的孩子，轻轻地摇着，温柔地朝她笑着。平静重归她心。

我无以言语。我看着她，她肿胀的脸上柔情满溢，仿佛因爱的喜悦而脱胎换骨。轮到我想把她抱在怀里轻轻摇，告诉她："法齐亚，我的姐妹，你是英雄。"她不会明白。在她看来，为使孩子不受苦而自己受苦，再自然不过了。她全然不把自己当做中心，孩子才是她的源泉，她从中汲取活着的理由、平静和快乐。

法齐亚，你使我对自己质疑。我是不是早已说过"为使他人幸福，应由我承担痛苦"？法齐亚，教我如何去爱。

还有另一个回忆，虽说不如这个特别，但也在我身上留下了深深的印痕。那是个冬天的晚上，我在我的棚屋内祷告。突然，我听到缓缓的唱诵停下，又重新开始，又再次停下。我微微打开房门，法齐亚的房门开着，她和她的孩子们围火坐着。海尔里有点文化，由他来读福音书的诗句，而她重复，他们俩就这样轮流着，一边读一边轻轻唱着……哦，我的姐妹法齐亚，喜悦令你多么光彩熠熠：你任凭圣洁的话语在你心上回荡，心中笃定，基督为拯救者。你给马里亚姆喂奶，你确信主将带给他更好的人生，比你更好的人生。你盯着你的大儿子吉尔吉，他趴在地上写他的算术作业——你的棚屋里既没桌子也没椅子。法齐亚，你很确信，你的日子开始了向上之路。一番抗争后，我们终于获得了他父亲的同意，让他得以上学。上帝与你同在，你的孩子们已得救。一种奇异的美在你身上显现：火焰在你绯红色的脸上舞动，半明半暗中你的额头被隐去，双目如两颗星星般熠熠生辉，平静自你身上流泻。我回到我的棚屋内，轮到我浸润其中。

这仍是多大的奇迹啊！这个不会读写的不幸女人从来没有探求过任何哲学、神学、其他宗教，怀疑却对她毫发未伤。上帝不是那些哲学家、知识分子口中的上帝！想着法齐亚，我重复着这段基督的祈祷，这是福音书的高潮之一：“正当那时，耶稣被圣灵感动就欢乐，说：‘父啊，天地的主，我感谢你！因为你将这些事向聪明通达人就藏起来，向婴孩就显出来。父啊，是的，因为你的美意本是如此。’”[1] 而我又加上一句：“主啊，蒙法齐亚及婴孩之恩，赐给我一颗孩童之心！”

奥姆·萨巴赫：死亡面前

在我住过的在莫卡塔姆的第二个贫民窟，奥姆·萨巴赫的棚屋就在距离我和萨拉新建的诊所几米远的地方。我鲜少遇见像她这样粗枝大叶的拾荒者。女大夫徒然定期来替孕妇们看诊，她从来不会前来

[1] 《路加福音》10:21

咨询。在铁皮板下，渗着淡黄的细流，那是来自蹲在院子里的母水牛……这看上去并不使她过分忧虑！

一天我在路上碰到她正大口喘着气。我把她带回她家，一边找着哪里可以落脚，一边把她在黑乎乎的床上放平。我叫来阿代勒医生，他对病人做了听诊，为避免被她听懂，他用法语向我说明情况："这个可怜的病人的心脏状况堪忧。她告诉我她已经怀孕有几个月了，但她绝不能再承受一次分娩了。她的心脏会衰竭的。她最好尽早流产。"这是多么艰难的选择呀，但只有她本人才有决定的权利。我得告诉她真相。她静静地盯着我看。"奥姆·萨巴赫，如果你想，我们就去打电话给你丈夫。你们一起商量，但最后的决定要由你做出。"他来了，我和阿代勒等在门口一堆垃圾上。这没有花去很长时间。她只是说了句：

"我不会杀死我的孩子。"

"奥姆·萨巴赫，你到底懂不懂？你会死的！"

Maout [1]，这个可怕的字眼人们很少用阿拉伯语说出，对她未造成任何困扰。她重复道："我不会杀死我的孩子。而我是生是死，皆由上帝掌控。"她温柔地抚摸着自己的肚子。她的脸孔映着满满的慈爱、安详。她已全身心朝向这个小生命，唯一住在心中的渴望：给予他生命……即使为此要奉上自己的生命！在欧洲，她得流产。但在这里，远离任何压力，她可以尽情发挥身为母亲的天性，甚至成为一种英雄主义，这在她看来都是理所当然。

萨拉修女和我非常担心她的状况，我们每天都给她送去一顿营养丰富的餐食。最后一个月，我们把她送到科普特医院。在她分娩的那一夜，年轻的看护医生惊慌失措："她会死在我的怀中的，她的心脏实

[1] 阿拉伯文：死亡。——译者注

在太弱了。我的经验不够，请把她带到别处去。”同样的剧情连续上演了 3 次：运送车，电梯，产房。第三次，奥姆·萨巴赫一个人待在电梯里，开始分娩！次日，我们发现了她，周身洋溢幸福，怀中正抱着一小团粉嘟嘟的肉。她又活了 3 年，在最后向她漂亮的小优素福投去温柔的目光后，她奔向了天父的国度。

贫民窟的圣诞节

当我刚到贫民窟时，那些基督徒拾荒者心中怀着鲜活的信仰，但却与东正教科普特教廷没有建立任何联系，而教廷看上去并不怀疑他们的存在。他们从不踏足那个离他们极近的教区教堂，因为那些信徒的目光实在让他们感到难堪！

我第一次前去拜访谢努达牧首便是为了同他聊聊这一群没有牧羊人的羔羊，并请他在圣诞派一名神甫过来。他怀着最大的诚意接待了我，并立刻答应了我的请求。这是我们友谊的开始。就这样，我参加了此生最美的圣诞弥撒！一个拾荒者借给我们经过他仔细打扫的棚屋和院子，那里只有些微臭气残存。一盏丁烷灯照亮了黑黝黝的隔板，房间里摆着一张晃晃悠悠的桌子，盖着一块旧布，用作祭坛，还有几张说不上来是什么颜色的长条凳。待在马槽的驴以及被阉割过的公牛在不远处，几声哼哈的驴叫，伴着呼噜呼噜的猪叫声，为我们把他唤来。一位年长的修士到了，他看上去丝毫不失常态，他的讲道也向我们证明了这点：“如果说基督今夜需在人间重生，他会到你们中间来：贫穷，那是他的住处，牧羊人是你们的弟兄。享受喜悦吧，上天将造访贫民窟。”

蜡烛被一一点亮。最令人动容的，是我们的女拾荒者们的脸庞：她们的眼映着光而发亮，她们的唇和着喜悦歌唱：“圣，圣，圣，主。”这些因生活的冷酷无情而过早衰老的女性突然呈现出天仙般的美丽，熠熠生辉。

他们向我传道

人性中最令人困扰的奥秘之一难道没有通过我刚才描述的一些事实呈现出来吗？那是用苦难与伟大锻造出的特别合金。我的拾荒者兄弟姐妹们为我揭示了这个他们内心最深处的秘密，并由此向我传道。他们带着我去寻找最真实的价值，带着我重读福音书，带我一直向下，最终降到我自己的迷宫中去。

基督曾说："康健的人用不着医生，有病的人才用得着。我来本不是召义人，乃是召罪人。"[1] 他不惧非议，坐在财主撒该家的桌边[2]，尊重妓女玛大肋纳[3]，拒绝向行淫妇人丢石头[4]，等等。根据"诚实者"的技术，那些贱民、那些"被诅咒的人"，显然是最蒙宠之人。他们最早明白他对爱的呼唤：财主把所有的一半分给他人[5]，抹大拉的马利亚成为使徒的使徒[6]，犯人喊出他的悔悟[7]。善良的修士是对的："如果基督重归大地，他将在你们的贫民窟诞生。"

也就是说，那些"可怜人"更接近上帝之国。为什么？我的拾荒者兄弟姐妹们或许给了我答案：他们是谁，便是谁。他们活在生命的真

---

[1] 《马可福音》2:17

[2] 《路加福音》19:7

[3] 《路加福音》7:36—50

[4] 《约翰福音》8

[5] 《路加福音》19:8

[6] 《约翰福音》20:17

[7] 《路加福音》23:39—43

实中，他们不会戴所谓“上流”社会常戴的面具，在那种阶层，个人的“苦难”常常隐藏起来，一切极容易流于表面的“伟大”。而在我们这儿，情况则刚刚相反，“苦难”明目张胆，凿出对“伟大”的呼唤，这是所有人的共同渴望……而这是种真实的伟大，只需要导火索的出现便足够：那是爱他们的人，他们对警察这般回答，那是把主的爱带给他们的人。拉比卜对我说：“从你来到我们这里、同我们分享生活开始，我们便有所改变了。寻欢作乐变少了，群架斗殴变少了。我们愈发团结，愈发友爱……而我们的妻子自发地到新建的教堂祷告。”

但要注意，以马内利，千万别成为那种法利赛人，自满自足[1]。要力求真实，降到你自己的迷宫中：坦率说，在你的存在深处，你谈不得分享了你的拾荒者姐妹们的“苦难”吗？坦率说，如果你生在此地，在贫民窟，你会成为一名“正直善良的女人”吗？答案显然是否定的。但我仍能参与到她们的“伟大”中，在自己身上培养这种爱的能力，这爱使她们承受起生命之重，脚步轻盈，甚至不无愉悦。

以马内利，接受他们的传道吧！

[1] 《路加福音》18:11—12

第三部分　活着的人们，相爱吧

我在前几页描述了我人生中最震动人心的那个阶段——与人类社会的渣滓、我的拾荒者兄弟姐妹们同呼吸、共命运的阶段。但还有其他的呼喊传到了贫民窟中，传到了我的耳中：那是在世界其他地方饱受饥荒和死亡困扰的孩子们发出的呼喊。

他们重新成为我的肉中之肉，在喀土穆的人行道或是在贝鲁特灼热的建筑里呻吟着。无论他是何种肤色，一个孩子的呼喊总是令人揪心，令人想飞奔过去，拥他入怀，为他抹干眼泪。

这些小人儿的苦难，我了然于心。它敲打着我的身，我的心。但是，在这场短兵相接中，团队才能将之击败。这也是为什么我将开罗贫民窟的动人经历带到了其他地方：和其他抗争者们一块儿重燃生命的火花，使其迸发成束束火苗。

崩溃中

1985 年 11 月，我收到了一封来自在日内瓦遇见的苏丹朋友们的信。他们叫我前往喀土穆："每天都有成百上千的难民涌入，又大批地死亡。求救！"我承认我犹豫了。在这样一个我不熟知的国度，我能带去什么有效的帮助呢？围绕拾荒者的各项活动都在蓬勃开展。就这样穿越世界，会不会分散我的力量？我收到了第二封信，里面放着开罗—喀土穆、喀土穆—开罗的往返机票。我将机票翻来翻去，上帝通过事件显言。加油，以马内利，命运之轮已经开启！我没有料到的是，当我穿过开罗上空之云，其他召唤将把我带向地球上的另一段征程。

凌晨1点，我刚走下机舱，便听说了在迅速席卷南苏丹的巨大不幸，那里多是万灵论者和基督教徒。南苏丹与信奉伊斯兰教的北苏丹形成对立，北苏丹无论如何都希望能把南部伊斯兰化。战争，以及现在的饥荒，使成千上万的人大批大批死去。苏丹教堂是如此贫穷，已为这场激战倾囊而出。然而灾难的事态大大超出了它的预期。

早上，当你大步走遍大街小巷，受到的冲击震人肺腑：孩子们，到处都是半裸的孩子们，黑色的皮肤紧贴着移动的骨架，颤颤巍巍地撑在代替双腿的木棒上，两颗乌黑发亮的圆球在他们饿得皮包骨头的脸上突显出来。为了把我留住，其中的一些把他们细长的指甲嵌入我的肉里："我和你一起。"为让他们逃过一死，他们绝望的母亲给了他们最后一点途中吃的黑麦面，要把他们送到喀土穆。他们或是徒步，或是被放在火车顶上，穿越了几千几万里，来到了这里。

在其他救援中，一个叫做"尼罗河儿童"的组织匆匆建立。一些像罗贝尔·里夏尔、西蒙娜·不拉昂莎的男男女女日日夜夜地投入其中，收容，分发食物，带给人生命与希望。我在他们管理部门的建议下加入了组织。令我吃惊的是，我在里面遇到的只有意大利人和法国人。这在我看来实在荒谬，因为总有一天，外国人都会离开。到时候，谁来接手？在埃及，实践已经向我做出了这样的证明：和当地人共同工作是绝对必要的。与萨拉修女以及她的团队的合作为我解决了许多关于拾荒者的棘手问题。在我之后，我知道一切都能如常继续运作。非洲亦合人之常理，非洲人之间能互相理解、和谐共处。还有谁会比她（非洲）更懂当地人的身心要求，更理解他们的渴望、他们的切肤之痛？

她掌握了所有可行的方法。只要我们这些西方人愿意把我们复杂的天生优越感放一边，我们便能进入到一种对所有人来说极其拓展视野的合作中去。我们的朋友在“几何学的严谨”中被培养成人，而我们则在热烈的人际关系中长大成熟。

幸运的是，我很快有机会与苏丹人卡迈勒·塔德罗斯碰面。他向我坦承：“好几夜我都睡不着觉。在街上，我看到一些穿得破破烂烂的青少年正在拆墙，寻求某个干坏事的机会：偷抢、卖淫、毒品，只是为了生存下去。而我，我拥有条件舒适的住所，还有我的妻子和女儿，她们是我的快乐。我有一家品类齐全的工具店，经营情况不错。但我能为这些深陷迷途的年轻人做些什么呢？”这就是我们所需要的人。他答应于 1985 年 12 月月底开始在协会工作，毫不在乎那点根本抵不上他商店的利润的薪水。他对这个国家的了解、他的管理才能，再加上他的极度投入，使我们与他的合作无可比拟。待所有外国人回到欧洲后，他将能挽救整个事业。

我打探现实情况，想让孩子们在午间或是晚上找到一些供应美味三明治的商场，使他们免于挨饿：

“他们一共多少人？”

“大概 7000 人，5 到 12 岁不等。最大的几个孩子白天躲着警察，晚上便出来偷盗。”

“那剩下那几千个小家伙呢，他们干什么？”

“他们在街上游荡！”

7000 孩童，全然无所事事，晃来晃去……这可是培养歹徒的种子！40 年间，我一直都是老师。我了解教育的价值。再说，在贫民窟，我在实践中体会到幼儿园是通向学校的第一步，在那里，人们学习最初的有关社会生活的概念：分享，尊重他人，友谊无价。就如同橡树在大地上被广泛种植一般，人在学校里播撒品格的种子。

“西蒙娜，得建立学校。”

“7000 名学生啊！你去哪儿弄上百万经费用来建设？那样早就能让他们免于挨饿了！”

还好，我们的苏丹人卡迈勒找到了解决办法：

“建一些芦苇学校。这不贵。”

“芦苇？”

“是的，空气能在其中流通并减缓热度。这是穷人们常用的遮蔽物。花费微不足道，我们有几个捐赠者乐于为我们提供帮助。”

有西蒙娜和卡迈勒在，事情说到便能做到。当一个月后，我们和萨拉修女一块儿回到这里时，十几个由未来的负责老师简单搭建的芦苇学校已经开始运作了。由于缺乏专业教师，只要会读、会写、会计算的年轻苏丹人都被录用。西蒙娜倾尽心力培养他们，甚至还让他们通过了小学教师考试。我们那几千个小小孩想要学习的愿望是令人惊叹的，他们明白这是他们唯一的拯救。他们挤满了一条条长凳，每个班六七十人，有时甚至更多，教室之间只是用简单的芦苇篱笆进行分隔。萨拉修女和我看到他们所有人都安安静静，真是奇迹！

现在让我来赞扬一番我们的女厨师们吧，她们的任务是如此艰巨！这些人席地坐在院子里，准备着以蚕豆或扁豆拌洋葱做成的主食，饿昏的孩子们会以极快的速度把它们扫荡干净。花费由我在巴黎的协会负责。这实在太好了！萨拉修女和我启程回开罗，现状令我们感到安心。

1986 年 3 月，当我再回来时，我重又在行政委员会工作。现在有七千张饿极了的小嘴从南苏丹来到这里。会计把发票递给我们。我惊恐地得知，自 4 月 1 日起，资金和补给都将耗尽！主席夏尔神甫看着我们问：“开学后将有多少人返回？有多少人将饿死？”静默。所有人的眼睛都聚焦在我身上。我站起来："明天，我搭飞机到我的协会所在地巴黎。我会纠集报纸、电视、广播。我要呼唤正义。我讨厌'慈善'一词被等同于施舍之意。衣食无缺，甚至是锦衣玉食的人有什么权利放弃这 7000 个踏在死亡门槛上的小兄弟姐妹？"

我一抵达巴黎，便抢占了电话。只要您是为那些沦于饥荒的孩子发出号召，媒体都严阵以待。不出几日，鼓鼓囊囊的塞着支票和汇票的邮政包裹开始堆起来，一直堆到协会总部的楼梯口。一支志愿者队伍负责把它们整理好，跑到银行，在支票背面签名，并把这一大笔钱匆忙汇到喀土穆。资金很快换成了主食。人们说人性自私，这是纯粹的谎言。每次当我为某个紧急情况发出号召时，男女老少都会赶来帮忙。而我并不是唯一一个有此体验的人！大家都还记得 1954 年的冬天，皮埃尔收到的大批物资捐赠吧！老波斯人夏比斯塔利总是有理："剖开人类的心，你将发现太阳！"

于是，萨拉修女和我 9 月回到了喀土穆。那些我们曾任凭其陷于悲伤的小人儿跑向我们，笑着紧紧抱着我们、钩住我们。他们对他们的芦苇教室充满骄傲，他们还向我们展示满放着书和笔记本的布包。萨拉修女对他们书写阿拉伯文的美丽字迹赞赏不已！同时，看到他们日益丰满的双颊以及随时准备蹦跶的双膝，我们心中又是多么喜悦！

下午，大部分孩子回到收留他们的某个亲戚或者朋友家，住在用纸板或者废旧土豆袋子搭成的窝棚中。但其中大约还有 100 多个孩子在这世上已无依无靠，夜间独自游荡。西蒙娜和卡迈勒对这一悲剧有所警觉，创建了一些收容他们的住所，并为他们找来了说着同种语言——丁卡语[1]、同是难民的养父母们。我尤其要求不要紧闭大门。大门永远

[1] Dinka，苏丹南部语言。——译者注

敞开，他们拥有全然的自由，可以凭自己的意愿离开而重归流浪。我对此很是坚持。如果他们回来，不要去斥责他们，而只是温柔地用亲吻迎接他们：“啊，你总算回来了！这多令人高兴。我们都在等你。快，快来吃点东西！”

重要的是，不要让我们的年轻人生活在束缚中，而应该在一条被承认的道路上自由发展。在这样的体系中，如果有一天90人离开收容所，那么其中的89人会回来——唯一的那个永不回来的人，或许已死于某起斗殴事件。他们其中的一些人，是被我们从大马路上带回来的，他们不愿意上学。我们也没有坚持，只是表扬了那些去上学的孩子。渐渐地，所有人，没有一个例外，都坐进了课堂。多亏每天晚上的补课，大部分孩子都成为了好学生，并自豪地通过了初等教育考试，以便继续他们的学业。教育是一个长期的持之以恒的过程，需要付出很多爱，但也会结出累累硕果！

很快，在日内瓦和布鲁塞尔的“以马内利之友”来帮助“儿童社会医疗救助”协会，帮他们承担一部分支出，因为我们的小苏丹人的数量正直线上升！萨拉修女和我定期从开罗来这里探访，看看有什么新的需要。1987年3月的一个晚上，我来到一家刚刚开放的收容所，里面住着大约15个孩子，6岁到12岁。对我们来说，除了为孩子们创造一个如大家庭般和睦的氛围外，别无他求。孩子们专心致志地搭着乐高玩具，那是我们寄给他们的玩具，希望能够丰富他们的课余生活。然而，他们依旧是双唇紧闭，眉头紧锁，完全沉默。世界上哪有小孩儿会像他们这样玩耍——悲伤，默不作声？我感到担忧，问西蒙娜：

“发生了什么？这些孩子们在担惊受怕吗？害怕什么？害怕谁呢？有人打他们吗？”

“以马内利，你不了解情况！他们刚刚从距离几百公里以外的南部来到这里。他们经历了饥饿，他们亲眼看到过死亡、动乱。瞧瞧卢瓦勒，当敌人们占领他的村庄时，他逃到了穷乡僻壤，被一个奴隶贩卖商逮住，卖给了一个经常对他拳打脚踢的农民。但有一天，农民的妻子让他离开，他辗转终于到达了喀土穆，我们发现他时，他已经丢了半条命。这些孩子，他们每个人都有自己的悲惨经历，都还历历在目。而你，你希望看到他们唱着、笑着？”

片刻沉默……

“西蒙娜，给他们买一个足球，为他们找一个教练……前进，为了快乐！”

3个月后，当我回到这个安静的收容所时，我听到外面传来叫喊声——孩子们踢完足球回来，他们跑着、跳着、笑着：那个圆球的魔力！

我分发给他们一些从开罗带来的彩色铅笔——在这里可是奢侈之物！图画令人心碎：一个可以打开的圆锥体和一个女人，那是被留在那里的房子和妈妈；白纸上两道长长的黄色剪影，那是失去了的父母的画像。只有一个孩子画了几朵小花儿和一个大大的代表希望的太阳。我还带来了一个大毛绒玩具熊。这一次，大家雀跃不已。欢呼声中，孩子们把它抛起，接住，重又把它抛起。

一顿饱食后，该是睡觉的时间了。我感觉到一种突然占据他们每个人内心的忧伤。他们渴望一个妈妈！我穿梭于每一张床之间，帮他们把被子拉到肩膀处：微笑，爱抚，拥抱。过了一会儿，我又回来了。他们睡得可好？我打开了睡着年龄最大的孩子们的房间门。在昏暗中，我隐约看见一幕奇特的场景。他们中的一人说道：“我们天上的父。”所有人聚集在一起。接着，同一个小小的声音发问了：“谁有意向？”

回答令人动容：

“让我们为我们留在那边的爸爸妈妈祈祷。”

“为那些没有食物的人。”

“为那些被残杀的人。”

“为被杀害的牲畜。”

“为被抛弃的孩子。”

紧接着，《万福马利亚》的歌声响起，再接着，归于静默，那些人影躺回各自床上……就是这样，在夜里，这些受苦的孩子们单独同天上的父说话。

当我夏天回来时，由于气温已经升至45度，我们便一块儿睡在星空下。听着这些得救的孩子们规律的呼吸，炎热还有什么可抱怨的呢？其中有卢瓦勒，我已经叙述过他得解放的过程；还有马约克和布特罗斯，他们摆脱了毒品和卖淫，那些感染初期梅毒和血吸虫病的孩子也睡得那样平静，幸福地痊愈了。我们照看着你们，孩子们。在上帝的广袤天空下休憩吧，天空繁星密布。

在另一边，萨拉修女和女孩子们一块儿住在开满鲜花的收容所。那是另外的伤心故事，或许更加悲惨。她们受某个兄弟或表兄弟“保护”，他们到晚上便“租用”她们，不愿放过她们。西蒙娜和卡迈勒趁她们的“保护者”不在时到她们藏身的干涸下水道寻找她们，把她们交托给最近的收容所，为的是能在夜里快速地安置好她们。很快，她们开始收起受惊的眼神，并在一片生机和欢欣鼓舞中恣意绽放。萨拉修女就是这样带回了一个受惊吓的可怜女孩，温柔地环抱着她，直到她微笑着在她怀中入睡！

像尊重基督教徒那样尊重万灵论者和穆斯林的宗教信仰自由，是很重要的事情。关键在于教会他们互相关爱、互相尊重。这难道不是所有宗教最终要传递的信息吗？所有宗教（re-ligion，“重新一联结”）不都是以重新建立人和上帝、人和他的兄弟之间的联系（re-lier）为目的的吗？我们等着小基督徒们再三要求去参加星期天弥撒。他们于是心甘情愿地前往，高高兴兴地用他们的语言歌唱上帝！

一天，我们和他们一起参加了有关上世纪为信仰而殉难的乌干达年轻贵族们的纪念活动。喀土穆的英勇主教祖贝尔·瓦科阁下向修士们发问：“这些和你们一样的年轻黑人，他们为基督而死。你们呢？”百十个人一跃而起，手伸向祭坛：“我们准备好了！”对他们来说，这可不是场面上的漂亮话。明天他们就可能遭遇死亡。在这个国度，时不时会有神甫被杀。

对我们来说，年轻人还是最大的顾虑。当其中的一些在毒品、偷盗、卖淫中深陷而难以自拔时，我们没法使他们重新融入收容所的环境。然而，一天，卡迈勒得意洋洋地来找我们：“我找到了一个属于主教管辖区的农场。瓦科阁下可以很方便地把它交给我们使用，让我们那些情况危急的小伙子到那里去，把他们放到纯粹的大自然中，和动物接触，干点地里的活儿，这些会改变他们的。”卡迈勒用心、用脑找到了最好的解决办法。

几个月后，当我访问农场时，我看到了一个轻松愉快的卡迈勒，周围围着一圈开朗活泼的男孩子，为生活忙忙碌碌，他们快速跑过来向我展示他们的成果：他们建造了一些宽敞的窝棚，挖了引水沟渠，整理了各种牲畜棚，种下了小柚树，撒下了西红柿等蔬菜的种子，等等。卡迈勒为每个人都分配了任务：羊、鸭、鸡、牛、奶酪、蔬菜和水果。无论负责的是哪个领域，当看到生命在自己手中生长并喷涌而出，这难道不会让存在自感成“人”！瞧他们每个人向我宣告时都怀着多大的自豪：“在这儿工作的是我！”可以感觉到他们无论身心都已全然恢复健康。城市搅浑了生命，自然令其重新焕发生机。那一天我明白了，人与宇宙之间的联系是怎样的生命之源。“流氓阿飞”的教导神甫居伊·吉尔贝对此也深有体会。在他的普罗旺斯地区的农场里，那些被社会遗弃的青年人也找到了他们的重生。

这一趟行程中，一场意外的相遇让我有机会也到苏丹南部看看，去看看那个发生激烈冲突的地方。我现在说说这场意外相遇是怎么发生的，说来当时的场景还是挺滑稽可笑的。在我从开罗飞往喀土穆的一次旅途中，法航让我免费乘坐飞机，并把我的座位安排在头等舱。这种奢侈的待遇一点也没让我感到高兴！头等舱里除了一个陌生人以外，就没有其他人了。那个陌生人向我走来："以马内利，多么荣幸能与你同行！你最近可好？"然后他真诚地向我行贴面礼。我可不想举止失当："哦，很好，你呢？"我微微退后，压低声音问机组乘务员：

"这位先生是谁？"

"贝尔纳·库什内。"

"啊！那库什内是谁？"

她呆若木鸡地看着我。

"抱歉，在我的贫民窟，我们这些拾荒者，我们不认识任何大人物！"

"他是人道主义事务部部长！"

"啊，谢谢！"

我重新走近："那么，贝尔纳，人道主义事务都进展顺利吗？"

我们的谈话很快热烈起来。他向我说起他过去和现在为援助陷入困境的人们所做的斗争，我也对他聊起我的抗争。我们在同一频率……在开罗和喀土穆之间度过的这一夜，我们共同关心着的人类正上演的种种悲剧，把我们永远地联系在一起。凌晨3点，当我们要分别时，他对我说：

"如果我到南部去，我会带上你。"

"说定了。"

始终渴望参加日常圣体圣事的我听说法国驻喀土穆大使馆的第一参赞夫人正在为她的孩子们准备初领圣体仪式。会有一名神甫来做祷告。我前往大使馆，在那里重新碰到了库什内，他正和随从人员坐在客厅。

“以马内利，来杯威士忌？”

“谢谢，我要参加圣体圣事。”

接着，我半开玩笑地说：“你呢，贝尔纳，你不来吗？”他笑了笑，然后说：“那好吧，为何不呢？我随你一道。”

他站起身来，而其他所有人都突然露出诚惶诚恐的表情，如一人般跟着站了起来。仪式开始了。我给一首歌起音，孩子们含含糊糊地唱不出来。我呼吁：“部长先生，各位先生，请帮帮我们吧！”于是就听到库什内的大嗓门，和着大使馆工作人员的声音。天花板鲜少遭遇如此热情，都为之震颤起来：“在我们的国度，请当我们的女王，我们由您支配，请您统治我们，在我们的国度！”

气氛愈发热忱。讲道的时刻到了。在使徒书信中，圣保罗承认他一方面希望随基督一块儿离开，但另一方面，又想留在人间支持那些亲爱的新教徒的想望。我邀请库什内讲话，他的发言简单而动人。他向孩子们解释，我们应该如何像圣保罗那样，为了让人与人更加相爱，而在这世间抗争：“所有人，大人和小孩，我们都有责任和以马内利修女一起帮助最穷困的人。”

孩子们被深深打动，他们其中的一个宣称，决定一个要当医生，无偿为世间所有穷人治病。大家为他鼓掌，他骄傲地坐下。圣体圣事在感人的虔敬中进行。显然，那些出于礼貌陪伴库什内参加的人，甚至库什内本人，都在上帝和人类的神秘之槛上豁然开朗。当帕斯卡的“消遣”终止，我们的灵魂在其最深处产生永恒之观感。那一晚，我们经历了1小时的剧烈共鸣。

第二天，我和我的新朋友一起访问了一片难民营。有人把我们先带去了医院。一间光秃秃的房间，没有床。黑色的身体躺在包装纸铺的地上，如果纸头脏得太厉害，我猜人们会拿去烧掉。什么都没有，哪怕是一杯水……一个失血过多的婴儿正一点点死去。一个小时前，她母亲的尸体刚被带走。库什内握紧拳头："如果有某种药，我就能救他！"我们接着走向躺在枯萎的棕榈树影中的幸存者：脸庞瘦削的老人，怀抱佝偻病孩子的妇女。已经有不计其数的人饿死。我们眼前的这些瘦骨嶙峋的身影很快也会遭受同样的命运。译员翻译了库什内的讲话："法国不会抛弃你们。我是前来探查情况的，3天内，直升机就会给你们送来补给。"不可思议的场景发生了：仿佛有电流穿过身体，这些活死人站了起来，妇女们跳起舞来，一边还唱着她们村庄的歌曲，老人们把他们的拐杖抛向天空又重新接住。希望占据了这些横躺着的人的心，希望拥有不可思议的力量，它把死神之舞变成了喜悦之舞。3天后，食物送到了，难民营得救了。

返回喀土穆后，我访问了一家医院，另一幕情景映入眼帘。在一个亭子前，一群女人坐在地上。在她们身边，放着破旧的容器，里面是一些蘸水的面包——她们的食物！别人向我解释说，这些女人，这些母亲，在经历了可怕的妊娠后，备受膀胱瘘的折磨。她们来自各地，有些甚至从极远的地方过来。她们被自己的村庄驱逐，有些来自广大的苏丹，有些来自乍得，还有些来自乌干达。在这些炎热的国度，她们的膀胱一点点渗出一种令人作呕的气味。她们在那里等待轮到自己被救治的机会。在那里，没有一点遮蔽，她们经受着冬天的风雨和夏天的酷热。应该建造一些房间，专门为她们预留并安排手术。这场抗争经历了两年，期间我每次造访苏丹都有一些新的进展，倒不是为钱筹谋，而是为了把一切安排妥当：最终获得允许把电流从几米外的地方移过来；任命一个新的承包人，取代原来因挪用公款而被投入监狱的那位；从伯明翰弄来一些手术用的肠线，却因不合要求而退货，花好几个月等符合厚度要求的肠线，等等。经过两年的辛勤劳作，这些母亲们终于能欢天喜地地离开，奔向等在道路尽头的她们的孩子们！

我又得到了另一次访问机会，去参观加尔各答的特蕾莎嬷嬷创办的“mouroir”[1]。草褥子上铺着洁白的床单，上面躺着皮包骨的身体。其中一名妇女是从垃圾桶里面捡来的，遍身跳蚤。现在她终于能干净地穿着她的白衣休息了。突然，一只黑色的长胳膊向我伸来，把我抓住。一个男人，唇边露出奇怪的苦笑，向我投来濒死者的恐慌目光。我待在原地，一动也不敢动。在房间尽头，帘子被拉开，现出一位穿着蓝色纱丽的修女的身影，手中拿着托盘。她走近头一个垂死者，跪了下来，温柔地轻抚他，并以一种无尽的温柔喂他喝了几口水。至福之笑点亮了干涸的脸庞。我为我的害怕而感羞愧。这位修女向我展示了爱的奇迹。轮到我向他俯身。我用空着的手轻触他饱受折磨的脸，他转向我。男人放松了他的紧绷，身体也随之松弛下来，安心的目光与我的目光相遇……我们成为了兄弟姐妹。在这样一个濒死之地，人们能学到怎样的爱的一课呀！

应该就在这次平静的逗留不久后，发生了一场悲剧。邻近清真寺的谢赫在周五的祷告中，猛烈地对修女进行了抨击。几个年轻的穆斯林，在盲目的狂信中，赶到养老院，把院长若昂嬷嬷推倒在地，对她施以拳脚。嬷嬷头部流血，奄奄一息，被送到了医院。瓦科阁下前来看望，并问她凶手的名字。她用微弱的力气喃喃道：“不，我已经像基

---

[1] 通常指那些条件很差的养老院，以至被称为等死的地方。

督那样原谅了他们。”但是，丁卡人，他们可不愿放过这些凶手。当听说他们的嬷嬷生命垂危，他们手拿长枪，要去屠杀那些穆斯林。卡迈勒得到通知，急忙赶过去，以避免一场流血悲剧的发生。晚上，他冒着生命危险，向着那些人一步步前进：“别杀我，我是你们的兄弟。”他们大吃一惊，听他继续讲道：“基督徒不杀人，他们诉诸司法途径。”他把负责那一片区的法官带到若昂嬷嬷身旁，再次听到嬷嬷的话语：“我已经原谅。”看到面前这张肿胀的脸上一双眼睛闪动着爱的光芒，他的内心受到极大震动。他开始进行有力的调查，并把犯罪人送上了法庭。经历了数月的痛苦折磨，若昂嬷嬷终于恢复了健康。一天，她带着宽容的笑对我说道：“当然我已经原谅了他们，但我时常为这些不幸者祷告：在盲目信仰的驱使下，他们知道自己都做了什么吗？”她的目光落在远处，落在人性深处。或许我们也是如此遥望上帝。

在苏丹发生的种种以极其丰盛的方式拓展了我的视野。首先，我更深入地触碰到这句话的真谛：“上帝需要人”来补救其他一些人的所作所为。在这片土地上，我们自由生长。一些人破坏，他们是死的缔造者；另一些人重建，他们是生的创造者。将人推倒的力量是强大的，但更强大的是将人扶起的力量。我遇见过这样的人，他们令成千上万的孩子无论身心都充满活力，让那些皮包骨的身体重新长出肉来，他们令走向死亡的人面目平静，他们把走向堕落的青年拯救出深渊。

苏丹，在埃及之后，成为了另一处敞亮人道主义事业成果之地：这是胸怀浩然之气的人合作的果实。我早已提及在法国、比利时和瑞士的“以马内利之友”。让·萨热很快又发起了橙色行动。讲到化工厂建设时我曾提过此人，他给了我们非凡的支援。一天，我一边引导他关注我们苏丹的孩子们，一边和他分享了我的担忧：

“这些孩子需要水果，但我们没法买给他们！”

“这不是问题，”朋友让回答我们，“我将发起橙色行动，你们就能为他们搞到水果了。”

而他做到了！这些行善之人是我们的心脏，把血液输送到巨大身体的各个地方。他们发动数不胜数的捐赠者进行捐赠，并以此为我们的各项救援活动提供资金。在捐赠者写来的信中，随意举几个例子吧：“海上旅行时，我没有保留甲板的舱室，那挺贵的。我选择了一个较低的位置取而代之，花费也就没那么厉害。我把两者间的差价寄给你们。”“整个冬天，我仅仅在一个房间生火取暖，这里是节省下来的费用。”（写信者是一个 75 岁的单身女人。）

时值 1990 年，当我在法国的乡村写下这几行字时，这了不起的慷慨协作使 3 万 5 千个苏丹孩子在 74 间芦苇学校中有饭可吃、有学可上，为他们中的数百人提供了在收容所、农场和职业中心的家庭和教育培训。卡迈勒是一切的灵魂。他被捕，被折磨，受到死亡威胁，但每一次，他都毫不动摇地重新开展这项事业。收容所的一位年轻筹划者一天向我坦承：“我不想立刻结婚，因为这样的话，晚上我就没法再逗我们的孩子们开心了，我会被自己的孩子占据掉太多时间！”经过了这些年，我得以确信：这星球的心永远不会停止为沉沦中的小孩而跳动。

坟上，希望

1987 年 10 月，当时法国支持我的两个协会——“以马内利之友”和“儿童社会医疗救助协会”——决定合并。前者由驻开罗大使布鲁诺·德·勒斯创办，从最初就给予我强有力的帮助。他的接任者皮埃尔·朗贝尔延续了他的行动，通过在澳大利亚和美国的游历募集资金。

第二个协会，由埃里克·布朗夏尔和贝努瓦·朗贝尔创办，他们年轻的团队充满活力和干劲，这使得协会短短三年间便规模壮大。合并成为一种必须。国际埃玛于斯组织前秘书埃尔韦·特勒担任新组织的主席一职，与他的前任们一样善用聪明才智，为组织鞠躬尽瘁。他尤其对贝鲁特发生的事件感同身受，1987 年，他把我带到不幸的黎巴嫩，这片屠杀与恐惧之地。

我们走进一座悲惨的城市，城市被仇恨之墙分割。没有人在早上能确信自己会活到晚上，也没人在晚上能确信自己看得到第二天早上的太阳！我们途经多哈，首都的中心地区：坍塌的房屋，带刺的铁丝网，被焚烧的汽车架子！两小时后，两名法国军官在这里被杀害……

每一趟旅行——后来人们又叫我去了好几次——如此景象呈现眼前，一次比一次更为骇人。贝鲁特曾经是多么繁荣的城市，如今却正变得满目疮痍，如临世界末日：废墟瓦砾崩落坍塌，悬在断柱上的儿童车，挂在墙面上的被鲜血染成红色的破布，在电视天线上飘荡的黑色长裤，还有在死亡的背景中踏上末路的生命。那些有血有肉、有泪有笑的存在都到哪儿去了？敌对的兄弟，为何如此激烈地冲突？远处传来几声炮弹的隆隆声。每一次当我为了回应他人的求救而来到这里，黎巴嫩总会让我对自我产生疑问，将我淹没在面对巨大悲剧而产生的消沉沮丧之中。“在如此苦境，我来做什么呢？今日重建的废墟明日又将化为乌有。我冒着巨大危险，是为谁，是为什么？”

1987 年，我开始访问那些我们有可能施以援手的难民家庭。我头一次抵达时，长着一头乌黑发亮的卷发和一双乌黑发亮的大眼睛的莱拉飞奔向我，充满感情地抱着我，她那时 5 岁。我们和她的父母一起在阳台上停留了片刻，我将对这个孩子的未来负起责任。第二天，同一个小女孩，在同一个阳台上，被对面屋顶上的赏金杀手打死——对于杀手来说，鲜血横流，他便能从中获益。这场突如其来的死亡对我造成了精神上的打击，它带给我的震动永不曾完全消失。莱拉遭遇的暴行以可怕的方式超越了当时我所见所闻的一切恐怖：竟然有人心安理得地为几美元而杀害一个孩子！

在这个饱受折磨的黎巴嫩，在这片复仇的地域，我的信仰再次动摇："主，你在哪里？为什么你任凭这些无辜的人被杀害？"人类的大地将始终被杀戮玷污？上帝的天空将始终在沉默中与世隔绝？绝望侵吞了我的身心。人类受苦受难时，上帝为何缺席？压迫者随心所欲地折磨一个叫做耶稣的人，并把他钉在十字架上，还有成千上万的人同他一起受折磨，被钉十字架，要如何理解其中的残忍？我的心紧皱成一团，反抗再一次控制住我。我的信仰伴随着尸体的堆叠而趋于死亡，它最终究竟是否能涅槃重生呢？

我已经说过，在狂风暴雨的时刻，是圣星期五的圣母救我于水火中。她将儿子的坟墓封好，等待着活人的现身。我向她呼唤："哦，圣母，活死人的母亲，我被埋在莱拉以及其他所有被杀害的人的坟墓里。救我出来吧！不要把我丢弃在死人堆中！"

我试着重新鼓起勇气，我和一名马利亚方济各修女一起前往一个山村。一路上，民兵、瞄准我们的冲锋枪在每一处拐角等着我们。商量，再出发。山顶上，我们只找到一片片废墟，一些悲惨的老人在里面过夜，修女尽其所能地帮助他们。第一处住所的墙上、地上爬满了几百条蜗牛，一对可怜的老夫妻以之为食。稍远点，一个老女人手中拿着个杯子，俯向一具骨瘦如柴、冷得瑟瑟发抖的身体，这间房的门窗玻璃都被打碎了，风从四面八方钻进来，使得房间里如冰窖一般；一双孩子的小鞋子静静地躺在一角。在如此重的苦难前，我怔住了，听着他们的悲剧："一天晚上，一个人大叫着来到这里……'快跑！他们来了，他们烧杀抢夺，什么都不放过！'我的女儿抱起最小的那个，她丈夫带着另外两个孩子。但我的丈夫已经不能走了，我留下来陪着他，他们没有把我们杀掉。”男人直了直身子，目光在我看来不无骄傲。“我们看着房子。他们还会回来的！”她的目光中透着身为祖母的柔情，“克里姆会回来找他的小鞋子的！”他们的目光紧锁着那双鞋子，这是他们希望的象征。我自忖，只需要一点点东西，就能帮助人类活下去！但是，克里姆真的会回来吗？

第二天，我遇到了某个萨利姆神甫，正要到另一座山那里去举行弥撒仪式。我请他让我同行，他犹豫道：

“我不确保能活着回来！”

“您经常到那个村子去吗？”

“当然，每周一次。”

“那么，我自然能和您走上一趟！”

我们快步疾行。一路上，始终有一些民兵准备打死我们……我们一直前进。萨利姆神甫向我讲述：一天晚上，从他出生的村庄的那个方向发出可怕的轰炸声，引起了他的注意，黎明破晓他就匆匆赶了过去。

“所有人，父母，朋友，统统倒在血泊中，支离破碎。我哭着亲手挖了一个巨大的坑。过了一阵，我又回去，在那里种上了一些草。”

“草？”

“绿草，希望。在他们坟墓之上，有生命重生。我试图让敌对的兄弟在和平中团聚，但或许有一天，我也会倒下。”

他微笑着补充（那笑至今历历在目）：

“我希望播撒和平，播撒爱。这之后，管他呢，人只能死一次！”

是的，只一次！我们安然无恙地抵达山顶。战争扫荡过村庄。无论老少，有的拄着拐杖，有的坐着轮椅，有的装上假肢，纷纷涌向一座残破的教堂。一幅画表现了亚伯拉罕的牺牲：天使停在举起的刀上：

"不要杀害！"——这幅画在这里显得多么可笑。犹太教教徒、基督教教徒、伊斯兰教教徒，他们都自称为亚伯拉罕的子孙，却轻易以他们先祖的上帝之名刀刃相见。

萨利姆神甫开始讲道。这位埋葬了他所有惨遭屠杀的至亲至爱的神甫，口中竟只说着关于原谅的话语，手臂伸向带耶稣像的十字架，这多么感人肺腑。当他重述基督的言语"父，赦免他们"，能听到外面传来警戒这片山区的敌人坦克开过的声音。众人颤抖着祈祷："我们的父……赦免我们，如同我们赦免他人。"我仿佛置身世界的某处高地，在那里，宗教不再是常规的仪式，而成为一种显现。天主不再被当做丰富物质的最高给予者，对话变作与主共同对爱探寻的历程，人类取其永恒之面目。如此拔高而向着上帝是多么美好，然而紧接着重新堕入仇恨又是怎样急剧的跌落！如果想要远离死亡，必须在入夜前下山。

11 月 1 日万圣节那天，赛义达教堂水泄不通。气氛不像山上那样悲惨，但人们脸上写满同样的凝重、同样强烈的痛苦祷告。仪式中，穆斯林戒备森严，唯恐有人恶意袭击。同这些思想开放、充满友爱的人交谈是多么快乐呀。他们清醒地意识到不同政客间令人生畏的复杂关系使这个国家四分五裂。他们强调："是政治、而不是宗教，使黎巴嫩分裂。对于人民来说，他们唯一的渴望便是和平！"

和平！在这里有些字眼听来不无讽刺，我更愿形容为如"丧钟长鸣"！就在他们和我高谈和平之时，他们每个人都武装到了牙齿。每个黎巴嫩人手里都紧握着一把上了膛的手枪，随时准备射击。和平！我迈向前的每一步，遭遇的都是一连串的战争，整个国家都仿佛被罚，变作一个巨大的停尸场！

面对这群无可救药的人，沮丧日益将我吞噬：活着的人热衷于互相残杀，死去的人躺在绿茵底下。不知道萨利姆神甫播种的绿草能否为黎巴嫩的土地带来生机？是否应该就此离开，任凭他们溺于自己亲手锻造的命运中？

答案来自黎巴嫩自身内部。在贝鲁特，我被带到由主教格雷瓜尔·哈达德创建的职业互助组织中。辅助他的是一批不屈不挠的在俗子民，领头人是克里斯蒂安娜·萨胡云。他们的目标不可谓不大胆：将战争毁坏的一切快速重建。在我拜访期间，亚斯米娜走了进来，脸阴沉沉的，一副别惹我的表情。她的农场被摧毁了，她的丈夫被杀害了，她正在找一份能供养孩子的工作。她会编织吗？她发出一声苦笑："我实在有太多牲口要管了，我可算不上贝鲁特的优雅女士！"克里斯蒂安娜向她保证这不会很难，并把一件刚打了个样子的婴儿衣服的背面交到她的手上。在"贝鲁特的优雅女士"的指导下，针开始转动起来。一个小时后，亚斯米娜提着一个袋子胜利离开了，袋子里放着已经有进展的编织物以及她的第一份工资。克里斯蒂安娜叹了口气：

"像这样，我可以挽救大量家庭，但我没有足够的订单！"

"寄给我500件婴儿衣物作为开始吧！"

我笑着补充说：

"我会给我协会的成员写信，向他们推荐这些'小连衣裙'。我还会动员法国女人们多要些孩子！"

"作为出借吗？"克里斯蒂安娜极为焦虑地询问。

"别担心。动员过妈妈们以后，我还会让法国的爸爸们都去工作。"

那种钳着我、使我窒息的绝望感稍稍松开了些。

另一场突然的遭遇产生了一些意料外的结果。一天早上，我注意到一个小家伙伏在一本法语书上，正困难地试图辩读，就只有他一个人。我吃了一惊，询问他道：

"你不去学校吗？"

悲伤的眼神向我投来，接着一个紧巴巴的声音回答道：

“没有钱！”

我惊讶万分地得知所有的学校都要收费，也因此对于穷人来说是无学可上的。因为各种事件的耽搁，3 周前学生们才返校，但还有将近 600 个孩子无学可上！埃尔韦和我决定迅速介入，并和两位学校负责人展开了谈话：“12 月月底前，我们会把第一学期的学费寄过来，1 月份再寄来第二学期的学费。”他们即刻便答应了。在他们热心的目光下，600 个小孩雄赳赳地走入了他们各自的学校。在法国，很快就找到了 600 位资助人。

还有哪里可以为重建助一臂之力？我听说一个由皮埃尔·伊萨创办的组织，叫做“彩虹”。皮埃尔是一个黎巴嫩富人的儿子，他十分同情那些因为战争而残废以致无法行动的年轻人。他决定照顾他们，帮助他们重新开始生活。他的父亲给了他一个工厂，供他的新家庭生活：在这里，一切都依着最早的基督徒的模式进行共享，每个人接受最适合他的职业培训。这些年轻人的不屈不挠的精神使我折服，他们都很庆幸自己能够掌握一门令他们重新融入社会的技能。有一组坐着轮椅，围着从法国来的伊夫·普雷沃神甫。他教他们如何修织布机。他知道，有一天，他可能会被绑架或者杀害，但他似乎对此满不在乎！皮埃尔·伊萨带着埃尔韦和我来到他的办公室。我们向他了解财务状况……不出我们所料，亏损！不过为 143 名失业的年轻人的生活带去希望，这就值得出手相助。同样的，我们找到了一些资助人！

皮埃尔与我谈起托尼·贝沙拉，一位截瘫患者。他已经完成了细木工匠培训，并得到了一笔借贷，用来开一家小作坊。下午，我参加了他极为秘密的婚礼，因为女方的父亲在盛怒之下向他女儿发誓，如果托尼胆敢娶她，他就会杀了这个“可恶的饭桶”。他们决定婚礼后即刻逃往贝卡区，那是最危险的区域；除非她的父亲放弃报复，不然他们永不再回来！他们两个都在那里，在祭坛前。托尼稍稍站起来了一会儿，响亮地说出“愿意”，而她如歌唱般念出了那两个字。就这样，他们结合在一起，从此甘苦与共、生死相依！接着，她很快把他带回轮椅上。他们将共同走向怎样的未来？死亡，或许吧。他俩的面孔神采奕奕：爱对死亡付之一笑。我曾经参加过不少婚礼——管风琴、鲜花、颂唱、优雅的聚会。在这里，一切都大不相同。一对被孤立的恋人在他们朴实无华的爱至深处找到了幸福和缔造自己命运的力量。生命中如此的勇气、如此的信任再一次点燃了我心中熄灭的希望。如今我深深地相信，爱是这个星球上最伟大的复活的力量。

第二天，我得到了证实。“黎巴嫩的重建将在爱中进行。”这是我在南部的一个小城市亚伦听到的句子，一字不差。马耳他骑士团国大使、罗布科维茨亲王及其配偶弗朗索瓦丝·德·波旁－帕默为一个社会医疗中心举行开幕典礼，气氛异常祥和，丝毫没有被任何紧张的阴影所笼罩。穆斯林谢赫和基督教名流发表讲话，人人都引用了同样的话语：“耶稣曾这么说过，‘你们要相爱’；我们将在爱中重建我们的国度！”掌声雷动。在欢快的人群中，人们互相招呼：

“穆罕默德，过来和我一块儿喝一杯？”

“没问题，乔治！”

他们笑着碰杯，一边向我解释：

“我们这些黎巴嫩的穆斯林和基督徒，多希望别人能给我们留点安宁！我们很容易就能和平共处，是那肮脏的争执把我们分开！”

几天后，一个男人向我证明了这点。哈达德阁下把他的一位坐轮椅的朋友隆斯塔法介绍给我。我们共进晚餐时，这位先生向我讲述了他的经历：

"去年，黎巴嫩硝烟弥漫，遍地流血，死局几成定数。必须行动起来，做点什么。我决定同那些和我一样因战争而残疾的朋友一起组织一趟和平徒步之行：'让我们穿过这个国家，不带任何武器，穆斯林和基督徒混在一起——既然我们都是残疾人，谁还忍心杀害我们？'我们出发了，五十多个聋子、哑巴、瞎子、瘫子排成长长一队，一些人推着另一些人。我们打着横幅标语：和平！穿过城市村镇时，我们铿锵有力地高呼：'基督徒，穆斯林，皆兄弟！'和人说的不同，没有一个人攻击我们，四面八方的民兵都放下他们的冲锋枪，人们心醉神迷地欢呼：和平！人们向我们抛掷谷物，就像新婚仪式中那样。我们感到黎巴嫩真正的心脏正在跳动！"

哈达德阁下力证：

"啊！希望别人能理解黎巴嫩的灵魂并非狂热入魔，而是友爱长存！"

声音绞作一团，隆斯塔法补充道：

"在敌对双方阵营中，上战场前我们都被灌药，那药把我们变作嗜血的狼，互相残杀！"

这顿饭期间，我们之间如此和乐融融，以至于远处隆隆的枪炮声在我们眼中都显得微不足道了。这一晚，在同一阵连续扫射中，同一颗子弹打中的或许是穆罕默德和耶稣的同心相连的子民们。哈达德阁下会说："在独一无二的牺牲中。"他在人与人之间的息息相通中辨认出圣体圣事的欣悦。

返回法国的钟声已经敲响。要抵达贝鲁特机场是全然不可能的，这太危险了。得坐船至塞浦路斯，再从那里搭乘法航飞机离开。我终于登机成功，长长地舒了口气：再见了，轰炸袭击！我觉得自己不如我所遇到的男男女女们那般勇敢，他们中的一些仍然留在那里当志愿者！

圣诞临近。约有2万5千个黎巴嫩孩子将什么礼物都得不到。再一次，反抗的心蠢蠢欲动。这实在太令人气愤了——确定无疑，应该敦促舆论行动起来。前进！为了2万5千个包裹，一个也不能少。在法国，电台、电视、报刊、教区教堂、学校都被鼓动，接受挑战。世上还会有正义吗？孩子们在劝导下为自己少要一些礼物，把圣诞与他人分享；他们得亲自准备五公斤的包裹。这是场全民总动员。巴黎的弗雷什运输公司负责收取并将成千上万个包裹运至马赛。公司的员工日夜工作，拒绝任何额外工资。在伊泽尔省的拉科特－圣安德烈，我们的长期合作伙伴让·萨热对此也极为关注。在他团队的帮助下，他将其他几千个包裹带至马赛，并装箱上船，准备运往黎巴嫩。当地，克里斯蒂安娜组织了大批志愿者负责接收、运输和分发礼物。圣诞当晚，2万5千个穆斯林和基督徒小孩在同样的喜悦中相会，喜出望外，雀跃不已。奇迹仍然存在！

黎巴嫩的悲剧最为促使我深思人类的命运。一个民族的垂危多么神秘！一个民族的复兴多么神秘！我因亲眼所见而对此确信：黎巴嫩不会灭亡。这个民族拥有那么多不可战胜的男男女女。即使被丢弃在地上，他们也随时准备击地反弹。在他们悲剧的中心，感受到他们灵魂的震颤，会让人明白为何“人是无限地超出于自己的”。当“肮脏的政治”把人变为咆哮死亡的野兽时，兽性似乎暂居上风。当我初到贝鲁特，我以为自己堕入了但丁的地狱：“进入这里的人，放弃一切希望。”但随着我越来越多地与一些“生命的痴儿”相见，我的想法扭转了。在他们身上，爱比死更强大。他们用心浇灌着生命的萌芽。他们在墓碑上播撒盎然绿意。

与死亡并肩

1992 年，在埃及、苏丹和黎巴嫩的救援工作最终落实到“以马内利之友—儿童社会医疗救助组织”上。一部分团队在当地工作，而经济救援总能有效地回应首要任务的要求：救助孩子。

有可能进一步拓展我们的救援范围了。弗朗西斯·佩利西耶在完成了开罗贫民窟一个工地的工作后，投入了对菲律宾人的救援中。我们的一位女性朋友，克里斯蒂安娜·巴雷也去了那里，并在那里采取了新行动。和当时我们的年轻主席贝努瓦·朗贝尔以及充满活力的主任卡特琳娜·阿尔瓦雷斯一起，我们决定实地考察一番我们的救援可能最为有效的地方。我们发现了一个聪明勤劳的民族，只是被马科斯[1]政府掠夺一空。我们一如既往，准备首先从帮助孩子做起。为了初步了解他们所遇到的问题，我们首先与特里茨神甫取得了联系。这位法国耶稣会会士的故事令人惊叹。他于 1950 年来到菲律宾，担任大学教授。突然有一天，教授职位不再对他有任何吸引力。另一种不同于校园的青春悲剧横亘在他面前——那些苦役奴隶或者那些被卖作妓女的人的青春。他决定救之于水火。这些年来，他已经穿越四百个贫民窟，为 4 万 5 千个年轻人提供坚实的教育！他现已 79 岁，仍然如年轻人般充满活力，不断发展扩充他的学校及职业培训计划。

圣母升天组织的菲律宾修女卢斯也拥有无与伦比的品质。当她明白马科斯夫妇正为害国家时，她与教会其他成员以及众多朋友一起策划发动不流血革命。她站在游行示威者的最前列。我看过那部电影，电影里，她和其他修女一起站在游行的队伍中，而她站在第一排，几

[1] Ferdinand Marcos（1917—1989），曾任菲律宾总统。——译者注

十万菲律宾人要求马科斯离职。推土机往前推进，来镇压这一手无寸铁的人群。卢斯修女拿出她的念珠，与修女们一同跪了下来，对着推土机念诵“Ave Maria, gratia plena...[1]”。但推土机没有停下。无可逃避，死亡步步逼近。修女们依旧毫不妥协。她们的生命无足轻重，国家正在危难之中。爱和死，力量和无力正面冲突……最终，爱胜利了，推土机停下了，马科斯的人逃之夭夭，革命胜利了：没有流一滴血！还有多少卓越的成就这些修女没有实现？这里，9000 个农民接受最新农业耕作方法的培训，并把它传授给其他五万农民；那里，五百个男孩女孩接受足以改变他们未来的教育；在贫民窟的圣婴小学，几百名穿着完美制服的学生用英语对我们唱着感谢，感谢我们把他们从非人的生活中拯救出来。

我也准备好要访问在菲律宾执行任务的澳大利亚的西翁修女们。我把她们的地址拿给卢斯修女看。她笑出声来：“哦！这个村庄在一座偏僻的小岛上，远离一切人类文明，既没有邮局，也不通电话。”幸好，我听说她们来了马尼拉的一个修道院，在那里待上 3 天，那里通得了电话。她们急急地赶来见我。她们在极为艰苦的环境中工作，帮助妇女一点点提高在家庭中的社会地位。她们热情洋溢，看起来丝毫不为墨尔本的舒适叹惋！

第二天，在这个迷失于稻田的国度中，有惊喜正等着我们。忽然之间，我们遇到了可爱迷人的法国人娜塔莉。她也就 20 出头的年纪！她微笑着向我们解释，她来到这里是为了响应一个号召。安托万大约 35 岁左右，轮到他来向我们讲述他的故事：在进行环球旅行时，他作为游客经过此地，却意外发现有 20 多个可怜的小家伙，靠施舍度日。

---

[1] 《圣母经》祷告词，“万福马利亚，你充满圣宠……”——译者注

“我还能安心上路，继续我的长途旅行吗？有什么动摇了，而我留下了。我在法国发出号召，希望得到帮助，于是娜塔莉来了。”我们参观了架在木桩上的小茅屋。每天晚上，梯子都会重新升起，以防止野兽夜间来袭。娜塔莉和其他女孩子共享的小屋尤其温馨舒适。正午时分，我们在他们上学前与他们共进午餐。

去年发生了一场悲剧。一个孩子生病了，隔壁的诊所没能好好治疗，最后死在安托万的怀中。于是，我们想到组织志愿者搭建工地、翻新诊所，避免悲剧重演！雷蒙·莫里永——他70岁，是我们最兢兢业业的巴黎合作者，他和一组志愿者一起，很快就把一切安排妥当，并带来了必需的药物。

在马尼拉，我们还和另外一位杰出人物洛蕾塔·卡斯特罗会谈。她是两所大学的校长：早上那所面向特权青年开放，晚上的则是为了那些被排斥在外的人而创办。面对那些来寻求意料外的受教育机会的男男女女，其中一些已经头发花白，我们心中很是震动！这些人最初都是文盲，而到最后其中一些获得了大学文凭。洛蕾塔接着带我们前往监狱，这是一排排铁笼子，像是用来关牲畜似的，由羊肠小道隔开！这实在骇人听闻！向导向我们坦承，她自己在进入前也犹豫了很久，为要进入龙潭虎穴而慌乱无措：“但当我最后下定决心，我折服于我所能带去的巨大快乐。”在一张张多少有些蓬头垢面的脸上，欢乐清晰可见。我们紧握所有的手，那些从笼子里伸出来的手，尤其是那些在铁杆后面紧拉住我们不放的手……我们这一简单的举动在这些不幸的人身上激起了多大的自豪感！当我们要离开时，男人和女人——女人被严格地关在她们的壁龛中——自发唱起告别的歌曲，我从未听过如此令人心伤的歌曲。离开时，我对洛蕾塔说：“您独自一人来这里，真有勇气！”她只是回答我：“不，我不需要勇气。我爱他们。”

在皮纳图博火山山脚下，则是另一幅非凡图景等待着我们。火山喷发将一切劫掠一空，但由于它的发生极为罕见，因此，不幸的居民们又回到原地。一些人把土地上冷却且养料充足的火山熔岩灰烬弄平整。一些艺术工作者用火山灰制作奇形怪状的小雕像和小工具，并为其染色。还有一些人忙着修建四壁，因为缺钱，他们房子的建设就此打住。回到法国后，募集到的资金使他们终于有了遮风挡雨的屋顶……无论如何！穿着破烂衣服的小家伙们看着我们，很快便奔向我们带给他们的食物，狼吞虎咽。看到面前这群在仍冒着烟的火山口下、在一切化为灰烬的荒漠中挣扎着生存的人们，我们的心紧了一下！

我最终亲眼目睹了人生中最可怕的场景：城市的日常垃圾堆在那座冒着烟的山上，越堆越高，泛着恶臭。山的两侧，大人小孩，双脚埋在垃圾堆里，坚持不懈地在其中寻找还能吃的、还能变卖的东西。然而，在火山怪物肚子里潜伏的火，有时微微喷涌而出，吞没那些冒失之人，常常是某个小孩子被活活烧死！在我惶恐的目光中，我看到在巨型卡车边上撒开小腿尽力狂奔的娃娃，卡车费劲地攀爬上斜坡、停下，把成吨成吨的垃圾往外倾倒，不无把小小孩埋没的危险，小小孩的弯铁棒上挂着一些垃圾碎片。这实在让人无法承受！

但是，应该快速离开去赴与菲律宾总统的约会。我那双鞋子上盖着一层黑黝黝的泥巴，发出可怕的难闻气味。在废弃不用的大桶中浸湿的废旧报纸，是这里唯一的补救办法。我要和她谈谈这座冒烟的山，向她展示具体问题。在进入她的办公室前，有人带我们参观了马科斯盛名在外的宫殿，在那个著名的房间里展出了2400双伊梅尔达·马科斯的鞋，她逃跑时，不得不统统抛弃……我可怜兮兮地看了眼我的脚！

科里·阿基诺亲切地在一个简单装修的房间里接待了我们。我迫不及待地跟她说起我刚刚目睹的场景。她没有逃避问题，她向我们解释道，这个问题的复杂性让政府对此迫切关注、忧心忡忡。事实上，并不仅仅是查封这座冒烟的山的问题，而是要创造另一个体系，为所有这些不幸的人寻到工作机会，让他们能够勉强维持生计！怎样才能遇到愿意投资如此规模庞大且收益堪忧的项目的投资人呢？幸运的是，我很快就得与欧盟主席雅克·德洛尔会面。我在鲁汶与他相识，当时我何其荣幸，与他一块儿被那所知名大学授予荣誉博士学位！我解释说，这位心地仁慈、智慧超群的杰出人士一定会对这个问题予以关注。

科里·阿基诺的私人生活十分朴素，完全是伊梅尔达·马科斯的反面，可惜她改革的尝试没有成功。一些特权家庭掌握着巨大财富，而其他的百万群众却深陷苦难，这样贫富的共存自始至终都引人非议：在贫困肮脏的街区几百米开外，整齐地排列着一栋栋奢华的别墅，那是我在其他任何地方都见所未见的，就连繁茂林荫小道的入口都有警卫严格守卫，他们勉勉强强才放我进去！

应该再爆发一次新的革命。我想，要是我生活在菲律宾，我会变得和皮纳图博火山一样，一刻不停地向外喷射火焰！这些人都太温和了，他们需要向火山学习！

回程的飞机让我感到恶心。这类飞机专门为一些客人提供“特别”旅程，对那些可怜的小菲律宾人趁火打劫。人们称之为“性爱旅游”……这，这真是让人忍无可忍！我迅速地扫过我周围这些“高贵”男性。这一次，火山岩浆四溢。我感到身上潜藏着敢死队队员的本能：给我一枚炸弹，我会炸毁整架飞机，让它和这些长着可怕嘴脸的人一起坠入深海吧，我舍命奉陪，绝不含糊！好吧，好吧，以马内利，平静一下，别再理会你那些疯狂的想象，我们到巴黎了。赶快到布鲁塞尔去见雅克·德洛尔吧！

和预想中一样，他很快就表示了兴趣。他索要了一份可供研读的文件，并立即打电话给他的一名合作伙伴，希望也能引起他的关注。在巴黎，在世界银行的会面期间，我急切地提及这一问题。太好了，连华盛顿也对此有所认识了！我们的合作，无论它是多么微不足道，多少还是能够推进一些事情，或者更确切来说是让那山退后？我了解到，事实上，那座山已经被查封了，垃圾消失于河海，然而他们的循环再生计划却还没有实现。

我以一个奇怪的梦来结束这个小节：一座火山喷发出火焰的洪流，吞没了那些富丽堂皇的宫殿，然后便沉睡过去。在复归平静的火山底下，甘蔗田一望无际，田野上人头攒动，人们忙忙碌碌，喜悦地收割着这些长长的茎秆。离那儿不远，笑开颜的孩子们从他们明亮的小屋飞奔而出，穿过成片成片的稻田，奔往学校；而青年们，无论男女，都欢快地涌进一座看起来像是大学的巨大建筑物里。一切都在歌唱，一切都有生命在激荡。

我醒来，这只是个梦，但是，明天，一切都会成真！我们协会的行动受到限制，但我们通过和接待国进行合作来完成，接待国为此付出了许多努力。自 1997 年来，性爱旅游遭遇严打，农业和商业走在发展的道路上。我看到菲律宾成果卓著：它有能力将死亡熔岩转化为培育生命的场所！

一个女人：解放

“解下轭上的索……，使被欺压的得自由……，顾恤自己的骨肉而不掩藏……，这样，你的光就必发现如早晨的光。”[1]

---

[1] 《以赛亚书》58:6

内莉·罗宾在她20岁出头时来到开罗，加入到为拾荒者建造“千所住所”的工地中来。自此，她一直梦想为发展中国家提供服务。根据一封我收到的信，我向她指出，在塞内加尔，很多孩子都被交到牟取暴利者手中。1989年，她和几个朋友出发前往那里，收获了生命的巨大冲击。在神甫马克·瓦莱特的帮助下，几个月后，她创建了一个旨在粉碎不公正锁链的组织——“为了孩子的微笑”，而我们的协会也将给予支持。她的行动主要侧重在孩子身上：把那些因偷窃而被逮捕的孩子从监狱中弄出来，在家庭般和乐融融的氛围中保证对他们负起责任。她也同样为那些遭受不公正剥削的小家伙以及年轻人争取可接受的工作条件。

1992年年底，贝努瓦·朗贝尔和我应内莉·罗宾的号召抵达塞内加尔第二大城市捷斯，准备向她施以援手。她先把我们带到一座鱼龙混杂的监狱中去，那里关押着在大马路上打劫的抢匪以及干些小偷小摸勾当的犯人。这些人被所有人遗忘，如此关押，直至成年，溺于生理和精神的双重腐化，这是屡见不鲜的事。

我们走进一座外表普通的大房子，内莉直接进去和负责人谈判。她的魅力引人注目，以至他对她无从拒绝。最终，她就这样从囚室带出了一些小家伙，并引导他们很快融入为他们所建的收容所中。

现在我们飞驰在穷乡僻壤的颠簸小道上，驶向一片种满橘树、椰枣树、生菜和西红柿的绿地。我们走进圆锥形茅屋围成的半圆形建筑群，在那里，一切都无可指摘：压实的土地铺作地面，床位整齐摆放，每人轮流负责打扫卫生。所有人都去不远处的学校上学。晚上，他们在一些朴实、实用的小作坊现场学习手艺：烹调、细木工、机械。我们受到热烈欢迎，处处一片节日氛围：舞蹈，短剧，欢笑，穆斯林和基督徒一团和气。内莉轻描淡写地对我们说道：“看看他们，他们刚来时眼神一片茫然，如今却是如此澄澈！”她的脸上透着自豪，那自豪泛着光，就像一位母亲凝望着由她赋予生命的孩子们！

第二天，我们前往市场去见那些小挑担工。他们的父母食不果腹，就把他们交付给某个隐士，以保障孩子的教育和生计。事实上，通常情况下，这些孩子就变得和奴隶一样，勉强果腹，却不得不用小小的肩膀挑起过重的包袱……而且，他们没有权利给自己存留挣得的钱，哪怕一苏！内莉多有勇气，介入到这一可怕的不公平现象中去。她同每个隐士据理力争。她提出了哪些理由？我推测，她让他们了解到孩子的父母有权向警察进行投诉。每一次都是以她的胜利告终。那些被解放的孩子从此以后只付给他们主人合理的费用。他们欢欣喜悦地向我们展示她给他们搞来的搬运车，无论负担多重，推着它们都好像玩游戏般轻松！塞内加尔的教育工作者在间隙时段带着三明治前来，那些三明治三下五除二就被瓜分得一干二净。晚上，在一棵棕榈树下，她教他们读字母表。“无论是身体，还是精神，都不该漠视。”内莉对我们说。

看完了孩子们，接着是那些年轻的学徒，他们也同样被粗暴对待，在压迫下干各种粗活重活。多少微笑，多少争辩，在内莉的争取下，他们的老板总算同意费工夫对他们进行培训。我们到达时，正好看到他们中的一名老板被三个青少年围着，他正向他们展示某个零件如何运作。他对他的学生们的进步深感自豪，让他们单独在我们面前操作，并宣称：“瞧他们将成为多么优秀的工人，将来他们都能自力更生！”我们的赞美令他飘飘然起来，其乐融融的氛围中，他给每人都提供了一杯鲜榨果汁，包括他的那几个学徒。离开那地方时，内莉发出快乐的叹息，对我们说：“他如今变得这般有人情味！”她自知得跨越多少困难才能为这群年轻人争取到生的机会！

贝努瓦和我，我们愈发确信我们协会向她提供支持的合理性。为使孩子们最终能重新融入社会，内莉也致力于为那些轻易解除了关系的父母孩子重建联系。我们自发随同她一块儿进行了一次拜访。窝棚一贫如洗。就是这样，一无所有！里面住着其中一个小挑担工的妈妈，她向我们解释说，她的丈夫找不到工作。那她靠什么生活呢？每天关门时，她到市场去拣那些没人要的蔬菜水果，以此养活她的家庭。她似乎很是以此为乐，和她的朋友们打着趣，聊着天，笑声源源不绝！在赤贫中，这样的欢乐是令人惊愕的！因此，人究竟从何处觅得幸福？

同样的问题，后来我在欧洲也自问过，当时我常常发现人们活在抑郁的气氛下，心中常怀难以根除的不满足感。我感到人们陷于另一种被奴役的状态。不可控制、不断重生的欲望，气喘吁吁、不曾停息的路程，这些将活着的喜悦扼杀于摇篮之中，那种活在当下的喜悦：生存、呼吸、走路、思想、交谈、阅读、品尝餐食的喜悦，仰望天空、俯瞰大地、凝视星球、小鸟、孩子的喜悦，尤其是微笑、给予和收获的喜悦！这里，也许我们触及的是一个本质区别：非洲更接近孩童时期，它沉浸于当下一刻，只需尽情享受，毫不关心明天如何。欧洲始终走在寻求发展的道路上，由此转身面向未来，一个无限希望明天会更好的未来。另一方面，穷人间的人际关系呈现出全然不同的景象，我已经谈及。首先——简单地观察便会发现——座位，椅子或扶手椅，各自呈现空间的分隔。在塞内加尔或者那些拾荒者们的简陋小屋中，这一切因其高昂的价格全被省去。人们直接坐在“大地母亲”之上，肩并肩，肉贴肉，由此更加便捷地建立起一种亲密关系。没有室内装饰，没有桌子，没有摆件，没有任何东西会转移一个人投向另一个人——他的同伴——的目光。语言从一切矫饰、一切虚妄的戏言中剥离出来。除了以身、以心、以个体的存在热烈迎接，这些朴素的人还能给出什么呢？在一起便是好的，人在合谋中共存。摆脱了空洞无物，人际关系方显其本质。

这让我想起另一段看似无关、实则极能说明问题的特别故事。我有幸得以与时任华盛顿世界银行行长的让－卢·德尔相识。他每天早上来接我去参加圣体圣事，接着带我到他的豪华公寓共进早餐。之后，我们一块前往银行，看看如何引起不同部门负责人的关注，这些人很可能会给开罗贫民窟带去水和电（这个项目后来得以实现）。一段时间后，我途经巴黎，他邀请我去家里做客：大跌眼镜！他引我走进的是最最朴素的廉租房！他的配偶笑着向我解释："让－卢和我已经找到了幸福。现在他退休了，我们不再能给人以盛大款待。我们的孩子个个都情况良好。于是，我们决定散掉多余的东西，只留下些必需品。希望你能明白我们在这朴实的环境中过得有多幸福！我们自由自在，且还能把目光转向他者，转向在困境中的第三世界。"她愉快的声音如同回响，与那些从光秃秃的窝棚中迸发出的声音相互应和。最终，幸福似乎含有一部分清贫：厌倦了人造饮料的唇，能否重享源泉清流？

不过，还是让我们回到捷斯吧！在一切的一切中，最非同凡响的，还是内莉。和其他同龄（25岁）的女孩子一样，她自谋生计。她同法国国家科学研究中心签订合同，在塞内加尔进行科研。有几年，她和她的丈夫共同定居在那里，她的丈夫谋得了一个公务员职位。有时候，她穿着朴素到极致的长裙，使她看上去越发纤细柔弱。这个女人小小的身躯是如何让那些塞内加尔的大人物、隐士和老板们俯首让步的？她又如何使那些目光混沌的犯人获得自由，使他们变成了目光澄澈、溢满喜悦的青少年？我探寻着她的秘密。在她身上存在着某种清晰、自信的特质，她寻求善，没有其他更多要求，她所做的不过是解开束缚住一些人内心、使他们无法去爱的链条，由此引导他们解放另一些人——那些被他们所奴役的人。她将自己所愿直接地暴露在人前，而内心满怀热忱与柔情，以至他人去除防备之心，甚至感到与之有种默契悄然达成。当女人利用自己的吸引力以促生某种权利之时，她实现了以赛亚的语言：“她的光就必发现如早晨的光。”

在离开塞内加尔前往法国的飞机上，如同上次从菲律宾回国一样，我心头又一次思绪万分。但这一次，它回顾了埋藏在我潜意识中的全部过去。电影的不同片断在我眼前轮流播映。

第一部分胶带放映的是在贫民窟进行的长期的孤独的爱的抗争，那里，被命运压弯了腰的孩子们被紧紧扣在一筐垃圾上。萨拉修女和她的团队的轮廓渐渐清晰，她们俯身倾向上百个喜笑颜开的小学生，还有一些永远得到解放的女孩子。在开罗的光中，那些破旧铁皮搭建的棚户一点点变作生机勃勃、明媚鲜艳的小屋。

第二部分在极为广袤的范围里铺展开来。卡迈勒和他的合作伙伴们出现在喀土穆的芦苇教室，对着几百名紧挨着他们、兴高采烈的年轻黑人微笑。在苏丹的田野里，被拯救而摆脱毒品及卖淫之事的青少年们挺直脊背，重新寻回饲养牲畜的丁卡人的自豪。很快，六百个黎巴嫩人跑着抵达，受到小学校长的亲切迎接，这些孩子准备着为复兴祖国而接受教育。轮到小菲律宾人上场了，他们在一名可爱的指导老师的指挥下鼓足肺气唱着歌儿，洛蕾塔发出的光芒照亮了阴影中的面孔。内莉最后出现：她以清澈的目光看着小塞内加尔人，抚摸着他们重新鼓起的脸蛋；她走访那些学徒——那些前程似锦的明日的手工艺人。

一个新的片断突然出现。一些心怀宽广、为战胜命运而抗争的男男女女忽然间被爱的太阳吞没：它的光与热在卷入欢乐漩涡的孩童世界中扩散开来。就在我面前的影像渐渐模糊时，我的耳边仿佛有声音大喊：“当爱熊熊燃烧，生命绚烂夺目！”

飞机开始在巴黎缓缓降落：巴黎，光之城，充斥欢愉与奢华，但同样，和其他所有大城市一样，多少被排斥的可怜人夜间躲在桥洞下以大地为床。飞机着陆，地面轻微震颤，我感到反抗占据了我的内心。为何还像这样，心头千言万语？是的，那个词脱口而出，即使可能遭人非议：是“反抗”——一定是哪个老巫婆把它放在了我的摇篮里。

反抗我的教育：“不能这么做。”

“那好，我，我要这么做！”

反抗初修院不读《圣经》的禁令：“我，我要读它！”

反抗伊斯坦布尔压抑学生的清规戒律，引导他们关注贫民窟的穷人们。

反抗土耳其行驶在农夫驴子旁边的殖民者的轿车，为加入到坐在轮椅上的马德莱娜·德·耶苏修女的行列而抗争。

反抗亚历山大港我的富学生们对那些脏兮兮的穷小孩流露出的鄙夷。

反抗在如此悲惨环境中我不费吹灰之力的生活。而这是我第一次冲向阿西西的圣方济各唱颂的《神贫夫人》。

这些反抗，在一系列不公正现象前骚动着我的心，它们随时可能喷然勃发。而眼前正是涨潮中涌动的急流，是不公的顶峰——一些人唾弃的垃圾成为另一些人的食物。一个孩子吞食下腐烂的西红柿，实在让人忍无可忍！必须掉头，让我能和孩子一起浸于贫民窟的环境之中，直到我把他拉出垃圾堆那天。

应该有一天去大声抗议那些在欧洲储藏室腐烂的“过剩”食物，并从雅克·德洛尔那里搞到它们。应该大声抗议来募集资金，以筹建小学、诊所、住所。应该大声抗议，让那些所谓欧洲的富人们明白，人们没有权利任凭成千上万名塞内加尔的小孩子饿死，而把自己的孩子“宠坏”。

今日的地球正经历巨大变革。地球人访问其他星球，但针对不公现象发出的同样的怒吼应该愈发撼动到我们的星球。在这里，人与人之间的不公平的比重愈发恐怖、愈发令人愤慨，在这里，一小撮吃饱喝足的个人享受多出一大群忍饥挨饿的劳苦大众十倍甚至百倍的财富。

如此这般从我体内溢出的力量在我眼中，仿佛是其他声音的回声，那些圣经先知的声音的回声，他们早就对那些欺压寡妇孤儿以及为换“一双鞋”[1]而贩卖正义者的人大声咆哮。那些压迫穷人、不幸者的民族，那些对异族暴力相待的民族，“我必照你所行的报应在你头上，这是主耶和华说的”[2]。有些人不给挨饿的人吃的，不给口渴的人喝的，基督自己难道不也对他们恶言相向：“离我远点，魔鬼！”在 4 世纪，圣巴西勒难道不曾无情叱喝：

> 你存留的面包属于挨饿的人，
> 你箱子里藏着的大衣属于赤身的人，
> 你家里发霉的靴子属于光脚的人，
> 你埋藏的财富属于可怜的人……
> 如此，你压迫的人，俱是你本可帮助的人。[3]

如果想得更远些，就能抓住这些呼唤，这一反抗的本质：它是神性源泉的激流，由永恒的山巅流淌下来；它不曾包含一丝一毫仇富的成分，而夹带着若泰山之重的对贫穷、对可怜人性的同情。做人不易，

---

[1] 《阿摩司书》8:6

[2] 《以西结书》16:43

[3] 米涅，《希腊箴言录》卷十六，箴言六。

做他人之兄弟也不易！先知们和基督的恶意斥责，不过只是为了把我们带离麻木的状态，把我们推向永恒之路，这路不是别的，正是正义大道。

我一直为能够和反抗者们合作共事深感骄傲，他们是我们这个世纪里那些代表“无声者的声音”的人，他们是那些片刻不停地战斗的人，他们把手伸向躺下的人，帮他们重新站起来，自由行走在这个世界中。最终，那自豪的大革命的箴言将不再只镌刻在纪念碑的石头上，而刻在每个公民的体肤之上：

自由，平等，博爱！

向前，

对我们恐怖的自私自利发起进攻：它是死的种子。

让我们学会分享：它是生的种子，

因为，它为真诚的博爱揭幕。

应该相爱，我的兄弟们，

应该相爱，活着的人们！

第三部

忏悔

在这本书中，我试图证实这种向着更加崇高之爱的神秘召唤是任何障碍、任何冲突都战胜不了的。一个任务接着一个任务，从伊斯坦布尔到突尼斯再到亚历山大港，这份爱始终伸向更加绝对的赠与，永不满足。接着，我叙述了这段崇高之爱的时光是如何度过的：同拾荒者一块儿参加新婚典礼的热情，开罗的被驱逐者，为解放他们而进行的疯狂抗争。当其他陷入困境的孩子呼唤时，这段时光就此打住。

现在，我希望进入个体的秘密，观念产生于此。在我身上长期存在着一种惊人的狭隘心胸以及对他人的无法理解，这是我所处的狭隘环境所造成的，但不得不承认，这也是由于我个人的傲慢脾气、自我封闭所造成的。所幸，生命中遇见的所有人、经历的所有事使我的观念发生了改变，使我在新的确信中坚韧强壮，我愿将之与你们分享。我所希望的，是诚实地完成我的忏悔，我生命的忏悔，我信仰的忏悔。

第一部分　转变之路

相遇

在与他人的相遇中，人变得更加丰盛。正是如此，人能深层次看到自己的内心发生变化，自己的观念发生转变，看到一种新的生存和思考的艺术由此诞生。

最特别的存在

于我，最有意义的一次相遇发生在一家深度精神病院，我在那里遇见了一位了不起的女士。她是精神病院的负责人，由她领我进行了参观。我感到自己面对的是人性中最让人气馁的一面，眼前的场景如此骇人，我不得不承认，我感到恐慌。我差点就逃走了。就在那时，她走近一张床，床上的人正邋邋遢遢地吃着东西，你在那张脸上找不到一点儿人味儿；她把他摇摇摆摆的长身体拥入怀中，紧紧靠在胸口，然后她把脸俯向他耷拉在她肩头的脸庞，对他灿烂一笑。在眼眶里打转的眼睛忽然凝住了神，男人发出低沉的叫声，一道仿如生命之光的东西闪过他迟钝的脸……而她幸福地大喊："他感到自己被爱！"就这样，她长时间地保持着同样的姿势，用自己的身体温暖着他。他平静下来，几乎可以说周身洋溢着愉悦气息。她又说："您瞧，他变得多美！"一句话，我立刻明白了她曾历经多么严重的苦痛，而她又以一种轻松愉快的口气补充道："我不再有时间考虑自己；这里的每个人都需要我付出全部的爱。"她光彩熠熠。他，大张着嘴，饮着她的光。

这是超越尘世的幻象。根据神学家、哲学家圣托马斯·阿奎那的观点，凝望美，才能达到自我完善。这位女士带给我的回忆几乎每天都出现在我的脑海。她改变了我身上的某些东西。首先，我触及到我的限度：我太信任我的内心，我以为它已然准备好对一切人间疾苦感同身受。好吧，不是这样的！而这个女人，她知道如何超越地爱——超越非人的脸所引起的心理反感。更何况，屈尊之举仿佛使她心怀更多仁慈之爱！她俯向那张愚钝脸庞的闪耀着光辉的脸，常存我的记忆之中，并引导我进入深层的思考：如果说人类的爱都能达到如此程度，那么爱的创造者的爱呢？被称为"爱之母"的圣母之爱呢？

在那些身心摇晃不定的日子里，我会想到那个疯子，我全然投入马利亚的怀抱，呼吸着她的光明。我要求她在人的目光中走得更远：真，善，美，如今这些在我们的大地上已不易分辨。媒体快讯无处不在，几乎无一例外地向我们描述了一个充斥着腐败、卑劣和暴力的世界，使人窒息。然而，还存在另一幅图景，可惜太过隐蔽：我们的星球中依然住着纯粹利他的善男信女，他们懂得如何在最不适于播种的田野上使善萌芽。这些敢于在最卑微之人面前说出"他变得多美"的人，是希望的催化剂。

死亡前噤声

然而，生命中同样存在相反的时刻，任何崇高化为乌有，只有不幸及其必然的后果顽固存在。彻头彻尾的无能为力！

那是一场报告会的最后部分，在报告会上我大谈了一番在苏丹及其他地方同饥荒和死亡斗争的胜利成果。在回答问题环节，我的对谈者勉强辩读出胡乱涂写在一截纸上的文字："我的孩子刚死，您有什么能对我说的？"沉重的寂静弥漫大厅，一张张脸都转向我。那位母亲，也在其中，在某个地方，等待着。

在一颗被死亡所伤害的心灵前，人类的任何言语都不具意义，甚至更似一种侮辱。唯一有资格说话的，只有基督以及他的母亲——以帮助正经受风雨的灵魂抵达彼岸，那里，有最亲爱的人在上帝的光中把她等待。而我，我本想赋予一切以意义，此刻却无言以对。一分一秒，都如一个世纪那样漫长。最后，我紧着喉咙说道："一个孩子刚刚告别人世，他的母亲就在这里，等着一句话。希望她能原谅我，我无话可说。就让我们沉默片刻。愿上帝应允，任凭她的痛苦深入我们内心。"

那一晚，没有其他提问。在死亡的荒诞之谜面前，其他都似字谜一般。

被监禁者，我的兄弟

在所有让我重新受到质疑的存在中，被监禁者占据特别的位置。在那些我所能想到的令人感到充实的地方中，监狱是排在最后的。然而……

被监禁者总是能激起我的同情。我拜访过其中不少人。他们的不幸比我所经历的最糟糕的状况更加恐怖。悲惨的环境使他们不得不走向暴力，惊恐万分的社会采取防卫的姿态；他们被社会抛弃，仿佛被关在笼子里。

但对我来说，他们的过去与我无关。这些被监禁者是人类，是同胞兄弟。说到底，命运由何而生？很大程度上是环境使然。于是我这么对他们说：“如果我得面对你们所面对的诱惑，而如果你们曾像我一样受到保护，或许我们此刻便交换了位置。”

当我访问监狱时，我向他们叙述同拾荒者们共度的日子，拾荒者被逼去偷盗、吸毒、血腥斗殴，那实在太常发生了！我向他们说起巴西特，他杀死了两个人。这对我却不构成任何困扰：他是我的兄弟，就是这样。接着，我告诉他们我和他一起喝茶，我随时准备帮助他重新振作，而他，说到底，需要的不过如此！于是，这些人的眼睛开始闪闪发光。他们的过去给他们造成了怎样的伤害，他们的未来带给他们怎样的焦虑！“我，3 个月后我就离开这里了。去哪里呢？到哪里去找工作呢？怎样生存下去？不然，”声音嘶哑着，“我只能重新回到这里了。”他们沉默了，可悲的是，我找不到任何言语，没有任何言语可以作为回答。于是，离开时，我像老妈妈那样拥抱每个人。我不是唯一眼中闪着泪光的！我从那里离开，仿佛刚结束一场圣体圣事。

我和其中的几个被监禁者保持通信，一天我收到了一封可怕的信：

“审判将于周二……9 点进行，陪审团包括……审判罪名为‘杀人犯’。这将是我**整整一生中**（这些字被着重划出）最长也最艰难的一天。我为此颤抖，不是出于害怕，而是这类事让我重又变得激动，在如此一群贪食的公众前，仿佛这里存在着某种品尝的快感、愉悦感。我感觉，在这样的情景下，人会产生一种邪恶的看着他人受苦的快感，看着他人被‘贴标签’……甚至受到惩罚，由此得到消遣。我时而感到头晕目眩。该对友人 P 的妈妈说什么呢？**如果只是深深地忏悔自己毫无杀人之念却开了枪**。我突然感到一切字词都离我而去！……愿那天能有您的祷告相随。我希望您能为我的朋友 P 和我自己点一支蜡烛，这对我很重要……我拥抱您，及您的修会。您永远的朋友D。很快见……”

“贪食的公众”，“品尝的快感”，“看着他人受苦的快感”，这可能吗？在我读报时，我确实很容易停留在法律版上。为什么？是一种不健康的好奇心使然吗？希望看到正义得以伸张？我不知道。无论如何，我给D发去了一封电报：“记挂，祷告，与你同在，加油，你的以马内利修女。”在我看来，人尽其职：法官负责审判，而我，负责去爱。D被判重刑。

另一名被监禁者写信给我：

“我和其他几名监狱中的兄弟一起画了些卡片，并在高墙外售卖。收益直接归我所创办的一个协会所有，协会名叫‘为让孩子们活着’。热纳维耶芙告诉我们，一笔数目可观的款项在途，去帮助世界上不幸的孩子们。囚禁我的监狱成了我的加尔默罗修会。就在这里，我愿为所有受苦之人生活、受苦、祈祷、热爱和死亡。就在这里，上帝找寻到我，让我成为我的监狱兄弟的小小光亮。……我的菲律宾教子已把好消息带给了我，我在等待黎巴嫩教子的消息。……我很弱小，但我身上存在着这种‘隐藏的力量’，这种力量也同样存在于你身上，我亲爱的修女。我用力拥抱你。在耶稣心中你那爱你的小兄弟。”

他还加上以下这段祷文：

> 我的上帝，让我同受苦者一块儿受苦，
> 同挨饿者一块儿挨饿，
> 我最爱的，让我
> 将自己全然遗忘，心中只念他人。

我无法一一细说这种信，说也无济于事！

被监禁者向我展现出人类之谜中闪闪发光的一面。刚开始，两粒种子藏在他的存在中，一粒是罪人的种子，另一粒是怀着善心的圣人的种子。只有上帝才能评判两者相互交会引发的自由选择。我愈发相信我需要不断求助于上帝，约束住我的热情冲动。我常常想到泰纳这句话，我之前已经引用过，它在我看来具有一种真实的可怕："剥去这个文明人的虚饰，您将发现一只凶残而贪婪的大猩猩！"我在我身上觉察到一种与我不幸的被引向罪恶的人类兄弟的相合之处，那是一种堕落的隐秘相合。有时候，我在我血我肉中重新感到那种骚动。有时候，夜间，噩梦侵扰下，我惊醒过来：我在哪儿？我是谁？我是否也可能成为强盗头子？我那些爱开玩笑的朋友是不是在我身上看到了绝望的种子？

皮埃尔神甫的目光

对于堕落到社会底层的人，皮埃尔神甫多么天才地想到了这个绝妙的主意：他向绝望者提议，让他们成为其他绝望者的救星……人类重新振作的力量是无穷的！国际埃玛于斯组织的成员们便是这种转变的鲜活证明。他们称得上我发自内心赞赏的朋友。我听着他们的故事，这个故事本身也有助于理解人心之纠结。

"我是重型卡车司机。我在结束 8 天的长途旅行后回家。我转动房门钥匙，整所公寓已经完完全全被清空，我的妻子和我的小女儿不见了！我开始酗酒，那是急速向下的过程，直到我遇到埃玛于斯的那天。"

"我的母亲在我 15 岁那年便把我赶出家门，我的母亲，是的，我的亲生母亲……于是，偷窃，吸毒……有一天我还开枪射杀。还好，还有皮埃尔神甫！"

这个男人的爱让他们重新站起来。我应邀一一前往五十多个收容所，看到了他们的成果。他们的工作很费力：回收并修复人们扔在垃圾桶里的废弃物。他们不收工资，仅有点买香烟的钱，而香烟是为了防止酒精的诱惑。他们执著坚持，因为他们解放了在苦痛中的被压迫者，从欧洲，经南美洲，到非洲。对此我有明明白白的证据，他们曾交付给我一些支票，上面数目可观：埃及的一部分小拾荒者因为他们站直了腰杆。

一天，皮埃尔神甫向我吐露的真情，使我大受触动。在他位于沙朗通的小办公室里，我同他两人面对面坐着，我向他讲述了每每我减缓人的困苦时内心喷涌的快乐。他的眼睑间突然有一道焦灼的目光穿透而来。他沉默了一会儿，而后轻言轻语，仿佛只是在喃喃自语："当人将大地的不幸担于心、担于身，是有多么痛苦！"那一刻，他让我想到印在都灵裹尸布上的基督的脸：半闭的眼睛周围一圈阴影，悲伤的唇，痛苦的脸……接着，他向我抬起眼，眼中映着热烈，一种光明的平和占据了他："是的，以马内利修女，快乐和痛苦，应该让两者都进入自身，如果想帮助其他人离开痛苦、进入快乐的话。"这一次会面使我的天性中轻浮、嬉笑的那一面受到深深质疑。

另一天，皮埃尔神甫对我说："爱是：当你痛，我痛。"我明白了，我总是缺乏耐心，仓促投入行动，而没有花时间让他人的伤进入我自身，从而成为他的姐妹。"把他的痛苦担于自身"，唯有那样，我才能同他手牵手，一块儿找寻治愈"我们的痛苦"的良方。

我在开罗的贫民窟重新见到皮埃尔神甫，他正以热烈的友谊紧握着拾荒者们脏兮兮的手。他不会阿拉伯语，没有对他们说话，但他以一种非同寻常的热烈目光看着他们，仿佛对他们每个人说："我不会说你的语言，但你是我的兄弟，我爱你。"人们感觉到他在那一刻唯一关心的便是在那个地点与那个人的相会。我们都大受触动。

在法国，人们从不仿效这一眼神，不是种族主义作祟，而是因为一种对外国人的小心提防。而我有一天亲身试验了一回。我和我的一位女性朋友一块儿走入一个院子，有一个北非人站在那儿，背靠着墙，一副咄咄逼人的姿态。我本想同他说话，但拾荒者说的阿拉伯语很可能在他看来有点可笑。灵机一闪，我想起了皮埃尔神甫。我把我的心放进眼中，转向他。一个法国人对他表现出的这般友谊实在让他大惊失色，他左顾右盼，找寻我究竟在看谁，这让我很受伤！我不得不退回我的住所。在出口处，他等着我。他向我迈一步，我向他迈一步。他向我伸出手，我向他伸出手。他不发一言，我一言不发……但我们的双手如此用力地紧握着，我们的目光如此热烈地相汇相融，仿佛互相对彼此传递这样一个信息："你是我的姐妹，我爱你。""你是我的兄弟，我爱你。"我们再未相见。

埃及：永恒的意义

如果说埃玛于斯和皮埃尔神甫在我身上印刻下如此记忆，那么让我经历"大爱"的最亲爱的国度又带给我什么呢？

希罗多德曾说："埃及是尼罗河的馈赠。"我胆敢附言："永恒的意义是埃及的馈赠。"可以说，这一神秘的遗产在我的信仰中注入了金字塔的维度。我来做下解释。埃及法老们胡夫、哈夫拉、孟卡拉[1]建造的都是什么呢？一座极尽奢华的宫殿？他们尘世的住所？不是。是一座金字塔，他们永恒的住所，通往太阳神拉的隐匿阶梯的象征。我的金

---

[1] Khufu，Khafra，Menkaure，均为埃及第四王朝法老。——译者注

字塔信仰的基石紧紧地依附于物质大地之上，却以加速度直冲向永恒之巅，上帝所在的彼岸。

当我开始贫民窟的生活，总是有如此多吁请，以致除了晨祷，我几乎没有时间冥想。而拾荒者中有一部分是科普特教会的，他们是法老时代埃及的直接子嗣，心向着永恒。我很快便听到拉比卜父亲的指责：

“修女，你什么时候祈祷？”

“我参加圣体圣事，在瞬间冥想。”

“就这样？”

他期待从我这里听到的是一段更长的祈祷时间。当我这样一个修女从一个拾荒者那里得到忠告，这带来的是怎样的精神上的冲击。它使我受到质疑，为满足大家的要求，我重新花时间静祷。我为他们、为世界求情：“太好了！”我体会到我和上主的关系增进了自我禀赋。

如今，我的那些收集垃圾的朋友还有什么雄心壮志？买自己的坟墓，自己的“永恒住所”。他们一皮阿斯特一皮阿斯特地攒钱，终于有一天跑到我面前发出满足的叹息声，告诉我说：“我终于买好了坟，我可以平静地生活了！”在世界上还有其他任何地方，能让我听到过如此言论吗？

每每发生幸福或不幸之事，人们总用同一句话作为总结，那句话在我耳边重复过不下千遍，至今仿佛还有余音缠绕：“真主伟大，真主在场。”这句话现在住在我的心里。

就好像当你询问起某个病人的近况时，你会得到这样奇怪的回答：“Enta taaïch”，翻译过来就是：“你，你活着！”言下之意：“他死了！”重点在于活着的人，因为他身负战胜死亡的责任。因其与死者具有诚挚的联系，他能在某种程度上延伸他的生命，陪伴他的灵魂（在古希腊罗马人眼中是他的化身）进行永恒之旅。这是古代宗教信仰的隐迹，那时人们相信逝者航向太阳神拉。他离开了，以小雕像的形式被亲友环绕。今天，一如过往，死亡之谜被吞没在生活之谜中！

对于我们西方人，对金钱的追求要求我们处于永远的紧绷状态之下，而在埃及，时间流逝，平平静静，一如尼罗河几世纪来在河岸间悠然流淌。在处理事务前，大家共享品茶之乐。接下来才轮到工作。多少次我曾因这放缓的节奏乱了阵脚！但我最终学会了这智慧的一课：在互爱中生活，始终留有时间去凝视，去倾听，去分享小小的幸福和生活的焦虑……这些都没法使钱包鼓胀，但能使灵魂充实。在贫民窟，所有人认识所有人，好消息很快就传播开来，快乐在大街小巷喷涌、跃动，这里的人懂得生活的艺术。“时间就是金钱”被“时间就是联系”所取代。人们不再追着幸福的金丝雀跑；他们情愿坐下，笑着邀请：“我的杯子不大，但用我的杯子喝一杯吧！”

日常行为是对哲学的演绎。既然人缓缓地向永恒前进，又何必对转瞬之事耿耿于怀？这种精神状态有它积极的一面。然而，我却曾经激烈地对此表示反对，因为它滋生了懒惰，延缓了发展。人、事终会改变，他们变得更加重视行动；但在我身上同样发生着一些改变，是的，我必须倾我全力使贫民窟尽快通电、通水、配备学校诊所，但何不带着埃及的三粒智慧种子进行抗争：没关系；明天；上帝保佑，一切都会顺利的！

这份智慧，我试图运用于我的生活中：今天别拼命穷追猛打；明天会来的，事情会完成的；在上帝和人类的帮助下，一切都会顺利进行！这三粒种子在我晚年结成安宁的果实。我怀着充实的心，在拾荒者兄弟们的推动下，不曾动摇地向着金字塔的顶端缓缓走着，那是我的“永恒住所”，上帝——人类之友的天空。

其他信念，其他财富

各种相遇和大量旅行改变了我的价值观，使我秉持新的信念。现在我想将这些信念同大家分享。我已说过，考虑到我所受的教育，我本来很可能沦为全神贯注于个人小世界的“善良灵魂”，自以为它优于世上其他。那些世界带给对其敞开者的丰富赠与，我也将就此失去。

还好，我有我的运气：我投身于教会新的传教浪潮中去。它的目的不再是手拿十字架，去给所谓的蛮族施洗——这是我童年的梦想，而是选择了尊重与理解的道路。贝亚主教对参加第二次梵蒂冈大公会议的神甫们提出了这些词语，他强调应该“对每个宗教中存在的精神和道德价值予以肯定并由衷地尊重各自的信徒”[1]。

正因如此，当我在土耳其、突尼斯、埃及逗留时，我才有幸与伊斯兰教及其内部的财富建立联系。在我们友好的对话中，我极少同我那上千个知识分子朋友或者拾荒者朋友谈论我的信仰，他们都是穆罕默德的信徒。对于各自信念的相互尊重永远为我们的关系打下基础，首先是友谊使障碍坍塌。不幸的是，在伊斯兰世界中还有一小撮狂热分子，他们虽然数量不多，但行动激进得可怕，是他们使整个伊斯兰教受到质疑。事实上，古兰经要求尊重“有经者”[2]，无论是基督徒还是犹太教徒，他们都是圣经的信徒。

在穆斯林的祈祷中，身体的跪拜帮助灵魂在真神阿拉——“慈悲中的慈悲”——面前自认“渺小”。任何尘世之物都无法扭转朝向永恒的目光。有时我会在伊斯兰的和我的祈祷间寻找一种协调：在我房间的

[1] 1964 年 11 月 18 日发表的有关教会对非基督教宗教信仰采取的态度的讲话。

[2] Gens du Livres，伊斯兰教中受神启示者。——译者注

寂静中，我跪拜下去，头贴着地，迷失在个人的虚无中，与我的穆斯林兄弟们心心相连。我让我们的敬慕穿过救世者基督的心。

当宗教在如此观感中架构起来，它便能互相促进拓展。我过去在伊斯坦布尔的学生们最近邀我前往土耳其。她们带我到以弗所[1]神庙祈祷，基督徒和穆斯林重聚一堂。这座神庙是献给圣母马利亚的，古兰经中认可对圣母的崇拜。我们共唱同一首歌——卢尔德[2]的《圣母经》“你好，你好，圣母马利亚。”而我，我已不太理解“全然他者”的意义。我在伊斯兰教中看到了一种上帝超验性的新的明知。由此，我更好地理解了日课经中的这首赞歌：

你，一切的彼岸，
独一无二，你不可描述。
独一无二，你无法认知。
世界的欲望，
世界的叹息向你奔涌而来。[3]

走向其他宗教的信徒，那么那些不信教者呢？在我青少年时期，我深信他们都将堕入地狱被火烘烤，我对他们怀有深深的同情！一个老奶奶，我祖母的好朋友，一天对我说：

“哦！我，我从不做弥撒。虔诚又有何用？”

“可怜人，”我想着，“她很快得死，还得掉入永恒的烈火中！”

---

[1] 古希腊人在小亚细亚建立的一个大城市，圣母马利亚于此终老。——译者注

[2] Lourdes，法国西南部上比利牛斯省市镇名，因圣母马利亚显灵而成为全法国天主教最大的朝圣地之一。——译者注

[3] 根据一首献给纳西昂的格里高利（Gregory of Nazianzus）的诗歌改编。

于是，我开始寻找一些能劝服她信教的书籍，以祷告灌溉她的灵魂……我离开前往修道院时还不知道她究竟是否放弃了她的沉沦之路！

在土耳其，和一些重要的非基督徒之间的交往开始使我心存疑问。后来，我经常发现自己和非信教者处于相同频率，他们深受人间疾苦所扰，为消灭它们而不断抗争。他们对于公正的热望加强了我对此的追求。接下来要说的这桩轶事是个很好的例证：我去我们法国的一座漂亮城市参加会议。一顿官方晚宴被纳入会议安排。其中一个组织者告诉我市长希望和我隔张小桌子面对面交流。显然他有些局促不安，补充说明道："他是个无神论者，一个狂热的共产主义者！"我笑了，直言不讳地坦白说这并不对我造成任何困扰。于是，我们便面对面坐下了。他兴奋地向我描述他定期前往的非洲城市，他为城市的生存贡献力量：这边挖开的一口井，那边变得肥沃多产的土地，还有那些得救的民众。我折服于他的描述，并以同样的热情同他谈起那些拾荒者、被治愈的破伤风患者以及有书可读的孩子。这次轮到他倍感振奋！我们几乎忘了吃东西！这个男人，难道他不是说出"相爱吧"这句话的基督最好的弟子？而我又是谁，竟胆敢要把他送到永恒的烈火中去？

另外，有一个我最敬重的人，她是坚定的无神论者。她叫热尔曼，是德雷福斯家表姐妹中的一个，她将自己全身心地奉献给残疾者。她为他们建立了收容所。她终身未嫁，只为了能够做好爱的母亲，完完全全投入这份事业。我敬佩于她全然的奉献精神，她从自身便汲取这份力量，而我，我每时每刻都需仰赖基督以模仿他。

当她去世时，热尔曼愿自己的骨灰能撒在埃斯科河，把她带往深邃的大海，她的肉身就此被永远吞没。但她的灵魂会因此在地狱般的深渊中沦丧吗？不会。热尔曼，是你让我心怀这份确信：你拥有上帝，因为，即使你的精神排斥他，你的心却因你舍己为人——那些渴望得到你的爱的残疾人——的行为而重新找到他。在你咽下最后一口气的时刻，你应该听到了那令人心驰神往的话语："进入你主的喜悦。"由此你辨认出耶稣的形象，那是你放进孩子们眼中的温柔形象。热尔曼，现在你已经理解，爱是人性的，亦是神性的，它在其本质中得到永恒。

我的德雷福斯表姐妹让我联想到犹太教这个话题，我想略提一二。我想起在我将近 13 岁那年，一个鞋匠的小店中的一双手工鞋。一下子，我的目光被墙上的希伯来字母缠住。我在一个犹太人的店里！我撒腿狂奔，逃出这个恶魔的巢穴。我喘着气向我的母亲叙述我刚刚逃过的是怎样一劫。

"瞧，马德莲，你为何以为犹太人都是危险的呢？"

"他们杀死了耶稣基督！"

"无论如何，那都不是你的鞋匠干的呀！"

"哦！是他们整个种族，他们不愿意改宗！"

最后，在我母亲的劝说下，我转回去把我的鞋交托给一个亚伯拉罕的后代。我在那里遇见了他的妻子和宝宝，让我不禁想到："嘿，他们看上去不像坏人。"然而究其根本，那种感情究竟从哪里汹涌而来，使我跑着躲开这个男人？因相异性而产生对他者的恐惧？仇视犹太人的宗教教育，或者误解使然？

后来，成为西翁修女之后，我不无惊讶地了解到犹太教是基督教也是伊斯兰教的第一来源，而"耶稣，作为伊斯兰的儿子，多么热爱他的子民"，玛丽－阿方斯修女反复向我们强调。我和一些人——比如罗吉耶大街上的补鞋匠——的关系发生了变化。举个例子，在土耳其的一次交谈中，一个男孩儿垂着头向我坦白："您知道，我是个犹太人。"我想都没想立马回道："我的朋友，这可是一种荣耀。耶稣是你们族的，骄傲地抬起头吧！”

在我看来，我常常发现在犹太人心中藏着对绝对的诉求。我说的不只是我那些对超越尤为敏感的青年学生，还包括在不同地方遇见的亚伯拉罕的后代们。不止一次，他们中的某人放下聊天时调侃的语气，我隐隐从中瞥见某种神伤，自觉被地所囚的神伤，或者因为在这个疾苦人间受到特别恩宠而自感焦虑。就好像在土耳其的博斯普鲁斯海峡，有位女士以一种骄傲至极的语气向我谈论她生活获得的成功：事业，丈夫，孩子，一切都使她满足。突然，她停下了，双眼黯然，对我发问：“是的，我拥有所有，而其他人呢？”这样的眼神，我多次遇见！纳粹种族清洗的暴行使数百万犹太人惨遭屠杀，这些仍然在一些年轻人心中埋下了焦虑的影子。有时我会回想起圣经中这句经文：“是拉结哭她儿女，不肯受安慰。”[1]

因为我祖母德雷福斯的关系，我也是以色列的女儿，或许我也继承了这种对于绝对的渴望，再未消失？即使仍黏着于肉体之上，我时常感到全然他者的唯一对我的吸引。渐渐地，我从抗拒慢慢转变为对自身本源的自豪。我把我祖母——犹太教教士穆瓦斯·德雷福斯的照片夹在我的圣经中，她手中正拿着《圣约书》。基于特别的巧合，当我进入西翁时，我用了她儿子的名字“以马内利”——上帝与我们同在。他仿佛对我说：“不要忘记你的根，以色列的先知们曾为正义而战。现在轮到你了，去吧！”是的，我愿他们的血继续在我身上流淌沸腾。我作为西翁修女的使命终于开疆拓土：我站在那里，在以色列和教会的交合点，如守卫城墙的哨兵一般。

伊斯兰教、无神主义和犹太教都滋养了我的基督教信仰，它们拓

[1] 《马太福音》2:18

宽了我对上帝的理解。诚然，不是一切宗教都可等而视之的，真理有其绝对的含义，无法存在于互相矛盾的不同方面：耶稣或者是上帝的儿子，或者不是。但我智力有限，只触及这种绝对的极微小的部分。其他宗教各自都有其价值，正如刚才引述的贝亚主教的话中所提到的那样。这些宗教拓宽了我关于上帝、关于美、关于善的视野，它们教会我如何尊重并更好地为人类服务。它们让我明白，重点不在于信奉何种宗教，而在于要心怀爱，把他人看做自己的兄弟姐妹。

年轻人：我相信你们

如今的年轻人也是我学习的榜样，我在他们身上看到了坚持和活力。前25年的那代人不如这一代迈向21世纪的年轻人那么敢作敢为。我那个时代的女性朋友们整天在炉火边梦想遇到自己的白马王子，在她们母亲的妥善安排和妥帖陪护下，前往舞会与他相遇。男孩们通常重操父亲旧业，按照惯例，娶妻生子并打拼事业！而今，女孩儿们离开了母亲的保护，意欲自力更生，她们再也不急急忙忙只想找个理想伴侣。她们在“工作中”遇到自己的伴侣。他们一同踏上旅途，直到世界尽头。

在欧洲或是在美洲，我都曾被邀请给中学生们做讲座，并体验了相同的非凡经历。那些中学生喧喧嚷嚷地走进来，因不用上课而表现得兴高采烈。我往桌上猛捶一下，用法语或者蹩脚的英语大喊：“我是从苏丹那个死亡国度来的，我不能忍受任何人在我说话时嬉笑。给你们自由选择：要么闭嘴，要么请你们离开。”死一般的寂静。我的演讲持续了一个多小时，他们被完全征服。年轻的美国人或法国人，他们散场时都踮着脚走路，其中有几个还回来找我，希望自己能尽点力。

我本应该向所有人提议，让他们在假期同我一块儿出发，不是出于玩乐，而是为了在贫民窟辛苦工作，他们中会有多少没准备好呢？

有多少年轻人志愿到最千奇百怪的地方奉献自己！不计其数的男孩女孩自愿进行工作，没有什么能阻挡他们。有时候没水没电，我看着他们睡在一堆老鼠和垃圾中间；他们在炎炎烈日下把陋屋推倒，紧急待命迅速用砖石造房，往远处运一些任何工人都不愿搬动的发着恶臭的污秽物，照顾一些医生护士都不敢接近的伤口化脓的麻风病人。他们传递着希望，在喜悦中重新出发。他们拓展了我行动的宽度，总是如跳板般促我跳得更远，让我如鹰般羽翼常新。

一切无望，我们的社会真的已经全然腐坏了吗？在即将到来的新一代中，真的只剩下暴力、仇恨和杀戮了吗？年轻男女，当我谈论起你们，我从未感到枯竭。我丈量过你们，我相信你们！你们这代人将取代我们。我们曾艰苦奋斗，为了减少人间疾苦，为了壮大爱的力量。我们的人数还不够多，还不足以改变世界。如今我们将火炬传递到你们手中，请你们加紧抗争的步伐，让大地的资源得到更加均匀的分配，让星球上不同居民间的沟壑得以平复，最后也是最重要的，让种族屠杀产生的仇恨烟消云散。斗争将是激烈的，但现在轮到你们去体验了：为了帮助人们重新站起来而奋斗，这有多激动人心！

教会：我相信你

和年青一代的活力四射相比，我常常想到巴尔扎克有关教会的著名段落，他把教会比作一个小老太婆，整天待在祭具室里闭门不出，里面塞满了各种过时的华而不实的饰物。我毫无顾忌地梦想着打开窗户，把一切扔出去！

如今，当我走过许许多多祭具室后，我获得了其他信念。当然，没有什么是完美的。世上有什么组织创建后不会招来风言风语？我早已写道：现在，我的目光首先看到的是人和事积极的一面。

当然，多次长途旅行和频繁接触对我来说是完全必要的，它让我得以分辨隐藏在教会华美饰物背后的一种令人张皇失措的生机。现在，我受到许多神甫、主教的接待，我对教会的活力充满信心。我承认我未曾料到他们中的绝大多数如此直接地回应了世间的呼求——只有一个主教认为我太过激进，拒绝让我踏入他的教区！在法国，我遇到过不少过着连朴素都谈不上的生活的神甫，他们的补贴由于各种来自困境的诉求而渐渐耗尽："我家大门总是开着。任何经过的人都能进来一坐，喝碗汤。"

在不同国家的神甫家中度过的夜晚，通常话题都会围绕着同样的纠结："怎样回应当今人们的呼求？"我常常能从他们担忧的目光中读到一种无法符合期待的焦虑。然而，我却常常看见这些神甫在志愿者的帮助下，在各类会议、露营、社会活动中倾心倾力，进入那些笼罩着最多不幸的环境：毒品、艾滋病、监禁。他们的目标不在于发动群众竞相奔走，而在于唤醒小部分积极分子团结共享。多少次，我用教区大厅的整顿餐食换一碗米饭！家庭、班级在宗教仪式时拿给我多少储钱罐！斋戒期间我又收到过多少孩子写来的令人狂喜的信："我的修女，我用手推车搬运石头，挣得了这些钱，我把他们寄给您。我好累，但耶稣更累。"或者："在学校，我没有吃火腿三明治，这样能省下钱来给那些挨饿的小兄弟，不过我，无论如何，回到家后总是能吃上好的。"这种对于分享的教育让我认识到，今天的教会比之我童年时期，更加热望着公平和正义。

德库尔特雷主教邀我一块儿进餐。我厚着脸向他质疑："主教大人，教会真的恪守贫困，为人服务？您，您生活在贫穷中吗？”一段时间的静默……“我住的这个主教府是国家财产，代表里昂教区主教的府邸。当我还是年轻神甫时，我曾下定决心要住在小屋里，出行只骑自行车。今天我还能把自己关在一间房间里，只以自行车代步吗？以马内利修女，您正在对伤口进行裁判。请您为我祈祷，让我尽可能居于贫穷，让我成为所有人真正的奴仆！”这是他的原话，一字不差。

我看着他。他的面孔透着一种不得不远离理想生活的忧伤。然而，当他以温柔的态度回应我的挑衅并要求我为他祈祷时，难道他不正是在精神上实践着这种耶稣赐予第一至福的贫穷？况且，所有人都知道，德库尔特雷主教从没有任何浮夸的开支。如果圣保罗担任今天的里昂教区的大主教，他还会不会像在他那个时代那样制作帐篷以谋得生计？还会不会徒步走过一座座城市？我多次发现这种对于朴素贫困的怀念。一个担任要职的方济各会修士曾阴着脸对我说：

“怎样才能重新找回圣方济各陋屋的那种简朴？瞧瞧你，你自己，以马内利。你的姐姐玛丽－卢难道从未笑着对你说：‘啊，你这个穷人，你难道不是一程程都坐着飞机旅行？’”

确实，法航给我提供了免费机票，但我仍然选择了最贵的行程，因为速度最快。人们能够与他的时代的生活方式妥协，同时又保持“精神上”的贫穷，正如德库尔特雷主教所指出的那样。以马内利，想想你的拾荒者兄弟姐妹单纯的灵魂吧！只有当对贫民窟有利时才转向“上流世界”，不要任凭你原初的浮夸把你带向高人一等的傲慢！

至于吕斯蒂热主教，我和他一起探讨过神学院学生的教育问题：“他们应该分享第三世界甚至‘第四世界’的生活，在贫民窟生活一段时间，和流浪汉一块儿睡在桥下。”我咄咄逼人的语气一点儿没使他慌乱不安，主教集中注意力听完我说话：“事实上，他们的培养计划包括和巴黎条件最差的环境进行接触联系。每个星期，他们都要花数小时为最穷的人、病人、老人、残疾人和流浪汉提供服务。把他们送到贫民窟是可以考虑的，您能向我详细描述一下吗？”我感觉到他几乎已经准备接受新提议了。一个朋友托我转问一个问题：

“你会把职位交给一个同性恋吗？”

“会的，我早已这么做过，因为那个人值得。”

他邀请我到巴黎圣母院，每周日晚上他都在那里主持庄严的弥撒，他邀我在弥撒结束后同他继续交流。回到祭具室时，他如兄弟般拥抱我，对我表达了感谢。在那里我没有看到任何陈旧的饰物，只有一个头脑年轻开放、心系当代各种问题的人。

在罗马，我内心经历了一场可怕的反抗的骚动。要是我没有让人领我去梵蒂冈博物馆就好了：金币，银币，宝石，多少世纪积累下来的皇室赠品、无价之宝……在我面前的究竟是神圣艺术的纪念，还是阿里巴巴的洞穴？我叫来一名教会德高望重的老人：

“教皇若是卖了这些无用的财富，他可以救助多少贫困的国家！”

“教皇没有这个权利，我的修女。密特朗是卢浮宫藏品的拥有者吗？”

嗨，这回轮到我哑口无言了！批评轻而易举，但艺术始终是难以处理的。如果我当上“女教皇”，教会经我前后左右晃动的折腾，还能平静驶向港口吗？

当然，我也不总是和让－保罗二世保持意见一致，但当他一人独自力压众人，他仍需秉持怎样的道德力量！应该去听一听他是怎样保卫“家庭的神圣权利”的！他为道德而战，而道德于我，就是正义。我想，他担任大祭司一职这段期间，将留给后人非常丰富、可观的文献资料，尤其有关于发展、社会公平、被压迫者的权利以及对生命的神圣敬意。媒体对此几无任何回应，他们宁愿在微小的几个受争议的点上小题大做。

当人们看到他在私人小礼拜堂集中注意力进行祷告时，会感觉这个男人背负着全世界的重量。自从有了这一观感，一天早晨，在他做弥撒前，我同他一起祷告，更是为他祷告。我尤其欣赏他，当他在监狱里拥抱阿里——那个想要杀害他的男人；或者，当他听闻一个还俗的神甫沦为流浪汉四处徘徊，他命人寻找，自己跪下并向神甫告解。好样的！毫无疑问，让－保罗二世是我的教皇，我爱他！

最后还有一点我想一提。有时候会听到人说，除了皮埃尔神甫、特蕾莎修女和以马内利修女，教会的人分文不值。这些话实在有些愚昧，且和最基本的事实不符！我自己也曾有那么几年，认知止步于三个人物，对于其他都持批判态度。首先是达米盎神甫，他死于麻风病人中间，称得上真正的传教士！其他两人做了什么呢？马德莱娜·德·耶苏坐着轮椅来到伊斯坦布尔，多么伟大的修女！还有谁像她一样坐着轮椅到处跑？最后，还有巴西的多姆·埃尔德·卡马拉，他放着豪华的主教府邸不住，搬到他教堂的祭具室里居住，这是个真正的主教。要是所有人都像他那样有多好！

我自己来说，我是极其有幸……但又是多么不幸，能够成为媒体人物。是的，被一些媒体人所青睐是一种幸运：他们的采访能够激发成千上万朋友继续救助成千上万的孩子。但这也是一种不幸，因为其中存在着一种欺骗：我被放在聚光灯下，仿佛我的行为举世无双，而那么多更加朴实无华、更加谦逊端庄的人却被丢弃一旁！随便举个例子便足可说明问题：阿尔贝蒂娜和我同时期在巴西最穷的一个贫民窟度过她的一生，最后死于心力交瘁，有谁谈起她过？她没有办法帮助那些孩子脱离卖淫的生活！

在苏丹，我接触过大量黑人神职人员，他们鼓舞并帮助大量勇气非凡的基督徒生存下去。其中的一些早已受到折磨，另一些人互帮互助，祈祷着，不愿因他们的信仰受到威胁而示弱。主教们为保住学校、社会医疗中心而全心全意抗争。他们拼命坚持，有时会被关监狱，但他们决不放弃。有谁说起过他们？有谁说起过这些默默无名者，他们在欧洲乃至全世界因其鲜活而积极的信念而熠熠生辉？

在祈祷的静默中，我的记忆中有时重现出这群热情洋溢的基督教神职人员，他们曾让我呼吸到爱的气息。自从我看到教会在苏丹至菲律宾的事业后，巴尔扎克笔下那个端坐在布满灰尘的祭具室的小老太婆在我眼前渐渐变得令人讶然地耳目一新了，让我想起圣经中的描述："才德的夫人，她一生使丈夫有益无损……她张手周济困苦人，伸手帮补穷乏人……能力和威仪是她的衣服，她想到日后的景况就喜笑。"[1]她是希望的播撒者！

诚然，教会是属于尘世的，由千万泥巴塑形的俗人组成。轻而易举就能在漫漫20个世纪的历程中找到他们犯下的各种错误……这是它的悲哀。然而，它寓居于基督的爱中。20个世纪以来，它曾鼓舞过多少男女，克服自身不足，全身心为其兄弟姐妹服务。这是它的伟大。

我是它的见证。在教会之外，也吹拂着人道主义的阵阵微风，但是无论它力量多强，都不若教会事业那般具有世界性。从我童年开始，教会就像我的母亲一般，在其杰出代表的感召下，培养了我关于正义和爱的理想，并由此把我推向世界的疾苦。

相信人类，相信上帝

我亲眼证实，有人冷血残杀的地方，便有人为他们的兄弟牺牲。

---

[1] 《箴言》31

我向世界也向他们自己描述这些无名英雄，他们心中常怀一种对人的不可战胜的信念以及一种根深蒂固的爱。这种信念—爱的共生关系，是促使世间一切复生的最有力的动力。

在结束这本书时，我会向你们一一致以敬意，你们是如此卓越，以至任何人，无论他多么卑鄙，都不会心生抵触。你们向我揭示了一个谜：即使跌入最底层的兽性，人始终保持神圣的形象；他永不会沦为被人随便踢来踢去的牲畜，永远都是一个“人”。

你们在一片残骸中发现酝酿其中的神性火花。在那里，仇恨和对于统治的渴望使尸体堆积成山；在那里，炸弹的轰鸣声使生者惊慌失措，你们就在那里出现，安静，无所畏惧。你们是生的动因，跃过那些尸体堆，为了从杀戮中夺回一息尚存者的生命！若我说得戏剧化一些，你们自己便是圣经书页活灵活现的体现：“神就照着自己的形象造人。”[1] 无论你们是否意识到，你们每个人身上都显示着上帝——生命及重生的创造者的形象。

最后我终于明白，一个人接受或者拒绝上帝，是由许多标准共同影响的，包括教育、环境、阅读、生命经历的时间，这些个人的标准看起来很难甚至几不可能改变。这是个理解上的问题，每个人以己所能去解决它，选择是否成为信徒，其中也不能说是丝毫怀疑都没有的。但关键不在于此，人的价值不在于他的信念，而在于他的行动。信仰难道不可能只是一种抽象的相信，因其不作为而招人非议？它让我们不费吹灰之力便踏入降生的奥秘，看神性如何以肉体的形式得以表现；它是一扇敞开的门，通往上帝的奥秘，看他如何在人类生活中得到体认；仅仅通过相同的爱的行动，它把上帝和人类合而为一。

---

[1] 《创世纪》1:27

可它真的是如此简单吗？看到残忍悲剧发生时上帝的缺席，神志清醒、实实在在地说，我真的有理由相信他吗？当提到孩子的死亡时，我们仅有的是关于一个全能且至善的存在的概念，这又显得多么虚幻！我的信仰动摇了，重新恢复了，再次动摇，又一次恢复，整个过程我都记在了这本书中。在上帝的静默前，有哪一个信徒未曾经历怀疑、抗拒、绝望呢？

当希特勒崛起、胜利，上帝沉默不语。潘霍华牧师在希特勒的炼狱，饱受痛苦折磨。在他被吊死几个月前，他发出了信仰最后的吼声："与我们同在并帮助我们的只是无力、弱小的上帝。'基督揽走了我们的弱处，担起了我们的疾病'，这就清楚地昭示基督不是以他的全能来帮助我们，而是通过他的弱与苦……只有受苦的上帝才能帮助我们。"[1]

这些句子，我反反复复地重读。在我眼中，它们就像一个殉道者用热血写下的见证信仰的遗嘱，而不是神学家在他办公桌前写下的冷冰冰的抽象言论。潘霍华的见解有力地帮助我调和了不可调和的矛盾：上帝，当他使基督耶稣和人性紧密相连，便也将人性的弱点注入了神性。痛苦，绝望，失败，由此开始与上帝息息相关，休戚与共。救世之所以成为可能，是因为无论是痛苦还是死亡都再不能与上帝的生活分离。

就如大雾中渐显的船艄，神学的这一方面渐渐揭开面纱：十字架上，正义处于卑鄙和排斥的顶端，也正在那时，重生开始萌芽。神学家潘霍华在上帝缺席的黑暗中展现了上帝有效的在场：他与基督共同承受身与心、肉体与精神的十字架之刑，死亡与重生在这过程中互相融合。

于是，我们超越了神学和哲学的悖论，来到了帕斯卡的第三种秩

---

[1] 迪特里希·潘霍华，《狱中书简》

序，在那里唯有爱得胜利！我感激潘霍华！他帮助我在攀爬福音书提到的他泊山的道路上迈出更加坚实的一步：基督登山变相，仿佛一种胜利的宣告，对于不公的定罪、折磨和死亡的胜利。我在特蕾莎嬷嬷和雅克·莫诺的电视对话中发现了这种超越的阐释。著名的生物化学家通过绝妙的推论展示了创始者的无用。特蕾莎嬷嬷仅仅回答："我相信爱和怜悯。"莫诺接着承认他有一刻的窒息，就仿佛，仅仅弹指一挥间，修女便摧毁了他用卡片搭建的完美城堡[1]。她已升华至上帝的双重感情：爱，它是一种对人的无限尊重，让他享有绝对自由；怜悯，则是对人能否得永福的牵挂，以致与他共担痛苦的碾压，为了与他共享重生的胜利。

继潘霍华后，特蕾莎嬷嬷使我信服。我曾经无用地将上帝看做一道待解决的几何问题，而她从不寻求答案。她直接走向永恒之像，在上帝的天堂里，真理与正义最终都能得以圆满。她跨越过 50 年来一直困扰着我和其他人的鸿沟。像我这样的凡俗之人，始终不遗余力地希望能在尘世寻到一种远离暴力、远离灾难、远离疾病，继而远离痛苦与死亡的幸福。而特蕾莎嬷嬷，她目光如鹰，一心怀着爱和怜悯俯向人类，帮助他们抵达天上的国度。

我终于明白上帝与人之间纷争的原味：双脚植根此岸，我们便梦想得到此岸的幸福。天堂遥不可及，没有任何尘世之人回来向我们予以描述。如果上帝任我们卸下防备，他的儿子与我们同在、为我们而来，遭受痛苦与死亡折磨，那仅仅是因为这是通往无休止的幸福的永恒之路。然而，如此简单的结论，对我曾是——甚至如今有时仍是——多么难得！

---

[1] Chateau de cartes，一种用卡片进行搭建的益智游戏。——译者注

尘世并未就此消失，恰恰相反。一切团结和气，一切兄弟情义，一切为人奉献，都已是此岸的晨曦微亮，预示着总有一天将向所有善心之人揭示的幸福之光。

以马内利，在你浑浑噩噩的前进过程中，你选择了对的路，这条路上兄弟间结成队伍，共同攀登，希望对方得解放。在你的脆弱、你的怀疑、你的动摇和你的重振信心间，幸而有许多友人，他们帮助你守住对人、对上帝的信仰，这是主对你的支持。但别忘了，一如攀登埃及的金字塔，从最开始的平地起，这通往爱的战无不胜的顶峰的道路便出现了分岔。四面墙将意欲向上的人分隔。人们怀着的信念常常互相对立：宗教的，知识的，政治的，或者社会的。但却是同一个制高点吸引着每一个攀爬者，给他克服前方等着他的艰难困苦、奋力向上的勇气。当我们攀登得越高，我们便愈发互相接近。平地上的矛盾渐渐模糊，一切变得简单明朗。那些徒劳无功、毫无意义的争执都见鬼去吧！同样的对人的信念使大家同呼吸、共命运。那个过去的世界，随同它的哭喊，随同它的阴影和怀疑，跌落在虚无中。唯爱永存，比死强大。因此，信教者和不信教者，我们都会在基督光彩夺目的面容中辨认出那些我们亲如兄弟的受压迫者痛苦的脸。无论我们是否心向着神，都为着正义而活，都将听到福音书的圣言："你来看我，看顾我，给我穿，给我吃，要往你主的喜悦里去！"[1] 奇迹！对人之信和对上帝之信融为神秘的共同体。新世界的大门向所有相信自己的兄弟并为之抗争的人们打开。在所有同基督一块儿最终围绕在天父身边的人类大家庭中，只看得到一张张爱的脸孔。

---

[1] 根据《马太福音》25:31

在各各他

现在我得抛下天堂之高，提一提人间的一处高地：各各他。正是那里坚定了我对于人、对于上帝的信念，并永远地把它们在爱中相连。

在新纪元的开端，在耶路撒冷，一个男人在两个强盗中间被十字架钉死，他被钉死的地方就是各各他，死亡之地，生命之地。自此，这座山便成为了世界的一极。我也曾在那里度过漫漫数日，带着一本圣经、一块面包和一个水壶——我到源泉来汲取生命。在祈祷的数小时里，我看到整个人类的代表——世界各国的朝圣者们鱼贯而来，来这里冥思。最先到的是一些日本人，这是些有钱的旅客，总是行色匆匆，和马耳他那些穿着朴素黑衣的妇女形成鲜明对比：她们经年累月，一个苏一个苏地攒下钱来，她们坐在她们的小折椅上，停在各各他山附近，哭泣着，祈祷着。近11点时，各种好奇的团队游客在导游的带领下出现了，他们的导游正以夸张的语气用各种语言吹嘘着古建筑的种种……抬高着脸，闪光灯噼噼啪啪地快速闪过，再加上几句生机盎然的惊叹，所有人便迅速下撤，跑去别的地方了。还有些年轻的犹太中学生在他们老师的陪伴下前来：推推搡搡，兴高采烈。

奇怪的悖论，这些鱼龙混杂的人群能帮助我更好地进行祈祷。人类之子基督耶稣死于这块岩石之上，人类在这里成为一个巨大的家庭。我想起塞蒂扬热神甫的著述《耶稣在高高十字架上看到了什么》[1]：人群在历史中交替上场，每个人都代表着他的时代、他的教育、他的文化，每个人都至死为基督所爱。他的双手双脚被钉起来，竖在一个洞里，我看着那个洞，仿佛在深渊之底看到自己，罪恶和死亡倾倒而下，轮流将我们吞没，在深渊里，回荡着他最后的呼喊："我的上帝，我的上

[1] 弗拉马里翁出版社，1930。

帝，你为什么要将我抛弃？”为什么？自从那一日变成了夜，“遍地都黑暗了”[1]，人们世世代代都重复着这句呼喊：“为什么？”

距离各各他几米远的地方，是人们安放尸体的地方。第三天，在复活节的晨曦中，他获得新生而浑身战栗，为什么得到了答案：就好像处于妊娠期的妇女，痛苦之中孕育着快乐，死亡之中喷涌出生命，十字架之死和重生成为了同一个奥秘。

在各各他，信徒很容易就能从肉眼看得见的东西转向肉眼看不见的，从瞬息万变转向永恒不变。坟墓的门洞很低，要进入坟墓，必须低下头来。基督躺在这块石头上，后又站立、重生。在这块石头面前，我感到我的灵魂远离了一切辩术。

在世界各地学到的一切在这里得到圆满。每个人一生的大戏、从出生到死亡的悲喜，都在这个坟墓中得到回响：众人之心在基督之心中跳动，他来到世上，分享人类的悲和喜、生和死。我紧握双手，放在岩石上，小声念着这段祷告：

> 主，我相信你降生在尘世之中。
>
> 我相信你的降生仍在继续，在无形中，在所有善心人身上体现。
>
> 我相信你，重生者，你带着你的人类兄弟，走向永恒的至福。

让我们真实点

“你们看这个人”[2]，彼拉多如此介绍自愿舍掉自身力量的基督。我

---

[1] 《路加福音》23:44

[2] 《约翰福音》19:5

徒劳地试图成为他的弟子，而这便是我一生的失败。在这本书行将结尾之时，我试图真诚以待——我究竟能做到什么地步呢？我尤其不愿维持“以马内利，理想的完美化身”这样一个神话，而希望展现一个女人最真实的一面。

那个以马内利，她去了哪里？那个我梦中为其刻画天国脸孔的以马内利？我在二十多岁风风火火的年纪走进初修院，一心以为在经历两年和自身弱点的斗争后，便能成为圣婴耶稣德兰那样如天使般温柔的女人，用我的脚尖轻轻点过大地。“想要成为天使的人，总不免痴傻荒唐”，帕斯卡如是说。而今我能说的只是，这荒唐仍是荒唐，半点未见天使的影子！我不愿多谈我那热血青春引发的一系列后果，那些形象至今仍然占据着我晚年的想象。至于我那天使般的温柔，也不必再谈。“摸山，山就冒烟”[1]，诗篇作者言之凿凿。谁若胆敢反驳我，便会看到我的“爆发”，无论是否混淆视听，都要极力证明有理的是我。不搭理那些愚蠢的反对者完全在理！

我的母亲有时会对我说：“你，当你想要某样东西时，你不惜消灭全世界！”当某个项目在我眼中是有价值的，我强大的意志会助我实现，而只有对这项事业有益的帮助才能入我的眼，我轻易便会把在我前面阻挡我前进步伐的人事扫除干净，无论他是不是最好的合作者——一个预期得到更多体贴和柔情的合作者。

一个从开罗来的朋友向我转告了如下证言：

“一些人断言以马内利修女为圣。显然他们未曾和她共同生活过。一个圣人应该认可每个人身上的优点。然而，一些被偏爱者出现在她的演讲中，而另一些人得到的不过是寡情和沉默！

---

[1] 《诗篇》144:5

“她总是冲在太前面，她是明星。是一名把战争的所有光荣归于自己的将军。

“她说：‘我建了学校，我修了房子，我消灭了婴儿大量死亡的现象……我，我，我！’她到处宣扬自己是唯一在贫民窟工作的修女！

“我们受够了她的母系统治，能直接在这么个拿破仑的命令下工作的人该是怎样的受虐狂！”

其他言论亦相差无几。

有几位杰出的妇女真诚地提出想和我一起工作。第一位来自遥远的加拿大，是我的修会的一名年轻修女，坚定地把自己全身心投入贫民窟中。她首先便强迫自己学习阿拉伯语，这是多么难学的一门语言！当她接着开始照看孩子时，她就仿佛绝妙魅力的化身，以其无尽的爱，很快赢得了孩子们的喜爱。但她的健康状况并不和她的勇气相当，她比我更快感到疲惫，无法胜任我交托的任务。当她最终筋疲力尽，要求休息一段时，我同意了，但带着一种让人难以承受的宽容的怜悯口吻。她感觉到我心里正寻思，为何她明明比我年轻30岁，却在我还继续奔跑的时候想要停下！这件事导致的结果是，她虽然回到加拿大想要恢复元气，但却陷入可怕的抑郁中，吓坏了她的姐妹们。我实在满脑子只想着自己，一点也不懂得理解她、支持她，也不懂得爱她本来的样子。然而，她却给我们的小拾荒者们带来了怎样的成长启发！这也难怪之后再没有西翁的修女试图同我一起工作。我又一次回想起这位仁爱传教修女会的修女，她不惧和我同睡在我的棚屋的草垫上。为什么有一天她要放弃留在贫民窟？是因为和我们共同经历的贫穷吗？恰恰相反，正是贫穷吸引她前来。再说，她照看孩子的时候感到幸福：她是名好护士，关心着他们的健康，也正是为此她尤其得到了家长们的赞赏！但是，我片刻不停地丢给她的命令，终让她再难消受生活半分！

同一时期还有另一位来自瑞士的女性，她放弃了使馆秘书的职位以及日内瓦舒适的公寓，来帮助我，在我这里当一名护士。但很快地，我们两人的个性便起了冲突，因为她希望依自己的意愿行事，而不是执行我的指令。最后，她也另寻他处，去继续她非同凡响的奉献。

一个比利时人接替了她的位置，当有病人需要她的宽慰时，她是如此投入，绝不会因为任何疲惫而停下不干。但老问题又出现了：“拿破仑”和她的专制统治！她可不是那种可随意差遣的女人。风雨交加、电闪雷鸣的天气最终迫使她转投更加温和的天空。

最后，另一个比利时人，一个一心一意献身于第三世界的修女，开始为小拾荒者们服务。她从不埋怨，以至于我都不曾料到我的个人意志使她不堪重负到了怎样的程度……直到某天，她突然宣布自己得了某种吞咽困难症，什么东西都吃不了。我被吓坏了，不顾她的眼泪，逼着她回到英国的修道院中，她从那儿给我写信，央求我让她回来，但都是白费工夫。

类似的事我还能写上好几页！故事中最奇特之处在于，我一直都和这些我不懂得尊重的女人们保持着最好的关系。当我们有机会重逢时，是多么快乐。事过境迁，同样的对于拾荒者的深刻友情使我们紧密相连。

自然而然，一个疑问在这里提出了：我究竟能和谁合作呢？仅仅是那些面对我的不妥协保持良好心态、能从中跳脱出来而不至太过上心的人。

至于萨拉修女，简直是奇迹！我们的搭档——因为确实存在着搭档关系——一直在一种激烈的合作中持续了整整16年，毫无裂痕。难道她缺乏个性吗？恰恰相反。但是，这里有一个但是！她身上有一种鲜有的品质：当我冲动起来的时候，她拥有不反驳的智慧。事后，当她看到我比较有自控能力时，她微笑着重拾话题：“以马内利，你不觉得这个计划有待商榷吗？”这一回，被她诚恳论述的理由所震慑，我也会冷静地把我的理由一一阐述。最终，我们会达成一致，为我们事业的成功铺平道路。

我再透露点隐情。当我是年轻姑娘时，我很爱打桥牌。在一次和其他修女共度的欢乐晚会中，我再次拿起扑克牌。我顷刻间便被游戏的激情所点燃，我让别人不堪其累，而我不惜一切代价都要赢……吉莱纳嬷嬷对我说：“这不是公平比赛，以马内利修女！”我再未执意妄为。要我不带激情地投入游戏，实是办不到的。

人们有时还会指责我无法抗拒商业——企业运作的吸引力。我想了想，觉得颇为在理。那些年，我如此疯狂地热衷于幼儿园、学校、诊所、老年收容所、“幸福之家”等建设项目，难道就不会因为完全沉浸于这些项目的计划及实施，而忘记了人的存在，至少是部分地抛弃了我的拾荒者兄弟姐妹们？更贴切地说，我总是匆匆转向那些可能提供给我宝贵帮助的上层关系：为拾荒者组织节庆和集市活动的大使们；邀我一谈我对他们的期待的大企业家们；萨达特的妻子热阿讷，她从总统府致电给我。自然，这一切都迎合了我这种小资产阶级的虚荣心，竟轻易进入了我本来不可能涉足的圈子！

在欧洲和美洲巡回的成功同样不可避免我的权力意志的增长所带来的危险以及操控大笔资金的满足。这项事业有多高贵，其中的危险就有多微妙。成千上万的孩童得到拯救，而我甚至从未将区区 1 美元挪为私用。一次在美洲的旅行中，我和萨拉修女每人用 1 美元买了几双长筒袜，这是真的：这是我们唯一一笔绝不该被允许的私人消费！然而，过这样一种生活，能让人感觉到自己“存在”，这也是千真万确的：人享有一种至高的权利，即使到最后这种力量不过徒有其名，终将化为乌有。

在这部分我希望能有自知之明的分析中，我没有特别指出朋友笑称我“哗众取宠”，也没有强调我的戏剧化倾向、我对大众及个人的煽动欲望。当我渴望为我的这项那项事业赢得某些特权时，我似乎会施展一切技巧来迷惑我的交流者，引导他给出同意的答复。重点在于我们在同一频率：物资捐赠，免费交通，能够给予某项计划以支持的恰当的有影响力的个人及媒体。正如我所提到的，这一切都不错，甚至可以说是极好的，但有一点没那么好，那便是获得成功后膨胀的内心。对此我意识清醒，时不时重复着：“注意了，以马内利，想想基督的话：‘人若赚得全世界，却丧了自己，赔上自己，有什么益处呢？’[1]”

我不过是个脆弱的女人，为尘世的虚华所吸引，若没有回到贫民窟未变质的环境中去，便会无可避免陷入名望的陷阱；在贫民窟，我只是个单纯的女拾荒者，和众多兄弟姐妹一起，爱着，也被爱着。我突然发现自己身处现实中，和休戚与共的日常生活“相处”的现实中。光彩夺目、发出叮叮当当清脆水晶响声的香槟高脚杯被实实在在的茶杯取代；用精湛语言技艺去引诱的欲望转变为日常的家庭对话，孩子是其中最重要的话题；摆放着整齐沙发的光洁地板让位于我们紧挨着坐的大地。我身上的一切浮夸、权力意志、诱惑的欲望都分崩离析。在教堂穹顶下歌唱的古老句子“上帝在慈悲与仁爱之所在”，在质朴中得以实现，在这份朴实无华的爱中达到了始终追求的绝对。

修会中度过的周末远离一切闪耀与奢华，也带给我宗教的有益氛围，这一次次祈祷和对话的相聚都在快乐、互信的友谊中进行。我总是非常享受和我的修女们共度的时光：多棒呀，能在一起，互相诉说一

[1] 《路加福音》9:25

周发生的种种。其中一人，明爱[1]的秘书，把我引向非洲和中东的发展问题；另一人则描述了她的平民幼儿园组织的节庆活动；这一位兴致勃勃地讲述着她和学生相处过程中的成功与挫败；那一位在神甫和基督教徒的热情首肯下，为在埃及中部一个贫困乡村建立组织做着准备。我呢，则跟大家讲了我最后一次坐自行车外出时是如何紧抓着在垃圾堆间摇摇晃晃的亚瑟尔的。我们的分享中有几多幽默、几多欢笑！而我亲爱的修女们的寓所整洁得无可非议——拜托，还有淋浴！——我在那 36 小时中也是干干净净的！正是这样，贫民窟和修会帮助我找回平衡。

这一章节中最后的忏悔解释了我的生命之谜。基督最强而有力：他让一个本准备投身欲海的少女转投净化之爱。他不但没有蔑视，反而开发了我未经驯化、自视甚高又贪恋繁华的脾气。他不害怕把我活生生丢到生活最底层，为穷人服务而得纯洁；他在宗教修会中保护着我。这个人—神为我锻造的是怎样不同寻常的命运！然而，我还总是恼怒着自己关于“温柔圣洁的以马内利”的“失败”的美丽理想……是好是坏总是一团乱麻，若我的灵魂不能同时浸润于基督“如此”爱我的惊奇中，我便会恼怒起来。最好的事是，在一个可悲的失败中，他懂得如何创造一个巨大的成功。一个“失败”的圣人背后，他拯救了大批不幸的人！

以马内利，你还想要什么呢？救世主，他已经以他对人类的热情之爱点燃了你狭隘贫乏的心。继续相信奇迹吧：正因着你所感受到的跃入你身的这份爱，他向你重述了对另一个马德莱娜——你的守护神——曾说过的话。听着，以马内利，快乐地颤抖吧：“她许多的罪都赦免了，因为她的爱多。”[2]

---

[1] Caritas，基督教非政府组织。

[2] 《路加福音》7:47

第二部分　人至暮年

（1993—2004）

在迟暮之年，喧嚣沉寂下来，热情归于平静，便更容易判断在十字路口做出的选择的价值。我对于人生的选择后悔吗，比如，在伦敦，当“聪明人”一遍遍问我“结婚吗”时的冒险决定？用惯常的说法，我张开怀抱，是为了确认我的灵魂、我的意识的拒绝。我一遍又一遍地重复：为上帝、为人类献身，是我未曾料想到的最动人的经历！

钻石婚

1991 年 5 月 10 日，我在贫民窟庆祝我的宗教生活 60 周年纪念日，也就是我和基督的钻石婚！我仅在这里转录值此之际从开罗发出的信函：

“‘上帝为我显神迹。圣是他的名。’两千年前，从年轻的马利亚心中涌出的这些话，至今仍在 5 月 10 日这天在我的灵魂中不断唱诵。伴随着 60 年前环绕在年轻以马内利身边的一切——陪伴着她一步步登上西翁圣殿阶梯以献身上帝和她的兄弟的那些人，上天似乎俯向了大地。你仍然近在身边，我的母亲，你过去根本不信总是见异思迁的马德莲能矢志不渝；玛丽－阿方斯嬷嬷，我神圣的初修导师，您曾长时间犹豫，不知是否该接受我进西翁圣母院：

“‘上帝希望我们得幸福，以马内利修女。您确信宗教生活将会成为您快乐喜悦之源吗？’

“‘我确信。将自己全身心奉献给上帝和我的兄弟们，我为此乐开了花。’

“60年弹指一挥间，就像在人的一生中，有欢乐之日，有哀恸之日，有喜庆之日，有肃穆之日，但从没有过对所选道路半丝半毫的悔意。相反，在灵魂最深的奥义中，和平与爱的源泉喷涌不绝，丰盛且愉悦，而在和亲爱的拾荒者兄弟姐妹们共度的20年间则更加熠熠生辉。”

我希望5月10日成为他们的节日，希望能有几名大人物来拜访他们，他们这些在开罗不受待见的小人物。从这点出发，我选择邀请了密特朗夫人和雅克·德洛尔。前者爽快地就来了，快乐地把自己承载友谊的微笑带给拾荒者们。可惜，雅克·克多尔最后一刻被一个国际会议留住。

但是，法国第一夫人的到场——即使是非官方的——引起了不总是容易解决的安全问题，因为宗教仪式将在由拾荒者按着我的梦想建造的简陋教堂中举行。我的重要朋友，东正科普特教牧首谢努达为此把它提供给我，他自己因身体欠佳不能前来。警察反对这个决定，他们倾向于选择“兄弟初中”美丽庄严的礼拜堂，看守起来比较容易。能够看到天主科普特教牧首站在东正科普特教大主教——阿萨纳西奥斯阁下，萨拉修女所在修会的创建者——身边是多么愉快的事情啊！同时，遇见埃及议会成员莱拉·塔克拉和法国国民议会议员乔治·科隆比耶也让人多么快乐！

教廷大使宣读了让－保罗二世写给我的信，给我，小拾荒者。轮到我们笑容满面的拉丁主教讲道，他幽默地解释说我是来扰乱神圣教会秩序的……而且我应该继续下去！最终，庄严的一刻到来了，那是续立誓愿的幸福。从耶路撒冷赶来的省会长嬷嬷凯修女亲自为我完成仪式，她总是恰到好处地提醒我精神对社会问题具有至上的支持作用。

出发，向三个社会医疗中心前进。托我们来客的福，路上有几处坍陷的地方都得到了细致的修补，这对于那些有此愿望多年的人来说是天大的好消息！我们到达了埃兹贝·纳克尔的新学校。学校由我们经验丰富、不屈不挠的科普特教修女们负责，现已接受学生三百人，其中两百多人来自贫民窟，和附近村镇的孩子们混在一起，没有产生一点问题。学校的天花板绚烂夺目，明亮的天顶画的署名为瑞士知名画家安德烈·叙尼厄，他已为莫卡塔姆饰以法老时代的壁画。

在汽车、小轿车的轰鸣声中，我们接着开往萨拉姆中心。我们开过了一个建在垃圾堆上的中心，其中设有幼儿园、裁剪缝纫工作室以及诊所，但出于安全的考量，我们没有造访。整个中心由我们的一位极富魅力的科普特教修女全权管理！当然也不可能前往我火灾后重建的棚屋、为百来名从不幸咖啡馆解救出来的年轻拾荒者而创办的足球运动俱乐部，还有新建的老人收容所……警察担心太难监控。我呢，我心中了然，在我们这儿，大家定能躲过一切不幸，我们的拾荒者们个个可都是肝胆相照、两肋插刀的好朋友。

萨拉姆中心四面环墙，我们迫不及待来到幼儿园的露天花园，孩子们在太阳下大笑着，手中拿着他们的玩具，那是欧洲的小伙伴们送来的礼物。接着我们参观了年轻拾荒手工艺人的展览，他们个个都为自己的处女作感到自豪；还有就是对面的诊所和产院。然而，女拾荒者们始终坚持在自己的棚屋分娩，恐怕还得等到年轻一代从学校毕业，才能战胜这顽固的传统。

在简单欣赏了缝纫工厂妇女们制作的各种埃及主题的制品后，我们便来到节日大厅。那里实是大可惊叹：我们的孩子们穿着埃及国旗的三色（红，白，黑）衣服，多么迷人。这其中有四分之三都是小拾荒者。当他们唱道“谢谢！以马内利，哦，以马内利修女，你改变了我们的生活！”，我们中的一些人眼中噙着泪水。就在这时，门外原本受警察控制的人群渐渐聚拢起来，发出热情的呼唤和哟哟声，他们拍着手，自发地喝起彩来。

该是时候吃点东西、振作一下精神了：奶酪三明治和臭三明治——穷人们的食物……走喽！出发到第二个社会医疗中心莫卡塔姆去。首先吸引我们的便是化工厂，还有织毯工坊——我们女拾荒者们的作品。

没有时间可浪费了。我们现在在完完全全的贫民窟里面，因为密特朗夫人不得不踏上回程，警察也随她离去。我们坐在休闲俱乐部的台阶上，这是由新鲁汶大学捐助建造的。年轻拾荒者们排着整整齐齐的队伍，他们为身上穿着的校服感到自豪。唱歌，格斗练习，足球，跳绳梯，在他们用做戏剧表演的大厅中表演短幕剧。来自新鲁汶的朋友看到这一切感到非常高兴：因为他们，远方的年轻兄弟们能够在自我提升的道路上稳步前行。700 名学生等着我们。一名仙女出现，用她的仙女棒将我们的灰姑娘们改头换面：欢歌热舞，接二连三，一片欢腾。

向着第三个贫民窟梅亚迪－多拉前进。我们入夜才抵达那里，我被迎入锣鼓喧天的宏大节日中。我们跟随火炬手，一直来到立在足球场中央的帐篷前。那是陷入狂喜的民俗欢庆。

第二天，我们在伊斯马莱亚湖边的“幸福之家”见到了 140 个年轻人，我们同他们一块儿逐浪，在扑面的清新中唱歌跳舞！最好的事留在最后：苏珊娜·穆巴拉克虽然没能来参加庆祝活动，但她给我打来了电话。我申请加入埃及国籍——极罕见的恩典——已经被她的丈夫批准了。我终于看到我的两种爱，埃及和法国，合而为一。

坚定，在西翁

在生命动荡的长流中，我的小船始终靠向修会的港湾。如果重来一次，我会怎么做？年轻的狂热激情不复存在，在经历长长的人生历练后我已步入暮年，我仍会带着自信说：我会加入这同一个宗教组织。我在其中找到了我梦想中的一切吗？没有。有谁在婚礼上不历数受考验的日子？对我来说，就好像写回忆录般记录下这68年间发生的与西翁圣母院相关的重要时间，是恰如其分的。

修会创立于19世纪。泰奥多尔·拉蒂斯博纳神甫是个改宗的犹太人，自他背弃先祖的宗教信仰起，他的兄弟便开始厌恶他。他年轻有为，和一位漂亮小姐有婚约在身，还继承了叔叔的大笔遗产，在香榭丽舍大街上过着轻浮浅薄的生活。1842年1月20日，途经罗马，他突然看到圣母显圣……事情发生了戏剧性变化：他受洗礼了。于是，他不得不放弃美丽的未婚妻以及家族银行。什么都不能使他动摇：这回轮到他成为神甫，并帮助他兄弟开始西翁圣母院的事业。

泰奥多尔神甫希望每个修会都亲如一家：做人类天父的子女，修女们则如姐妹般互相关爱。我不费吹灰之力便领悟了这一理念。在我内心深处，和上帝的相遇自始至终都是爱的相遇，无论是童年时期起懵懂地感知到自己和一个伟大、善良的存在之间的联系，还是青少年时期跌跌撞撞走向慈爱的主。在初修院，玛丽　阿方斯嬷嬷推动我们向理想前进，在喜悦中奉献自我。这种极为简单的关系，其源泉超越可见之物，激发着生命向真、向善，美化着人与物。浸润在上帝的温情中，内心充满手足情谊。但我得坦诚，这不是一蹴而就的。

每个我曾生活过的修会——除了在突尼斯，而我也已经解释过原因了——都热烈迎接我，爱我本来的样子。值得庆幸，我那有时火爆的古怪脾气因我对其他修女的深爱而渐趋缓和，而她们也极大地给了我爱的回报。短暂的轻微摩擦很快就被遗忘。诚然，在修女间、或者和上级间的互不理解的问题更加突出；但如今，我对事物的评价已不再那么激进，好胜的个性也平缓下来，因此问题也日益渐少。一个老人总是带着更加泰然的目光去看待人事。

在西翁，和在其他宗教修会一样，基督乃生命之源。圣保罗曾说："凡事都能做……凡事，靠着那加给我力量的。"若我没有进入修院，我的一生很可能将游离于一场场多少都有点浑浑噩噩的冒险中，最终以失败告终。基督捕捉到我生命的热情，把它投向他者的幸福，并让我从中找到自身的成长。

圣体圣事，清晨的食粮，让我重新满载爱意，直到晚上：让这份爱在孩子身上、在穷人身上，在这些受基督偏爱的人身上生长，是多么美妙。"受领圣体"，这种与我主的"相通"，通过与我主所爱的人的快乐痛苦的"相通"体现，他与我同在、通过我去爱。

在西翁圣母院，圣母自然具有至高的地位。多亏我所受到的教育，马利亚成为我灵魂的灵魂，我存在的呼吸。毫不夸张地说，面对痛苦和死亡，是她一次次救我于反抗和绝望中。我已经详述过，在危机的时刻，我是如何仰赖《圣母怜子图》中她的脸，那张因儿子的死亡而痛苦得变形却从未绝望的脸，她相信，她自己，相信复活！每日默诵的《玫瑰经》带我走进这一可怕的但又充满柔情的秘密中，撼动着理智的作用。我献上这段祷告，就如孩子向母亲献上爱的赞歌。马利亚让我明白，她的儿子毫不犹豫地分担着人类的苦痛，直至死亡，如今他依然在某种程度上化身于可怜人，那些可怜人屈服于常常由他们自己造成的种种不幸。念珠一粒粒滑过我的指间，基督的一生历经折磨和喜乐，为了最终在荣耀的炫目中绽放。

这种和圣母的持续接触，平衡了身与心、热情与理想的关系，使我的生命在不少领域获得成功：胜利和道德，精神和品行，人格和理性。我自己完全不是一个稳重的人，远不是！我早已提过我是怎样因贪恋享乐而把生活点燃。但是……这里有个但是，在瓜德罗普圣母院有这样一条座右铭："凝视，再起飞！"仰慕会带来改变，从一切贪欲摆脱出来的马利亚带给我解脱。痛苦中安然自若，她使我平静。渴望的只是爱，她引导我前进。根据贝亚特丽丝[1]给但丁的建议，我把我的目光放入她的目光：上帝愈加像父亲一般，而每个男人都像兄弟，每个女人都像姐妹。这种和圣母将心比心的修行从初修期开始就一直都是我的指路明灯。马利亚是我一生幸福的源泉——最清澈、最透亮的源泉。

要取得命运的胜利的秘诀是什么呢？在我看来，第一要义在于找到自己深层次的使命，也就是说，弄清何处能让最好的自己——智力，意愿，心迹——充分盛开，为自己，也为他人；接着，发奋图强，使其成为现实，每每遇到困难都不要改变道路。我很幸福地了解到献身宗教是我的道路，并依凭上主通过一场激烈的斗争，最终引我扎根于西翁修道院中。二十芳华便深居修道院中，许下看起来会牵制我一生的誓愿，是多么疯狂的事情。但不可置信的是——我至今仍感万分惊奇——这三个著名的誓愿打碎了束缚我的种种绳索，它们造就了我，就仿佛孕育了一次新生。我成为一个在路上奔跑的人，轻盈，自由。贫修：没有任何满足我奢侈品味的必要。贞洁：对于男性的不断猎奇宣告终结。从顺：再见了，我那无处停泊、左摆右荡的意志，我的骄纵任性。

有一点很奇怪，甚至有些自相矛盾，我也已经提起过：在这近 70 年间的大部分时间，我都感到摆脱了灵魂和身体的束缚，不无放肆，

[1] Beatrice Portinari（1266—1290），但丁的缪斯之一。

时刻准备飞向我仁慈的兄弟姐妹们，和他们共舞一曲卡马尼奥拉！而在我 90 多岁的年纪，我的双腿依然随时迈出华尔兹的舞步！如果说，我是以这种兴高采烈的状态来迎接我的奉献所要求的严肃刻苦，那是因为我许下的誓愿激发了我无穷的爱的能力！而我能在宗教生活中将这种爱的能力发挥到极致。

玛丽－阿方斯嬷嬷带我走上与基督结合的康庄大道；埃尔维拉嬷嬷让我见证了她的第一个成就，她培养我以胜任一名教育者的有趣任务。这项职责迫使我进一步求知，并最终把我带到了伊斯坦布尔和巴黎的大学。我谈到过我在就读本科时不得不中途停止，那是我遇见的一个艰难的但也是有益的考验。我说过，玛丽－阿方斯嬷嬷对我们什么都不藏着掖着。总有一些时刻，人只能在基督身后行走，走向某种死亡。"到那时你们还会爱吗？"她问。我祈祷，我坚持，后来我完成了索邦的学业。但是在爱的能力方面，有某样东西在我身上成长了。对修会保持忠诚的我，和基督、和战斗中的兄弟们更加紧密相连。一些丈夫和妻子曾私下向我吐露："要对发过誓的爱情保持忠诚需要经过多少抗争啊，然而，维持并拯救了我的家庭后，又会感到多么幸福！"每一次，声音中都洋溢着一种欣喜的骄傲！当人的自我的两面扭在一起、相互斗争时，"人便超越了人"（帕斯卡）。

我着重笔墨描述突尼斯那几年痛苦的失败。但我并不是像别人有时断言的那样，是完全不幸的。再一次，我要强调：基督与我同在。他的力量在我的软弱中生长。在我不自知的情况下，他让我因孤寂而受伤的心变得更加宽广。考验掘开了一个巨大的空洞，贫民窟的不幸有一天如洪流般倾泻而入。没有人会临时变成"同拾荒者们在一起的女拾荒者"！见习漫长而神秘，分好几个阶段。在突尼斯这一段艰难而珍贵的苦行后，我献身穷人的理想仍未消除。我已描述了那长长的几年等待的日子。一旦教会打开它的大门，要求它的修士修女更进一步走向世界，西翁便批准我离开它的围墙。

我对于真正贫穷的最初接触是在约瑟菲娜家中，但那还不算全然奉献中的全然分享。经历了40年的期盼和准备，“更加崇高之爱”的奇迹诞生了。我在《同拾荒者们在一起的女拾荒者》一书中详尽地描述了在贫民窟度过的我的人生中的这段高潮，也在这本书中简单扼要地提到了其中的经历。一个修女独自生活在臭名昭著的垃圾堆，连警察都不敢踏足之地，实是不可能被轻易认可的，这个事实引起的正常反响我也写在了书中。

在我的修会，这样的情况必然紧随着被边缘化的长期考验，但当人做出一个选择时，就必须懂得承担后果。何况，我亲爱的修女们依然继续爱着这颗发热的、投入疯狂冒险的脑袋。在我刚住到拾荒者那边去的头几年，我多幸运能有吉莱讷这样的上级，她理解我，支持我。

在经济上，我收到过大笔款项，用来拯救世界各地的孩子。我可以作证，西翁从未问我要过一分一毫，甚至在它处于经济困境时。有明确规定，不许任何款项写在我的名下——这样就给了我的修会以继承权。现在由我的那些协会负责这一切。

还有什么可说的呢？我身上最好的东西，那奔涌出一切果敢的基底，应首先归功于我的母亲以及我所受的教育，再来就是我的修会，我要感谢它，因为它在年轻的马德莲身上看到的不仅仅只有狂热和不受规矩，还有真诚的使命感；还有感谢它让我扎根于一片强烈的、对世界开放的虔诚之中。接下去，我在友爱的氛围中充分成长，这有利于培养日后支持我在贫民窟生活的乐观主义精神，西翁任我自由自在地奔跑了22年！

离开的命令（1993 年 3 月）

新婚的排场沉寂后，“大爱的时刻”紧随而来。3 月的那个晚上，快接近 23 点，人和牲畜都睡意沉沉。我在夜的寂静中进入自身，在上帝的静默前理解自我。

两天前，我收到了离开的命令。当年 8 月月底，我就得最终彻底地离开埃及，退居于我们给老人提供的休养所中。休养所位于卡利昂，法国的南部。5 年来，我定期收到来自上级们的相同命令，但我的心没有准备好。凭良心说，在我看来，抛下这些拾荒者不管是不可能的事情。在舒适的环境中休养，远离苦难的贫民窟，对我来说简直就是对我兄弟姐妹的背叛，因为他们，他们只能留下。在我的坚持下，每一回上面都批准再延期一年。

有一段日子了，从整个欧洲传到我这里的绝望的呼求越来越多。最后那条是昨天才收到的：自杀的企图……出发去医院前，在纸上留下的三行绝望之言。要救活一个快要饿死的人并不困难：不需费太多工夫，我总是能找到养活 3 万小苏丹人的日常补给。不管怎么说，人对他人的慷慨是无法估量的。但是，要拯救一个受伤而将死的人，就会让人想起这些无情的字眼：“人对他人无能为力。”最深情的妻子也无力阻止丈夫、孩子的自杀！只有上帝能为这些选择死亡的将死之人投射希望的光。自小就对平常日子里的缺衣少食习以为常的非洲人很少选择结束自己的生命。而在欧洲，年轻人自杀的情况渐渐变多。当原本不费力的愉悦生活被困难和痛苦所取代，遁入虚无的欲望便会悄然而至。我能做什么呢？我，一个手无缚鸡之力的女人，我能做什么，让他们接受这样的感悟：是痛苦让他们处于绝望中的兄弟成长，拉近了他们之间的距离？在回到欧洲前，从来没有像这样，我尖锐地感觉到一种根深蒂固的无力。

以马内利，你新的使命要求你进一步转向上帝，向他传达“无声之人的吼声”。根据赫忍斯基神甫的表述，一些人无声无息地死去，他们的心却在冰封的孤寂中狂吼，正是这孤寂把他们引向死亡；而我要传达的正是这些人发出的吼声。为了你那些徘徊在毁灭边缘的欧洲兄弟姐妹们，向上主发出吼声：愿他们望向十字架上的基督，基督用自己的生命来拯救他们，他自己也同样“心里甚是忧伤，几乎要死”[1]。

你的对你的拾荒者朋友们仍将是无比珍贵的。虽然眼睛看不到，但你仍然存在于他们心里。别再停留于物质的层面，让你的精神之光广为辐射。你知道的，萨拉修女和她的修女们会在贫民窟用爱和能力继续你的事业。你法国、比利时、瑞士的协会活跃在苏丹及其他地方，他们收到千万友人和好心人的支持。以马内利，坦率点，瞧瞧你眼前的现实吧：一切都在发展，一切都在前进。你不再是无可替代的。荣耀属于上帝！

我的上级们的来信正应和了我的心头之重，信件将把我带到一个地方，在那里，时间不再走动，身体不再奔跑，灵魂变做祷告。然而，当我看着指尖这张纸、这一离开的命令时，我却是怀着一种反感的。人类的灵魂是多么复杂啊！我的抵触因何而生？因为信件的内容？显然不是，因为我的心被如此多绝望的境况所伤，已准备好走入为人祷告的生活。这种本能的抵抗难道根植于我自决的意志，不愿接受任何人的命令？度过了64年宗教生活，还是停留于此！

耶稣受难歌回到我的记忆中：基督不惧死亡，死在十字架上。是时候由他带我走向“彻底且温和的弃绝”（帕斯卡），也即玛丽－阿方斯

---

[1] 《马太福音》26:38

嬷嬷所称的“大爱的时刻”，我听到在贫民窟的寂静中，这一时刻的钟声响彻天际，我轻轻回答：“好”。

最后的告别（1993年8月）

谁不希望自己的作品能漂亮收尾？我希望最后再看一次孩子们欢快的舞蹈。

开罗酷暑难当，从苏丹逃难来的家庭有时得八到十个人挤一个房间。在伊斯马莱亚湖边我们的“幸福之家”简直已被拾荒者挤爆。幸亏有我们不知疲倦的兄弟布拉——“兄弟学校”的校长，我们得以在一块属于明爱组织的广场上支起帐篷。漂亮的埃及姑娘纳比拉为我们献计献策。一切都变得生动极了，欢声笑语中，50多个年轻黝黑的身体同我一块儿随波漂荡，他们大嚼大咽着鸡肉和西瓜，踢着足球，他们定会成为未来的优秀足球运动员。晚上，到帐篷里躺下前，大家在星空下促膝长谈。他们跳着村庄的快步舞曲，一片欢腾喜悦。

当离别的钟声敲响，所有人向我拥来，用力地啧啧亲吻。他们齐声高喊：“愿上帝伴随你！”

汽车发动了，我向后投去最后的目光。我看到他们在湛蓝的海水中，兴高采烈地欢舞：这便是我传教生活最后的定格。感谢主！

第三部分　最后一步，意外！

（1993—……）

2005 年，我就快 97 岁了。我决定，无论今后还将遇见什么，这都是我最后一次动这本书。我打算延续同样的道路，仅仅只是表达一种人性的真实。从如此活跃的生活进入“退休”状态，我自己也经历了老年所固有的考验。但生活让我惊奇！我本以为回到法国后不久我就会死去。但是，这生命最后的阶段比预想中持续了更长时间。况且，新的行动方向重新把我调动起来，向我提出了新的问题。这打破了原本的稳定，但也逼迫我进入更深的层次，准备踏上向永恒最后的征程。同样，当我总结近期经历，我无法不感激上帝加诸在我身上并通过我实现的一切新意。

退休

1993 年 8 月，我便来到位于法国南部的卡利昂。“退休”　词意味着什么呢？军队的溃败和撤退？最终宣布的无所事事？一份过早结束或者失去的工作？对我来说，退休更多的是意味着走入寂静与祷告。我的上级们害怕各种吁求向我汹涌而来，他们要求我能坚决地从中摆脱出来。确实，信件、电话、传真越来越多。我收到各种会议、研讨会、访问和会面等等的邀请。我统统回绝，满足于养老院平静的生活节奏。

根据我的省修会嬷嬷凯修女的意愿，甚至连修会都不再求助于我。总体来说，我不再对任何人有用。我消失了。

从今往后，什么是我的存在？是身体和精神的干涸？还是另一场新的孕育，孕育救赎人类悲剧的灵魂？我开始长时间地在祈祷中体验这种存在，我感到在一条慈悲的河流中距离上帝和人类更近。再一次，我想起玛丽－阿方斯嬷嬷最后的话语："怀有一颗为世界之苦受伤的心。"皮埃尔神甫的话语如回声般回响："当你痛，我痛。"通过沉浸于基督之心，这种悲悯开始作用。尽管，对于一个个性活跃的人来说，突然中断各种会面会造成灵魂的某种不适；但是，每一次考验都能使人变得更加仁慈，更加靠近成千上万做着艰苦努力的同道中人。我相信，和德日进[1]及其他思想家一起，人类正齐头并进。那些失望的，并没有停下步伐，而是更加努力地前行，不时拉别人一把，帮助他们和自己一块儿攀登。伊丽莎白·勒瑟尔曾说："那些自我升腾的，抬高整个世界。"[2]人类间的相通相惜并非大话一句。

当然，这种生活和我前些年的风风火火的生活截然不同。这是一种内心生活，它要求我从此不断探索：思考圣经，在祈祷中保持对外界的敞开。从某种程度上看，我重回我宗教生活之源：退回65年前的1929年，我在初修院度过的两年的"退休"生活。正是这一段时间对我的强烈打磨，为我日后服务上帝、服务人类的热烈生活打下基础。

于是，我狠下决心，投身于新的使命。但从头几天起，一盆冷水便浇熄了我美丽的热情。在饭厅，那些围在我身边的德高望重的夫人

---

[1] Teilhard de Chardin（1881—1955），法国哲学家，神学家，耶稣会教士。——译者注

[2] 《勒瑟尔夫人日记与日思录》，伊丽莎白·勒瑟尔，雄鹿出版社（Editions du Cerf），2005。

自然而然属于“美好旧时光”。我坐的那一桌上，大家脸上都神情寡欢。当我的同桌共餐者们得知我从 1931 年起一直在欧洲以外的地方生活，便对要把我领进现代世界这事儿上了心。她们手拿叉子，向我解释说我 20 多岁的社会道德早已成为被打碎的旧枷锁：“人们不再结婚了，只是同居。家庭不复存在，离婚是通行货币。妇女可进行合法流产，她们不再想要孩子。年轻人杀人放火，甚至在学校里把可怜的老师打倒在地。毒品是不可抵挡的潮流，大家都在谈论毒品合法化。艾滋病像一场新的瘟疫，成千上万人因它而死。同性恋不再需要躲躲藏藏。贪污腐败在商人和高层官员中屡见不鲜。教堂空空荡荡，除了举办葬礼。人们不再施洗，很快神甫也将消失。最终，整个社会已经被完全腐蚀，丧失了痊愈的希望。还好，我们在这里等死，等待进入一个更好的世界。”

这些昏暗阴森的观感——我仍无法判断是确有其事还是夸大其词——把我的好心情和好胃口一扫而光。我埋头吃饭，不敢承认我还没有那么急于去死。然而，退一步说，“还存在几处孤岛，比如这个神圣的住所，在这里，和修女们一块儿，人们能够在祷告中遁世生活”。我开始呼吸。这些善良的灵魂清楚地向我勾勒出我的应做之事：幽居于祷告的庇护中，远离这个“丧失了痊愈的希望”的星球以及它正经历的地狱悲剧。

闪回

日子一天天过去，我变成了祈祷的雕像。退休的宁静时光对我是有益的：过去渐渐清晰，底线现出印记。巴黎的“以马内利之友”协会以及布鲁塞尔和日内瓦分部，伊泽尔省的橙色行动，一一在我眼前晃过，紧跟着它们所引发的捐赠狂潮。每项计划成功的实施都离不开它们积极的参与！

拉比卜黝黑的脸，萨拉修女温柔的身影，卡迈勒热烈的目光，这些都让我想起他们的日常活动。在开罗，我再次见到拉比卜，他残疾的腿倚在自行车上，走在我的身边。他出生在贫民窟，他是所有人的朋友，毫不夸张地说，他是我的“万能钥匙”。我又想起和萨拉修女的交谈：我们在一盆臭菜前讨论白天发生的问题。她对于埃及居民的认知，使我们的计划落地，并保证了它的运转。

在喀土穆，我和西蒙娜·不拉昂莎、卡迈勒·塔德罗斯一起，大汗淋漓地朝着救济中心狂冲。我们要把三明治分发给饿坏了的肚子。这两人都教会了我怎样的惊人之举！西蒙娜一把从我嘴边抓过去的是一瓶装满水的旧威士忌瓶子的细颈，我差点因上面的标签而锒铛入狱。同身边这个狂热分子说话是危险的，他可是能把我们吊起来的！我们用芦苇建了些便宜的学校。和这些朋友的合作取得了成果，他们是熟识苏丹环境的人。一天，一个居住在喀土穆的侨民用他绘声绘色的语言对我说：“你们从开始便是 3 人，这三人组合把雪球滚了起来，让成千上万的黑小孩儿脱离了……这真是太好了呀！”

这些回忆在一番思索后，在我的头脑中启发了新的明智。一方面，我更加清晰地看到一切尝试的行动方针：在异国部署行动意味着要借助当地土生土长的智慧进行工作。承认吧，以马内利，你被那个“我”逢迎得心满意足；但是，没有你的伙伴们，你的个人行动不过只是光秃秃的孤峰一座。现实要求的是“我们”。另一方面，在这种闪回式的祈祷中有希望闪现。我们这些地球居民已迈入 21 世纪，马尔罗曾说——这一表述早已为人熟知，成为经典——21 世纪“将是精神世纪，或者全然不是。”马尔罗，我无法肯定，整个地球是否都在朝着与时间无关的真实发展，也无法断言，冲突或者战争是否不再会使大批民众死亡。但我确定，一小撮朝气蓬勃的人已经与压迫对着干起来，而明天，那些无法餍足地渴求平等的年轻一代将要执掌缰绳。在他们的行列中，许多人将主持高位，人们用不同语言唱着：Peace，Salam，Shalom，Frieden。[1]

马尔罗，和巨大的人群一起，你将在你的坟墓中颤抖。他们承受了孕育公平公正这个骇人过程的痛苦，而20世纪正是这痛苦的第一阶段。这一进程早已启动：对于和谐发展、对于国家间可持续和平、对于穷人中更高质量的生活、对于流行病更加一视同仁的抗争的追寻。在这方面，20世纪所承载的精神意义已在自我凝视。21世纪将是精神世纪。

写作

最终，另一项活动在这一时期开始占据我的生活，直至今日。我开始写作。说实话，从20世纪80年代末开始，在埃及，我便已经开始写作“回忆录”的初稿。当时我是得到了两位德高望重的耶稣会会士的建议，莫里斯神甫和布拉德神甫，一位法国人，一位埃及人。

是什么促使我动笔的？是对话的欲望，交付一种存在的观感并等待他人的想法？是产出的欲望，苏格拉底曾把它比作各个年龄段的人的内心升涌？写作，难道不是一种孕育，将自己身体深处的东西拿出体外？说得更乏善可陈，是一种被认知的欲望，成为有名者的欲望，也可能是在时间内永存的欲望？这不同的渴望无疑在我身上交织在一起，不同的主题有其不同侧重。再者，如我所为，当人以亲密无间的

[1] 英文，土耳其文，阿拉伯文，德文：和平。

方式分享某个群体的生活时，他所得到的关于人的认知就不再流于表面，于是便产生了让他人欣赏这惊人宝藏的欲望。

抵达卡利昂以后，在进行这项工作时，我始终感到需要帮助。一项愈发卓有成效的合作从那时开始。我重新和菲利普·阿索神甫取得联系，我是在几年前的一场巡回会议上与他相识的。他年仅30多岁，已在尼斯教区担任要职：大学生指导神甫，神职人员长期教育负责人，教区合作者。他也正在准备他的博士论文，关于亚里士多德在圣经使徒行传中的影响。他积极地响应我的请求，接过了贝努瓦·朗贝尔的接力棒，他们都为我提供过很大帮助。

我们开始修改后来成为这本书的最初手稿。这项工作，从严格定义上来说，只有当我的人生经历画上句号之时方能告终。除了继续这项工作，我还请他核实大纲，确认内容的统一以及之后和其他人一起写的作品的神学观点，我将在后文进一步说明。最后，我们一起合写了我最后的两本书。合作时人们能很好地了解他人！我把他当做我的告解神甫。

在精神层面，我只能说：那些针对我的弱点的猛烈斗争始终缠着我，把我弄得晕晕乎乎，而我依凭的主要是我个人的努力。因此，这是场不战而败的战斗：江山易改，本性难移！菲利普转移了我的关注焦点。我应该少停留在自我的角度来看待自己，而是更多地将之与上帝的慈悲相联系，上帝爱我本来的样子，这种爱的关系使我改变。总之，依凭上帝，而非依凭自我。

在这内部解放路线的基石上，一部作品就这样一砖一瓦地建造了起来。我接着来讲讲它的诞生过程。在贫民窟，自从我开始接受资金援助，我便定期向捐助者和友人写信，一封“来自开罗的信”。通过这种方式，我让他们知道他们的钱款是怎样一点一点地转化为贫民窟的生活。我的一个意大利朋友焦万纳多次写信给我，促我出版我的日常经历。终于有一天，在 1976 年，我请了一周的假，回到了在亚历山大港的修会。我住在海边的一个小屋中。伴着海浪声声，海鸥在蓝天舒展白翅，船儿在远处轻轻摇摆，我便自然而然文思泉涌。笔端在纸页上疾走。在我的拾荒者朋友那儿度过的头两年中发生的可笑事儿一一在脑海浮现。我只需把他们人性本来的样子呈现出来，这些矛盾的综合体：天真而狡猾，粗俗而温柔，虔诚而异教。这些男男女女总是活得很好，对生活一笑而过。《同拾荒者们在一起的女拾荒者》就这样诞生了，而又是通过谁、怎样出版的呢？我的一位朋友罗泽夫人接手了此事，她的丈夫是法国大使馆文化参赞。手稿最终被交到了工人出版社，花了整整一年时间编辑校稿方才出版。出版后几无任何宣传，也根本算不上成功！不过仍然有几个人写信给我，告诉我他们觉得这些穿插着思考的幽默感十足的轶事“非常棒”。一名读者让我了解她非常喜欢这本书，她总是读着这本书睡着，为此她对我表示感谢。让人睡着，这就是我第一本著作的成功！

我说过，在埃及逗留的尾声，我才感觉受到推动，要去重溯生命的曲折、忏悔其内在的矛盾。诚然在我身上存在着某种跃向使人惊异的行为、欢愉及放纵的冲动，但也有某种更加深层的东西唤我以截然相反的方式处世。在我身上的这一更加深层的东西，便是耶稣，行至爱最深处的人—神。是他不断逼迫我自我超越。我不可能反抗他，我做不到！没有任何人能如此吸引我。像我这样一个与圣洁端庄的修女丝毫搭不上边的人，人们对我却不吝美言。不过，不是我，而是我身上的他！因此，在我看来，最适合于这些“回忆”的形式应是“一个修女的忏悔”。实际上，我意欲在其中不加掩饰地呈现我的、却又不属于我的贫穷和富有。我的生命便是如此一场永恒之劫：我不断感到自己跨越过一个个障碍，不断感到凭一己之力一无所获，同时却因与上帝同在而全能全有，我与他共同生活，他拉着我的手，爱着我本来的模样，关于这一点，我永不嫌言说太多。

但是，不管怎样，我多少还是有些羞耻心的。在我活着的时候，我不能在他人面前全然赤裸。然而，我愿暴露自我。首先是出于求真的要求：这就是我。接着，还有另外一个理由：我相信这么做是有用的。在我看来，那些我时不时对听从我的人所行之善，似乎是因为他们在我身上发现了与他们相通的深层人性。因此，我一死，就再无理由对他们有任何隐藏。然而，在我有生之年，我不曾让那些和我打交道的人明白，一旦暴露在大家面前，我不过赤贫一片，所有宝石的闪耀仿佛发自于我，实则源于另一人为我穿上的节日盛装：主，我的爱！

我一直喜欢哼那些古老的圣歌，青年时代的调调……昨日的年轻姑娘和今日的年迈修女仿佛在时间中连为一体。于是，我想起在初修院，大家唱："我因耶和华大大欢喜，我的心靠神快乐。因他以拯救为衣给我穿上，以公义为袍给我披上。好像新郎戴上华冠，又像新妇佩戴妆饰。"[1] 过去的一切今日仍翻腾不已。以马内利，别偷懒。通过叙述你的经历，你能把五大洲的智者留给你的关于活着和让人活的艺术传递给他人；重新把本书未完的章节写完吧！

菲利普·阿索神甫读我写的东西，在上面涂涂改改，给我建议。他的意见都饶有趣味。他写道："这段话是本世纪初的老家庭教师写出来的。"我把整段圈出来，做些修改。在进行这项基本工作的同时，我的平台渐渐拓宽，其他活动也多起来。随着叙述的深入，我开始为人所知，人们开始对我所能说的感兴趣。1995 年，和马莱内·图伊宁格

[1] 《以赛亚书》61:10

的对话变成了《他人即天堂》。我试图在其中传达那些幸福之人向我揭示的秘密。这很简单：他们的心灵因善意而灼灼发光，这些由他们散播的欣悦光芒折射返回他们自身。

在此期间，雅克·迪凯纳出版了《耶稣》，这一传记引发了学界的争议。它遵循的是一种历史的、理性的考察方法，与我和耶稣基督间亲密的、神秘的联系不相符合。我以《我所认识的耶稣》作为回应，马莱内·图伊宁格依然给了我不少建议，菲利普则承担了编校的工作。我没有长篇大论，只是吐露了与每天都在变化着的美好存在间的爱的联系。

接着，某个毫无社会背景的流浪青年的悲剧吸引了我的注意。我为他写了《年轻人，向前！》，这一次是同弗朗索瓦·于阿尔合作。某个章节的题头概括了我的言论："有明确目标的青年人前途无可限量。"我只需记叙我亲眼所见之事。

但是菲利普接连两次回来继续他的工作。在同他的合作中，我试图动笔写作我生命的两条基本脉络，对此我谈论颇多，却迟迟没有下笔成形。《贫穷的富裕》试图总结并传播我人道主义行动的经历以及它的有效条件、深层动力、神性范畴。而在《活着，为了什么？》中，我将意义之路展现人前；幸有我思想的导师——哲学家帕斯卡，这条道路使我接受并超越一切人类的生存焦虑。

除了几本小册子，目前为止，这些便是全部了！带着这些作品，我和其他人一起参加了某种新型的研讨会。我能够和截然不同的读者直接交流；我能够感动他们，有时触动的是他们内心最深处；我把我个人的经历传递给他们。我希望通过他们做点好事，我希望向四面八方大声喊出生命的美好。

而这对我自身也是好的。我的合作者们，尤其是菲利普·阿索，帮助我从自身撷取生命的片段。另一方面，对于存在的真理、上帝的仁慈的不断重新确认和适应，稳固了我与上帝、与人类间的交流。因为，到头来，一切归一。写作让我的生活统一起来。

新的方向

我退休生活的第一个年头刚刚度过，我的修会负责人便厌倦了看犯人的角色。事实上，对于外界的一切呼求，她都统统拒绝。至于我，我感到自己如果有所回应的话，可能多少还能算个有用之人，但这是不被允许的。菲利普·阿索便向我指出，我的生活方式与我的根本使命——使我更加接近穷人，只要还有可能，便传递出有价值的讯息——不能很好地融合在一起。

新的转折发生了。召开了两场商讨会，与会者包括修会负责人特雷莎修女、菲利普·阿索、克里斯蒂安娜·巴雷以及特拉奥·源，后两人分别是协会的主席和财务官。会议做出决定：一方面，从今以后将由我负责接受或者拒绝各种邀请。我可以直截了当地告诉大家我什么都接受，什么都不拒绝！另一方面，和“保拉之友”之间的联系建立了起来，这是个关注流浪者的协会。

我重新获得的行动自由将一点点引领我并最终迫使我重新投入行动中去，内中纷扰稍后叙说。在这之前，我想先谈谈在接触那些世界边缘人时我所获得的非凡经历的主要内容。在很多年间，直到 2003 年，我的精力全部贯注到这个新的活动领域中里。

在弗雷瑞斯的某个场所里，我发现了大街的流浪汉，这是些和他们的家庭、和社会都脱离了联系的男女。除非出差，其他时候我每周 3 天都完全供他们支配，为此我还在弗雷瑞斯有一间小房间。当我亲身面对一个全然陌生的世界时，所带给我的是怎样有益的震惊！可怕的隐情让我明白这些被歧视、被驱逐的人都是和我们流着相同血液的兄弟姐妹，他们却因种种不幸而低人一等。为什么？那些承载着痛苦和不公的事件拖着他们，直到把他们重重地摔在地上。其中一人 28 岁，他向我细声叙述了他的悲惨故事：当时他只是个 10 岁的小孩，他的母亲再受不了被人殴打的生活，在他眼前把一把刀插在了他的父亲的胸膛。另一人的母亲在他 5 岁时带着他和他的小妹妹逃离她酗酒的、用棍棒痛打他们的丈夫。目光遥远，他用一种几乎让人听不见的声音补充说："妈妈需要钱来维持生计……男人一个接着一个。最后一个男人讨厌我，我也不知道为什么。一个周日，他对我拳打脚踢，把我扔到了街上。我当时 15 岁，身上只有一件衬衫和一条裤子。"接着发生的事都是同样悲惨：在不同的地方辗转，白费劲儿地寻找工作，喝酒来麻痹自我。"我的修女，酒瓶是我唯一的安慰！"偷抢，被警察追捕，躲藏。同样的话语反复从所有人嘴中说出："最糟糕的事情，是感到被轻视、遭鄙夷，被人当做强盗一样害怕。"

但不可思议的是，只要他们感到自己不受歧视地被人倾听，被人理解，被人以本来面目来喜爱，某个弦就会哒的一声松开。他们很愿意洗澡、修面、穿着合适的衣服。可惜，让他们远离酒精，就是另一回事了。晚上，他们便在他们非法占用的空屋里，不幸缠身，重新开始饮酒、开始吸毒。某个晚上，在街头阴暗的拐角，他们因吸毒过量而死，就好像人街上的流浪狗一样，孤零零地置身黑暗之中，没有一只手伸过来拉他们一把，没有任何声音响起来安慰他们！这就是托尼的命运。当我接到弗雷瑞斯博内医院打来的电话后，赶在他的棺木永久地闭合前，我最后亲吻了他的额头。那一刻，我发誓会以我整个生命来进行抗争，以挽救这些正在走向死亡的年轻人的生命。光流流泪就够了吗？我们每个人难道都不该为他人的命运负责？更深一层，在所有人类间难道没有根本的同一吗？某个人所做的极好之事或者极坏之事难道不也属于我吗？我自己也能做出同样的事情。这个掐死了两个孩子的犯人和修女以马内利之间究竟有何区别？没有，除去生活经历和环境条件的差异。在他的不幸中，这个人是我血脉相连的兄弟。

但若我不能亲身参与某个项目，我便很难表示合作……一个截然不同于协会的团队渐渐建立起来，和我一起决定创办一所日夜开放的收容所。荣誉省长贝尔纳·热拉尔、项目专家雅克·安贝尔，尤其还有已退休的贝尔纳·多勒，他们投注了他们的热情，贡献了他们的力量。我们目标在于架构一个纯粹自然的项目，适合于意在再教育和培训的农活儿。嗨！没有一名市长愿意接纳我们：他们受到市民的施压，一想到接受流浪汉到自己的市镇、让他们和人群接触就感到惊慌失措！

于是，我们转而关注失业青年的问题，他们因在各个环节饱受拒绝而挫败气馁。为避免他们因此而堕落吸食毒品和酗酒——人造的天堂、绝望者的诱惑，我们想向他们提议参加为期一年的培训，由瓦尔省农业协会主办，了不起的克劳德·博内作为项目主持。这能让他们得到一张官方认可的证书。农业部部长对我们的计划表示支持。我默默地展开了多种调查研究，想要寻找一块可耕种且具有建设性的土地。在我写下这些的时候，我们似乎已经最终找到了合适的土地。之前的种种失望使我变得小心谨慎。向前！或许这将是我生命中最后的战役，然而发奋，便是胜利！

由苦涩转惊叹：降生

重新说回我的自由选择：如今我总算可以自由地回应或者拒绝所有提议。我本如此，从不知如何拒绝！齿轮开始启动。我的协会召唤我到法国、瑞士、比利时；它们把我推上广播、电视。奥地利格拉茨的拉格尼茨教区要我前往：他们的成员表现出一种令人难以置信的慷慨。会议越来越多，我遇到各色全心全意奉献自我的青年。我被邀请去那些挤满人的教堂。在帕赖勒莫尼亚勒，7000人聚集在一起祈祷、歌唱，他们中大部分人年龄在18到25岁。在巴黎，我在世界青年日和一百万青年一同欢迎让－保罗二世。未婚夫妇对我诉说他们对于婚姻精神上的准备，我受邀共享喜气洋洋的家庭的快乐进餐。

我重又回想起在卡利昂吃的第一顿午餐的骇人听闻。当然，恶存在世上，然而善亦存在。并非一切都已完全腐烂，远没有！我每迈出一步，都能看到多少生理和心理健全的标志，而今我重新“活动”起来。幸运的是，我并没有少祈祷一分，首先是因为——感谢上帝！——我并不总需要日夜兼程、翻山越岭，一年中的大部分时间我都是和修女们一块儿在祈祷中度过的；接着还因为我能够更好地倾听人们的心跳声，能够更多地分享他们的苦乐，我的祷告也重新变得密集起来。

然而，认为我太过活跃的指责声很快形成。我急忙回应：

“我不喜欢对任何人说不，便应承下了所有对我发出的请求。”

“这不是问题，以马内利，但你能不能克制自己一些？”

克制自己，我从没做到过吗？我需要花些时间分别和我的上级、我的协会以及菲利普碰面，方能明白：我应该在外出和返回，在为他人奉献和修会的静默沉思、友爱生活之间找到平衡，后者为我重新蓄上能量。我不得不承认，我时常无法控制我这匹激奋的马的缰绳，都到了95岁依然迷恋奔腾的感觉！哦，灼灼发热的老年时代，你何时才能听任青年时代的沸腾慢慢消退？

因而，这场活动的龙卷风渐渐形成，把我卷走。紧接着，我被媒体、被学校、被个人的呼求等等淹没。媒体的每一次新的介入都给我带来更多名望，这逐渐扩张的名气为我带来了越来越多的请求。而这让我快乐，我被这种螺旋形攀升深深吸引。有那么一刻我相信一切过度恭维，就好像一个胀满虚荣的气球。还好，圣母看顾着这可怜的以马内利，她就快在她的行动主义中迷失了自己本来的身份。在祷告中，我意识到其中的危险：我看清了这一切不过是魅惑人的表象。

但要如何才能避免自己淹没在这泡沫之中？我的工作始终蒙着一丝苦意。我不知该如何跨越过各类消遣以及不具价值的一切，我摆脱不了。一如在我青年时代，我感到自己再一次被战胜，我又再一次处于劣势。怎样的倒退！来到贫民窟使我一生所想化作实际：我的梦想实现了！那是我人生的顶峰，没有任何东西能高于此。我存在的深层价值便与行动的深层价值契合起来。而现在，我的生命、我的行动却差点丢失了这份在贫民窟寻到的价值。

这一段“退休”时光，随着一个接一个的新活动的安排，出其不意地抓住我并强制我投入另一项持续数年的工作中。我别无退路，只得给予我的活动其他气息、其他方向。我被掐着喉咙，被逼着深入自我。我是谁？总是心向外界、敏感于他人给予自我评价的存在？还是注意倾听一个怀着某种鄙夷、不断评判一切外在之物的小小声音的人？和菲利普·阿索一起，我们长时间对此进行求索，致力于从中分辨错误的两个方面：一方面，任我如此受人引诱，我最终将感受到某种迷失；另一方面，对于人类事物的鄙夷令我渗出丝丝苦意。

我逐渐进入第三种状态：接受我的弱点、我的缺失、我的空洞。我将自己在灵魂的真实贫穷中献给主。最终，我并不贫穷！被迫进入存在所承认并看重的贫穷，我踏上了通往真正的贫穷之路。基督承诺给穷人的至福并不首先要求“一无所有”，甚至也不要求“和穷人、为穷人而生活”。精神和真理层面的贫穷在于认识到自身的虚无，坦然接受以迎接降生的基督的进入。锡耶纳的圣卡特琳娜转述了他的话：“我的女儿，记住，我是自有的存在，而你是空无的不在。”真正的贫穷，拯救自我和世界的贫穷，是基督的贫穷。圣子化作肉身，在他身上存在与虚无结成联盟。一切进入这一联盟中，富有与贫弱，永恒的生命与空无。正因在耶稣基督这条河流中顺流而行，虚无才成为了存在。一切都被改变，并不是因为我们个人的努力——上帝知道我有没有努力过！——而是幸有这在上帝之气中延续的呼吸，这与上帝之子间的亲密关系。

人永不可能完全解放，但这第三条道路于我是一场新的解放。通过我的弱点——因为弱点不会改变——如今我知道如何自我解放，一分一秒，直到生命的最终时刻。我能够更好地回味让－保罗二世为一名波兰修女福斯蒂娜行宣福礼时传递给她的带给人类的讯息：“疾苦越大，享有仁慈的权利就越大。”

我由苦涩转而变得惊叹。在这种转变中，某些东西重新变得互有关系，因而鲜活起来。在降生的原动力中，我能够更好地、一步到位地担当起我本质的贫穷以及一切人性的东西。与我本质上不尽完美的身份进行本体上的和解，使我理解一切有关人类的，即使是他的弱点，在上帝面前都存有价值。我始终对人类的不同侧面怀着敬意。但从今往后，要考虑的是其中的神圣特性。从前，我没有真正认可穷人的价值，又有点鄙视富人的浅薄。过去，在我的演讲中，我是多么不会看人头权衡！然而，所有人身上都存在着神性的价值。从前，我为穷人与基督间优先的相聚而着迷。这千真万确，但如果不能对所有人——无论他是谁——做到一视同仁，那么这也就成了虚妄之言。一切过去在我眼中显得世俗、浅薄、与上帝的王国相悖的事物，实则都并非如此。

如此这般，我的目光在上帝看着人类的目光中流转，我更深入人类。上帝的目光总是包含尊重、理解。上帝有着母亲通常流露的宽容：无论发生什么，她总是原谅孩子的一切，为他准备好一切，因为孩子在她眼中多少总是纯洁的。上帝也有着父亲的宽容：如果他的孩子跌倒了，他将之归因于孩子的软弱；如果他的孩子犯错了，他不会像母亲那样盲目，但他也不会把错误或罪过放在首位，而是把他与亲爱的孩子间的联系作为第一考虑。上帝是表面上已经打输官司的律师，因为唯有他认得生命的迷宫，能够为心灵指点迷津。

人不认识自我。

渐渐地，我继续回应着向我发出的各种请求，并开始在真实中坦然接受它们。协会需要我，我应该尽力令它为世人所知，即使我看得清清楚楚，我的"媒体化"中沾染着世俗之气。我学着不再鄙弃世间之物，不无幽默地接受它们，赋予它们价值，更懂得如何超越。事实上，它们并不构成生命的意义，应该穿越它们，把它们带至更高，带给它们永恒的价值。

还有什么要说的？无非是把这一切化作朴实的语言，简单说来：人类身上没有任何东西是可鄙的，因为基督自己都取了我们的肉身，"取了奴仆的形象，成为人的样子。"[1] 自此以后，目标即人与神合而为一，如同身体与灵魂，相互区别，又相互依存。我被激励以相似的目光来看待任何有微小价值的事物，让它能够进入降生的动力中。若我想保持我的身份，就要在这些呼求中分辨出哪些是属于人性本质的，把它担当起来，使它变得高尚。接受人类的境况，意味着一次性承担起人类身份及其行为中所有根本性的不完美。正因为这种升腾本身，苦涩转而消失。

---

[1] 《腓立比书》2:7

再者，我的小船正离开此岸，驶向彼岸。一面是我即将远离的——虚无，名望与各种称颂的泡沫；另一面是终于变得坚实的土壤，我将要停泊的港湾——在另一个世界，价值截然相异。对这即将到来的过程的展望慢慢形成，让人心安；而在这几个年头，我能够预估到我的种种创举的未来，从此以后有所保障，这同样让人泰然。

未来有所保障！

哭泣与歌曲，这就是人生。在 1997 年，我经历了巨大的幸福：我返回开罗，参加了一所女子中学的落成仪式。这些女士赢得了她们的赌注，她们得到机会，可以一直学习，直到参加中学会考。她们骄傲满溢，心花怒放，而我们所有人无不如此！

萨拉修女领着我穿过贫民窟的大街小巷，穿得破破烂烂的小孩子已经基本上消失了，我们路过了几所干净得无可指摘的小学。再也看不到一间用废铜烂铁搭成的棚屋，取而代之的是用砖块建成的房屋，还配有纺织机：女拾荒者们能够由此增加家庭收入。她们在一幢紧邻化工厂的新建筑中接受培训。协会的领航员——主席优斯雷娅·萨维里斯得到莱拉·卡迈勒和安妮－玛丽·坎波的协助，她们共同提升妇女的价值，增加中学在贫民窟的影响。我感到正经历着全然的奇迹。唱吧，跳吧，以马内利，我们姑娘们的未来光辉灿烂！

我从开罗飞往喀土穆。我年迈的心将因喜悦而跳动吗？卡迈勒把我拉上了一辆吉普车，车子一路颠簸，把我们带到一所所小学，在那里我受到了极好的款待，我看到那些脸庞重新饱满、身躯逐渐健壮的年轻人，他们向我展示在官方考试中所取得的成功，这使我非常高兴：他们的明天将有所保障！在农田里，我敞开肚皮吃着那些双眼炯炯有神的青少年们制作的奶酪、种植的水果蔬菜。他们甚至还送了份礼物给我的双脚：那是一双他们在晚间作坊制作的鞋子，非常合我的脚。我把它们带在身边以作纪念。我参加了在一大块空地上举办的最后的聚会，空地上人头攒动，他们都顶着一头短而卷曲的头发，当烟火纷飞，快乐也随之喷发。显然，喀土穆的团队让生命如喷射物一般喷薄而发。

我就像一棵老树，一一重新激发根部的活力。再没有比回到行动之地更能焕发青春的了，看着行动渐渐扩大影响，并用语言的见证延长它的生命。继续个人的使命，直到“垂垂老矣”，身体松弛，心灵安宁。

回到卡利昂，别的消息依旧接踵而来，令我振奋喜悦。布鲁塞尔协会在把拾荒者最初的活动推上正轨后，便投资到饱受战火、饥荒蹂躏的南苏丹中。巴黎协会与塔班阁下进行了会面。认识他的人都称他为“地球上最大无畏的主教。”事实上，在南部他的教区托里特，他在饥荒时无差别地向基督徒和穆斯林两派阵营都伸出了援助之手。结果便能说明一切：他接二连三被其中一个阵营看做“喂养敌人的叛徒”，被投进监狱。等他出狱后，他继续着之前的工作，毫不动摇。“以马内利之友”比利时分会主席皮埃尔·吉约尤其担心匪气和放荡之流，他定期前往托里特，并带去一些救人于生死之间的补助金。我请求贝尔纳·库什纳的帮助，自从喀土穆相见后，他一直都是最忠诚的朋友。在两届部长任期间，他同吉约一起奔赴荒郊，在那里建立一所紧急援助医院。当法国人和比利时人同心协力时，事情就好办了！

巴黎的“以马内利之友”及其合作者们在全世界范围内拯救了6万孩子摆脱了文盲、卖淫和死亡的境遇。当那些养父养母收到照片，看到照片上焕发着光彩的脸蛋，还有新的傲人的学生成绩单时，他们别提有多骄傲、多自豪！在第三世界开放的工地上，志愿者们臂膀有力、热血沸腾地协助着建筑工人建设学校、住宿、诊所，毫不畏惧地分享这个国家的艰苦生活。他们甚至就像在菲律宾所做的那样，去探望监狱中那些被抛弃的小家伙。他们教育、鼓舞那些小家伙，笑声、歌声回旋激荡。他们返回，因这些经历而高兴不已。这里摘录几句他们的证言："和穷人一起生活让你改头换面、变得丰盛：他们总是随时准备好与他人分享他们的丁点所有，他们播撒着一种人性的热情，而这是我们所不熟知的，因为我们太少品尝社会交往的喜悦。"我了解，有过这样的经历后，这些年轻人走上竞技场，为了让他们周围的人互相注视，互相倾听，在诚挚中互相勉力。

我于 1998 年年底写下这些。前不久，"以马内利之友"的某支队伍带我前往了布基纳法索，这趟旅行至今仍让我的灵魂感到受伤。这是地球中最穷的国家之一。我穿越的数公里路上无一亩良田，目光所及，荆棘遍生。夏天的阳光有 45 度，要如何拿着木质锄头耕地？在雨季，高粱迅速播种下去，收成要撑余下的一整年时间。艾滋病夺去活着的人的生命，阿司匹林是唯一的药方。一如旧时，这一传染病的受害者被驱逐出他们的棚屋、他们的村庄。他们无家可归，四处流浪。保禄六世的通谕《民族发展》中的话语跳到我的面前："饥饿的人群以悲惨的方式呼唤富足的人群。教会在这令人心焦的呼喊声中颤抖。"是的，幸好，在布基纳还有教会：修士、修女发奋重振国家，世俗者也做出了他们的努力。

协会支持玛丽－洛尔·弗里松的事业。这个女人不怕任何人、任何事：她接待并照顾大街上置身险境的孩子。她喂食患佝偻病的婴儿和日渐消瘦的母亲。当她站在我们致力于建设的配备完全的诊所面前，她看起来熠熠发光。她为 2 到 7 岁的小孩子开了两个班级。法国的年轻女志愿者们保障每日的主食分发到位。

我本担心无法坚持下去，但巴黎的团队以及玛丽－洛尔警醒地看护着 90 岁的我。我们再次在希望中行进，即使我们的行动在这个有法国四倍大的国家中看起来有些荒唐可笑。我们把两个奇迹般的计划推上正轨：雅克·德洛尔同意支持的农业学校，以及由贝尔纳·库什纳负责的对抗艾滋病的项目。种植在土壤中的小小种子长成参天大树！我的退休生活在双重光亮中生辉：一重来自过去，幸有一级援助，人类在希望中重生；一重来自现在，因为有协会的理解、地方合作伙伴的踊跃活动，即使我不参与其中，整项事业也如火如荼地扩展开来。

放心吧，以马内利。

向着彼岸……

在我的生命中，当下我更加频繁，也更加具体、更加固执地抬眼望向彼岸。事实上，我有很多想象，我需要画面。在我的房间中，我眼皮下就是“死亡彼岸”，那是弗拉·安吉利科[1]的作品《上帝选民的圆》的复制品。画面中有一股升腾的优雅，描绘了一群修道士的舞蹈，他们每人手中都牵着一个天使，在狂喜中升向光亮之地。我在这支舞蹈中辨认出自己的形象：我的脚已离地，我已经离开。到了，我就在门口，大门微开。而我不是独自一人：我所要进入的地方，有多少被爱之人正等着我！

在尘世间经过的人，只有一人让我印象深刻，被我当做榜样，甚至当做救赎。他就是我们称为善盗[2]的人。历史没有留下他的名，但又怎样！就是这么个犯人，这么个拦路抢劫分子，甚至一个罪人，当他

---

[1] Fra Angelico（1395—1455），意大利文艺复兴早期画家。——译者注

[2] Le bon larron，《路加福音》中提及的与耶稣一起钉死在十字架上的两个强盗之一。——译者注

因其罪过而被罗马刑法判处十字架之刑时，这实则是他生命的机遇：在他身边被处刑的不是其他人，正是耶稣。很快上演了某些片段：他坦诚了他的行径。他没有像其他干恶事的人破口大骂，但他认识到耶稣承受的不公平："我们是应该的，因我们所受的与我们所做的相称，但这个人没有做过一件不好的事。"[1] 他走出小我，以不言明的信仰忏悔："耶稣啊，你的国降临的时候，求你记念我！"[2] 在这个受侮辱、被钉死在十字架上的男人身上，他看见一个被定罪的无辜者原谅了他的刽子手，不停在焦虑与孤独中祈祷，其他人都在嘲笑他，但他未做出任何回应。在这个男人身上，他得识救世主。他对耶稣的怜悯如此之深，以至对他的罪的觉悟不至成为他信仰行为的阻碍。因此，也没有其他条件，他竟听到不可思议的言语，宣称了对他的救赎："我实在告诉你：今日你要同我来乐园里了。"[3] 在信仰者中，还有谁敢怀疑上帝的仁慈？在人类中，还有谁敢怀疑人类爱的能力？

此刻我谈论着这些，然在我弥留之际，一切又将如何？躺在我的死亡之床上，我将不知何往。我会不会陷入混沌，失去希望，承受更多痛苦？说到底，这一切都无关紧要，不过是过程而已。或许那将是可怕的，但我难道不曾千万次地对圣母说："请为我们这些可怜的罪人祈祷，此时此刻，以及我们死亡的那一刻。"而我说"阿门"，也就是说，我相信，在我生命中最关键的时刻，凭我与她如斯亲密而深沉的关系，她的缺席在我看来是几无可能的，那是一位母亲给孩子最后的依靠，她拉着孩子的手，陪着我度过决定性的一刻。我需要母爱。既然"母

[1] 《路加福音》23:41

[2] 《路加福音》23:42

[3] 《路加福音》23:43

亲的财富属于她的孩子”（圣婴耶稣德兰），我相信圣母将以她的富有遮蔽我存在的缺失、庇护的乌有，而这对我而言是一种保障。

至于其他，我一无所知。主要的是，我相信她在那里，即使我可能并不能确实感觉到她的存在。无论如何，我始终不信任我的感觉，因为我的想象力泛滥，过分狂热。这也是为什么我这一生中，一直为没有——或者几乎没有——感觉到过这类事物而心存幸福。至少我从来不曾有过幻觉。信仰足矣。

我正是这样为死亡做准备，但并没有为老之将至做过准备。我对此不知所措。直到 2005 年 4 月，我还能说自己并未感觉到自己是一个老女人：我还能写作，一直到凌晨 1 点；虽然有些困难，但我还能独自走动。我正要进行一场巡回：布鲁塞尔，巴黎，日内瓦，格拉茨。到达比利时后，正当要开始讲座时，痛苦突然向我袭来，我轰然倒下。几乎昏迷不醒，我听到：“快，她昏倒了。”一小块胆结石把我彻底击倒在地，甚至在经过了 4 个月的精心护理后，我已不复从前。无论起床还是躺下，我都需要别人的帮助。我需要一把轮椅，还要有人来推。我习惯性地感觉疲累，有时还昏昏欲睡。就这样，我变老了。

对此，我没有做好准备，我无法微笑着释然，无法接受我身体的无力感。在我的一生中，我不断被心理的、情感的、精神的无能为力击败，但我的身体一直好好的。这一次，我似乎被带到了这个“以马内利”存在的本来核心：我从未感到如此缺失，存在、生活、行走、行动的缺失。于我，这是场真真正正的考验。我要如何回应？我甚至不知该如何像过去那样祈祷。我不再能够凝神于彼岸，上帝，基督。我的想象力把我卷走，每一下都把我带得更远。

怎么办？我找到了一个简单的解决办法：我的念珠。它成了我的武器。念珠祷告，我日念，夜念。这念珠比之 2004 年让 – 保罗二世教皇在卢尔德亲手将它赠与我时更具价值。我重又看到这个男人，他的身体几乎已经消耗殆尽，仍想跪在洞穴前，却做不到。他晕倒过去，他的随从把他接住，扶好。他说："我来了，病人，和你们一起祈祷，病人们。"在他的榜样下，现在我明白了，我的第一志愿——和穷人一起、为穷人而活——在我当下的使命中得以实现。身体的贫乏或许让我如今在肉体上更加靠近那些穷人，也更加接近病人、残疾人、老人：我从未像现在这样与他们相仿。这便是一起生活。但又怎样为了他们而活？让－保罗二世从天上给我以鼓舞，他鼓励我加紧祈祷，为了他们，为了世界。念珠在我的指间一一划过，我轻而易举地默想了一遍基督一生之谜的各个阶段，因为我全都能想象出来，想象这每一步圣母是怎样不离不弃，甚至她自己也会为穷人、罪人向她的儿子求情，而我与她同在。

于是，这仍是属于大爱的时刻。我不再有什么可供分享，我不再能拖着我的身体在贫民窟的垃圾堆中蹒跚而行，但我能让我的灵魂随着基督在这星球经历的地狱般的悲剧中延伸拉长。我忘不了帕斯卡的这个句子："基督直到世界末日仍在弥留中。这段期间，不应睡着。"别睡，以马内利。保持警惕，向着炮火的轰鸣、病人的呻吟、将死之人的弥留，在绝望的人类与隐形的上帝间左右为难。在每一天大地吞没的尸体前挺直身子，圣母同在，圣星期五的圣母，她向父呈现死亡的子，以求父使他复活。要走入她的希望和她的祈祷，同她一起把尘世间其他所有死亡都呈给父看：他们会和基督一块儿复活。别睡，以马内利，别让火焰熄灭，在你的祈祷中与人相连：

耶稣，我的爱，你依凭你的苦、降生在你身上的上帝的死亡，战胜了痛苦和人类的死亡，向我们解释你的谜。

那是爱的秘密吗？

是不是真的，凭借爱，能把痛苦化作怜悯，变作馈赠给正受苦受难的兄弟姐妹的心灵的馈赠？

是不是真的，凭借爱，死成为生，成为复活？

耶稣，我的爱，教导我们痛苦、无力以及死亡的意义，教导我们爱的科学，爱比痛苦强大，爱比死强大！

在爱中，永恒

很快我就将彻底结束这本书，我愿以感恩作为结尾的结尾。在我初领圣体的那天，耶稣和小马德莲之间的联盟关系便得以稳固。自此，也就是整整 90 年间，在进行如弥撒、圣体圣事、受领圣体等爱的举动时，我的心鲜少不沐浴在感恩中狂跳。更何况，这是“圣体圣事”在希腊语中的含义：表达感恩，或者更简单地说，感谢。

回顾我的一生，我要对上帝说感谢。在祈祷中，凝视正义和爱在对抗死亡的力量时已经取得的胜利让我感到欣悦。那些跪拜着祈祷的日子里，在宁静中，我懂得了这场斗争在哪里、怎样进行：它形成于日常生活的稀疏平常，当个体利益不再是生存的唯一目标，当他人的不幸打动心灵。我也明白了这场斗争何处是其尽头：从腐坏中解脱出来，永恒的气息激荡着一切的友爱行为。古老的谚语得到验证：慈悲与爱的所在，是上帝所在。行动的精神力只能凭团结来体现。在同一的动作中，我们在这里触碰到现在及永恒。

我要对上帝说感谢，为了那些从比外部斗争更加严酷的考验中所取得的胜利：那是来自内部的考验——对上帝的怀疑，对自我的怀疑，对生命意义的怀疑，还有年老以及死亡将之带来的考验。一切考验，尤其是来自内部的考验，都可能导致自我的退避，退避到小我中，而对世间其他视而不见。个人的如斯问题占据了我们的视野，我们为自己哀叹，我们陷入的死胡同仿若无法逃避的鸿沟。然而，当我退休后，即使我曾经以为与我在开罗经历的“大爱的时刻”相比是一种倒退，但仍有料想之外的关系的新空间在我面前打开，我发现了与上帝一起的新的行动和谈话的形式。就这样，一旦人把目光投向他者，把耳朵伸向世界的呼唤，一切天摇地晃。人不仅不再只是“孤单地在人世间”，而且也不再以同样的方式经历考验。从此以后趋于理性，考验成为了相依相通的一部分，同生，共死，一起复活。他人对我们而言变作胞兄胞弟，所有人仿佛都从同一个模子里刻出来，背负着同样的重担，伸向同样的欲望，排着队走向同一个未来。最终，我能够理解这形成了一个不可分割的整体。人类是一个整体，无论他在心里感觉到的是什么，他在外界又有怎样的行为，都是同一个人在向外界倾倒内心的悸动。没有人能逃脱对自我的焦虑，即使在最事不关己的行为中。但可以产生一种融合，我仍旧是我，但我承受着他人承受的痛苦：他进入到我里面，他成为我的一部分，我在他身上辨认出自己。“只需爱”，一切融为一体。

我要对上帝说感谢，他让我体会到没有什么能够得到：我本以为我能够好好享受我的退休生活，就像一个从战场凯旋的战士。其他战场正等着我，而又总是同一场战争。无论是行动主义、名望声誉的考验，还是年老带来的考验，都是让人尖锐地体验自身的弱点，自身的虚无，自身的无能。人总是在同一条暗道——“缺失”的暗道——里不断前行。但又总是同一把武器让人取得一刻的胜利，在最后的败退中的胜利——寻回贫穷，以承载上帝。贫穷的沟壑向上帝打开，因为上帝只能进入到空无中去。上帝受到我们的空无的召唤，便走了进来。上帝，全能的上帝，他自己也变得贫而弱。贫穷，是上帝与我们间的归顺之点。

我要对上帝说感谢，他促我寻找并由此发现了贫穷。贫穷是爱的能力。爱——一切形式的爱——意味着朴素的心灵，辨认出自己原本的、不完整的模样。无论在哪，无论如何，在所有人类身上，都有一个洞。我试图坦承它的存在。但这洞不像那些吞没一切的星辰那般是黑洞。恰恰相反，它向光亮、向他者及其呼求敞开。甚至在潜意识中，每个人都在等待着这份呼求。回应它，便更能感觉到自己活着，自己是个人。而这也同样永远是未完成。所有爱都脆弱，所有呼唤都等待着重来。回顾我的一生，我发现，随着我的虚无的体验日渐根深蒂固，每每都让我愈发真实的爱的回应更加成熟。我相信最后的消亡——死亡，将是通往爱的终极之门。我相信爱是一，无论它与上帝相关还是与人类相连。爱着人类的，无论他自身是否意识到，无疑都是上帝的情人。爱如此简单，因为爱并非遗落的海市蜃楼，它就在每日的生活中，就在生活的稀疏平常中。当我声称爱比死强大，我并不是说它在日常体验之外，不必去设想它是某种异于寻常的东西。在我周围，我见到不少人每天都在关心他人，关心身边人：孩子，配偶，同事。而回报也是实实在在的：有谁不曾在他的一生中，在这样或那样的场合中，拥有过伸向自己的手、倾听自己的耳、同情自己的心？但这并不意味着在同样的一幕中不会出现更重的私心。生与死的力量紧紧地混在一起，缠绕不休。然而，在死亡彼岸，只有上帝才能把善种与稗子区分开来，我们将不无惊异地看到我们刚刚离开的生命的每一刻。

最后，我要为了你对上帝说感谢，我亲爱的读者，因为我写这本书虽然是部分地为了自己，但更多地是为了你！我不知道你在读这几行字时如何看待自己：和所有人一样，背负着日常生活和岁月的重量，或许你此刻正满怀希望，为了可能的前途或者已达到的成功而幸福满溢。

或许正相反，你感到不幸在你周边不怀好意地转悠，过去如一场失败，且无路可逃。和所有人一样，或许你轮流或者同时感受着这两种境况。然而，从永恒的角度看，一切都是相对。诚然，根据唯一有价值的标准——爱的重量来衡量，生命多少有成功与不成功的分别。但，根据这同一条标准，无论生命的表象如何，没有任何人的一生是全然的失败，也不会存在自我的全然胜利。事实上，爱，没有限度，从不可能得到，也永不会纯粹。没有人能够在这里声称他爱得完美。相反，也没有人能够称其已失去一切。即使对于那些不曾爱过的人、爱得糟糕的人、杀害他人保全自己的人，就如善盗那般，只要最终向无尽的慈悲呼求，便能迎入上帝之爱，上帝永远做好准备去给予。没有生命是完美的，没有生命是失落的，一切都可以被爱拯救。

我在你身边，亲爱的读者，因为从今往后，我就在爱——上帝——身边。我希望让你明白，你爱着，你能比你想象中爱得更多。沉入你的心，你将在其中发现爱的火焰，它正寻求着他者的幸福，给予生与死以意义。请相信，我们将在永恒中重逢：爱着的人不死！这是无限之谜，但我经历过，并以此为生。无论有何事将要发生，亲爱的读者，为了你，我愿竭尽我最后的力气坦承：

C'est toujours le Temps du plus grand Amour! Emmanuelle

（这始终是属于大爱的时刻！——以马内利）

附录

以马内利修女的祷告

给年轻的夫妇

主，我们向你交付我们的爱，为了它永不说谎。

让它的源泉在你身上，为了我们中的每人

寻求爱比被爱更甚，寻求给予比接受更甚。

愿快乐的日子不会让我们陷入对世界的冷漠。

愿悲痛的日子不会让我们惊慌失措，而

更坚固了我们的爱。

主，你是生命，

教我们永不拒绝由我们的爱中诞生的生命。

主，你是真理，

教我们永不排斥真理而彼此透明。

主，你是路途，

教我们迈着永不沉重的步伐携手向前。

主，你的母亲马利亚把你赐予我们，

愿她成为我们今日所组建的家庭的守护者。

她，永远忠诚、强大而温柔，

愿她守护我们，使我们永远忠诚、强大而温柔。

阿门

我于1993年6月写下以下文字，当时我正和孩子们一起在伊斯马莱亚湖畔露营。我对其中的一名辅导员不甚耐烦。夜幕降临，在夏夜的柔情中，月亮在湖中沐浴，我请求上帝帮助我弥补我的不耐烦，帮助我改正，于是我写下了这一祷告。或许它也能对别人有用。愿他们为可怜的以马内利修女祈祷，她已年过80，仍不懂实践神性的柔情。

主，赐予我你神性的柔情

主，赐予我你神性的柔情，

你愿成为裹于襁褓中的幼儿，

交付于马利亚和约瑟的青年，

永不掠夺的弥赛亚，

在秘密中的复活者。

主，赐予我你神性的柔情，

你曾说：“那些温柔者有福了，他们将得世。”

让我温柔地抓取事物：

电话和行李，

笔杆和扫帚，

叉子和盘子，

而尤其是向我伸来的手。

主，赐予我你神性的柔情，

你曾说："让我告诉你我的温柔与由衷的谦卑。"
让我怀着柔情迎接万物：
好的和坏的，
快乐和痛苦，
鼓励和批评，
此刻的模样，
尤其是他者呈现的模样。
满是恩宠的圣母，微笑的圣母，
恢复我身上神性的柔情，
教我治愈我所伤害的人，
愿你的温柔在我的唇边
化作爱的话语重建和平。

我曾感染严重的支气管肺炎，在康复期中翻译并改写了这段祷告。一位美国朋友给我寄来了克里斯蒂安·朗松的默祷。在我仍十分虚弱的时刻，我把它改编成祷告，重新激发了我的勇气。

主，今日请赐我这份恩宠

主，今日请赐我这份恩宠：
愿任何事物都不扰我深处的平静，
而愿我能谈论健康、快乐、富有，
同每一个我将遇见的人，
来帮助他们发觉自己身上的财富。
请你尤其帮助我，主，让我凝视
和我共同生活的每个人那充满阳光的脸。

有时候于我感到如此困难，主，

去绕过他们身上激怒我的缺点，

停留在他们鲜活的优点，

那些我不知不觉中深受其益的优点。

再帮助我，主，

让我凝视你那充满阳光的脸，

即使面对再苦再难的事件：

那并非不可能成为

仍向我隐藏着的好事之源，

尤其若我依凭马利亚。

主，请赐我恩宠

只为真、善、美而工作

不懈怠地在每个人身上寻找，

你依着自己形象创造他们时留下的星星之火。

再赐我同样的热情，面对他人的成功

如同面对自己的成功，

再赐我自我更新的努力，

如此努力以至没有时间批评他人。

主，我也希望你赐予我智慧，让我不再沉湎于过去的错误，而加紧步伐走向更加美好的未来。

让我在今时今日

献上笑脸和友爱的笑

给每个人，你的儿子和你的兄弟。

赐我一颗心

足够宽广，以回味我的痛苦，

足够高尚，以保留仇恨，
足够强大，以颤抖，
足够敞开，以至能在任何事物上重新闭合。
主，我的上帝，我向你请求恩宠
为今日和我一样抗争着的所有人，
令恨减少，令爱增加，
因为，自你复活，仇恨与死亡
已经被爱情与生命战胜。
睁开我们的眼，看向那些无形的，
使任何事物不致震撼乐观的精神，
那些相信你
而又相信人类，
对你怀着希望
而又对人类怀着希望
的乐观。

主，教我微笑

一天，有人曾对我说：
“每一日都要给出你的微笑，
那是你最美妙的爱的礼物，
它不过转瞬之间，
却让心灵歌唱。”
主，教我如拾荒者兄弟般微笑……
什么是他们的快乐之源？
为什么这没在垃圾堆中的人眼神如此明亮？

主，教我如小拾荒者般微笑
他在垃圾堆上歌着，舞着，
他向每个路人送上美丽的孩子的微笑。
主，是否要又穷又小，才懂得
微笑？
然而有些时候，主，我沉重、受伤的心向我压来……
我不再知道该如何微笑，那么，
我该怎么办，主？
如果不是聆听了你子的话语：
“到我这里来，你们所有背负着重担的人，我带给你们宽慰。”
一天，有人曾对我说：
“每一日都要给出你的微笑，
那是你最美妙的
爱的礼物！”

当我到达贫民窟时，我是一名“济世的修女”，满怀热忱要用福音教化这些可怜的家伙，这些人们带着鄙夷称为杀人犯、小偷、老烟枪、贩卖大麻者的人，他们从不踏入教堂半步。

然而，是他们，这些可怜的家伙，渐渐向我传教。他们向我揭开了一个爱之谜：耶稣偏爱着盗贼和玛大肋纳，这是这些“可怜的罪人”（这词并非为他们而念）的希望之爱。他们感到堕入深渊，他们无法摆脱出来，但他们有一颗微小的星星：上帝——极为仁慈的上帝，马利亚——仁慈者的母亲。我有时会待在他们其中的某户人家里做祷告，夜空中回荡的是对救世者基督的呼求。

在经历了这一段生活后，蒙上帝恩宠，我明白了我的身上多少也有法利赛人[1]的影子，而我，即使我不曾杀人越货，不曾烧杀掠夺，不曾贩卖大麻，不曾路边“接客”，但说到底，我和他们同血同肉，只是蒙了幸运的恩宠，但若我被置于与他们相同的情境中，我很可能和他们一样……而上主将怜悯于我。就这样，我的祷告变了。

主，如今我在你面前

主，如今我在你面前
同那些与我相似的男男女女一起
犹如兄弟姐妹：
这些可怜的家伙很想逃离
却逃不开：吸毒者，迷途者，
所有无法抗拒罪恶的人，
偷盗者，杀人者，
所有丧失信仰、希望、慈悲的人……
所有为此受苦的人。
主，你仍望着我们
用爱的目光
那是你投向通奸女人，
投向撒玛利亚人，投向抹大拉的马利亚，
投向绞死在你身边的盗匪的目光。
在我们堕入的深渊，
主，我们向你呼求：
救救我们，因为你爱我们。

[1] 《圣经》中的伪善者。——译者注

主，你曾说，

你不是为正义而来，而是为穷人，

为病人，为罪人，为我们，为我。

主，我把我们交付给你，

因为我相信你，

我相信你将拯救我们，

我相信在我们这些可怜人将死之日，

你将对我们每个人说出对你身边吊死的盗匪说过的

相同的话语：

“今日你要同我来乐园里了。”

因为总有一晚你将在我们身上烙下你的名，

你，你是上帝，而成为了可怜的人。

同我们一样，你挨饿受渴，

同我们一样，你害怕哭泣，

同我们一样，你终有一死，

你可怜的身躯被埋进坟墓，

一如我们的身躯将要经历的遭遇，

而你完成蜕变破土而出，

一如我们将有一天破土而出。

我的爱，与你一起，死亡都是一种美丽，

重生等待着我们。

谢谢。

让－保罗二世致以马内利修女的信

值此圣诞、元旦佳节，您向我致以热烈的祝愿，并表达了您对“真理的光辉”这份通谕的感激之情。您也向我承诺您为教会进行祈祷。我深深地感激您的敏锐关注，我也想要向您表达我个人以及整个基督教世界对您长期以来为最穷困的人民，尤其在埃及，所做出的不懈努力表示感谢。

在您谦卑而坚韧的使命中，您不曾懈怠地为最弱势的群体谋取权利，为孩子——尤其是那些处境困难的或是在条件艰苦的国家成长的孩子——争取保护和福利。您使成千上万通常被现代社会所排斥的个人和家庭重新寻获尊严，让他们被承认，被热爱。就这样，您展现了尼撒的贵格利[1]所言：穷人“显着我们的救世主的脸”；而您正是基督以及他的教会的使者，不知疲倦地表达着他对于我们的兄弟中最弱小者的关切，为他们筹措张罗教育、工作，让他们能够融入人类社会，得以立足，并过得更加自由，更能对自己的命运负责。由此，您邀请整个教会不懈息地加入到这些慈善事业中，为了使我们的世界变成一个更加公平、更加友爱也更加团结的大家庭。

当您从今往后献身于祈祷，为上帝之荣耀、为教会、为世界之救赎而祈祷，我特别为您献上最热诚的祝福，愿救世者基督，和平的王子，

---

[1] Gregory of Nyssa（约 335—395），加帕多家教父第三人。——译者注

将他的恩宠填满您的身心，使您能够继续在平和与欣悦中生活。

把圣母马利亚的祷告交托于您，我向您表达我代表教会的祝福，也愿这份祝福扩散到所有您亲近之人身上，尤其是那些继承了您事业的人身上。

1994年2月24日，梵蒂冈

感谢

我的友人莫里斯·马尔丹神甫、亨利·布拉德、里克·布朗夏尔，尤其是贝努瓦·朗贝尔，他们从一开始便为这部作品的编撰贡献了自己的才智。而书的最终完稿应该归功于与菲利普·阿索的长期合作。

向他们中的每个人致以我深深的感谢。

以马内利

2005年7月，卡利昂

以马内利修女《我的重生》跋

当这些文字大白于世之时，以马内利修女将已离我们而去。而在我写下这些文字时，她仍活得好好的！她已经 99 岁，为自己不敌年迈、无法再工作到深夜而懊恼不已。她常常打盹，需要呼吸辅助，除了在床上，其他时间都离不开轮椅。但她的精神一片澄明。她尤其赢在她的从容不迫上：她看待自我的眼光渐趋平静。她总是要接待很多拜访，接很多电话，以及时了解“她的”各个协会的计划和成果。几个月前，我们刚刚完成了一场将作为文献资料的访谈——“以马内利修女，心灵和精神”[1]，这些天在法国五台播出。我们则继续用文字记录她的思想，我们的合作仍在展开。

这开始于 1993 年。回到法国后，以马内利修女要求我帮助她编辑她的这本书。7 年前，在一场有关苏丹儿童的巡回讨论会上，我们第一次相遇。她专长于人力资源，很注意发觉一切可能对她的计划有用的才能，于是她记下了我在神学以及语言学方面的研究。简单说来，和其他著名人士一样，她需要身边有“一个会写东西的人”。自此，我们从未停止过交流，根据其他作品的期限，我们或多或少一起工作，我们不断重新开始、补充并修改这本书。

---

[1] 法国国家视听研究院（Ina.）、法国五台（France 5）、“好顾客”制片公司（les bons clients）联合出品。制作人：伊丽莎白·卡普尼斯特。访谈：菲利普·阿索。

在这篇跋中，我愿向读者阐明这部作品、它的编撰过程以及它的几条或明或暗的主线。这么做，我尤其是希望能够拓宽读者对于这么一个女人的认识，她希望能够交付最后的见证，记录她的思想、她的行动，或者更加确切来说，她行动中的思想。

最初和最后的作品

本书是以马内利修女最早动笔、最晚完成的一本书。在她逗留开罗时，这个计划便已经形成了。如果人们期待读到一本故事集，那么《同拾荒者们在一起的女拾荒者》则是她真真正正的第一次文学实践。而本书是一部计划在她往生后出版的作品，因此她总在重写、增加，直到 2006 年 8 月。以马内利修女认为她最后的见证已经完成。

最初和最后……这暗示着不再有其他。事实上，除去几本付诸笔端的小册子，其他在此期间出版的书目都是紧锣密鼓的编撰工作的成果。好几个合著者把以马内利修女的思想及其表达化作有形。我俩决心让这些作品和本书保持不同特点。根据本书的性质，这最后的言论发表应该和它的作者的第一表达最为接近。因此，本书是唯一一本几乎原样地反映了以马内利修女写作风格的书籍。

说回书的起点。在 1985 年，以马内利修女受到圣奥古斯丁、卢梭以及——极小程度上，但我还会再次谈论——亚维拉的圣德兰的自传作品的启发，想要试图以她的方式进行“真实的”、毫无遮掩的记叙。既然其他人这么做过，她难道就不能试试，并且于人有益？有什么深层的理由推动她这么做？她已经说过几条理由，但还要多加上两条动机。首先，她心里确信已经到了总结自己异于寻常的一生的时刻了。对于一名修女来说，一份总结只可能是精神层面的总结，重览上帝引领之路。第二条动机是由她的声名日噪引起的。随着她愈发被人认识，一种感觉与日俱增：她的形象愈媒体化，她的追随者数量愈大，她就愈发感觉到一种通过承认自身弱点、怀疑和“虚无”来纠正过分赞颂以正视听的需要。作为和解的圣事——“忏悔”——兢兢业业的实践者，她由此对自己提出了一整套完全诚实的良心考察，以及对自己信仰的坦诚宣告。

编撰的过程曲曲折折。巧合偶遇，只有生命才能洞悉其秘密，它开始的地方，也是它将要结束的地方。实则是在卡利昂逗留的数月——以马内利修女表现出远离开罗的需要——她才有时间和机会开始编撰。当她最终回到法国（她认为是为了死在此地，但还有很短一段时间来生活和写作），书的前两部分的内容已经构建完毕。为此，她相继或者同时找来了多个合作者，并向他们征询了大量意见，他们的名字一一列举在“感谢”中。事实上，比之写作，她更懂得演说。任何聆听过她的演讲的人都会记得这个杰出的演说家。对于这位口语素养出众、具有丰富的教育经验的女性而言，现场观众的聆听和在场无疑会激励她的表现，而写作对她来说则是相对困难的。她的文章倾向于或者完全倒向学校论文的风格，艰涩，干巴巴，或者完全沉浸于情感的宣泄中，用激动而又即兴的方式进行记述。

每次以马内利修女的作品出版前，都需要大量的修改工作，其中也包括这本书：删去至少一半的感叹号，把那些多重从句叠加的长句变短、变明晰，等等。但大家给予她最主要的帮助是让她能够明白地表达自己的思想。她这个行动派女人总是处于几近完成的状态。她在夜间写作，有时写到凌晨 1 点或 2 点。她写出来的东西常常缺乏主线，永远有一大堆未尽之言，她的初稿的言语对于读者来说不能不说是隐晦的。再者，这种仓促使她的言论的深度远低于她真正思想的水平。

总之，修改工作不仅要让这本书成形，而且要对那些直感般的叙述进行阐释。

和以马内利修女一起工作的一天总是开始于一些新想法的交流，然后很快，这么一句话就扔了出来："来，我的小菲利普，开始工作吧。你可是让我奋笔疾书到凌晨1点！"她再次递给我她刚修改好的稿子，我写下我修改的部分。有一页上只写着4行字，而那里实则需要15行字才可能诠释清楚，在页面空白边缘处，我写道："我看不懂。"她又加了两句话，想让我明白她想表达的意思以及通过什么方法。但这依然是惜字如金。我用一小段挑衅的文字回应道："我还是看不懂。"她爆发了："你看不懂？那你真是蠢得像头驴！"我反唇相讥："是啊，我就是头驴，但也是头到处寻草觅食的驴，因为你啊，你太好吃懒做！"我们的视线相交……我们哄然大笑。

除去这些互不相让的时刻，我们在严肃或者逗趣的工作中培养起情谊，并以此为工作的基础，共同一页页地寻求大纲的平衡和严密，一行行地寻找准确的字词和表达。以马内利修女扑在她的同义词词典中，一一纠正她盲目地重复使用的字词（比如"干干净净"）。她查询她的记事簿，她人生中的大日子都记录在了上面。我们会停下，着手处理一些涉及本质的问题，一些她所谈论的主题暗含的有关人性或者神学的问题。讨论或长或短，有时能够相互调和，有时确实毫不妥协地相互碰撞。当以马内利修女停止看我，便意味着讨论结束了。她的目光停在某一处内心的、看不见的点上。我知道，思想及其表达终在她身上成熟。她开始对着不在场的听众演讲，而这一刻，我开始奋笔疾书。

年复一年，我们进行着这样的对话，这让她对我的一些表达渐渐适应，而我反过来也开始习惯了她的一些表达。我们终能明白另一人说话和思考的方式。这很有用：我越来越经常能通过她的提示事先提出一些修改好的段落。有一日，以马内利修女递给我一张她签名并标注了日期的纸片：“我全权授权菲利普·阿索根据我们共同制定的主线完成《我的重生》的手稿。”她只是对我说：“拿着，人们永远不会知道；我就算完不成这书也能瞑目了。”幸好这种情况没有发生！

在此期间，我参与到以马内利修女各种作品的出版编辑工作中，和其他合著者保持紧密联系，尤其和马莱内·图伊宁格、还有作品的忠实牵头人索菲·贝兰关系密切。我的任务最主要是核实文中形式与实质的一致性以及神学各个方面的准确性。一如以马内利修女所叙述，我最终让她默认了对她的评判：她还没真正懂得如何自我表达，其中既包括她对人道主义行动的理解，还包括她对布莱兹·帕斯卡的持续思考。为了克服这些缺失，我们共同写完了她最后的两本书。

本书就好像大背景一般，伴随着其他作品的修改，甚至成为了它们的模板：以马内利修女每一次都遵循着她的传记的各个阶段打下它们第一遍草稿。而相反之处在于，那些书要求付出使内容更加明晰化的努力，也因此达到了能够更加完善表达她的思想的表达方式。与本书相比，在《我所认识的耶稣》、《贫穷的富裕》或者《活着，为了什么？》中对于相同主题的处理总是更好一些。那么本书究竟带来了什么？

一部自传？

在修改的过程中，以马内利修女全然交托出自我。在实事求是的意愿下，她赤裸地曝光自我。而又是出于谨慎，她说好这份曝光应该作为遗著问世。而同样也是出于平静的考虑：想象一下某些记者针对细枝末节的提问，把要义破坏殆尽！她为读者、也同样为自己构建对于自我身份和历史的理解。可以说，这个版本并不比同样事件的其他见证版本更加“真实”。以马内利修女的家人、教会的修女以及项目的合作者可能会发现其中情节有不少删节，也有不尽准确、悄然带过或者夸大其词的地方。另一些人则希望在里面找到“现实”。不管怎样，两者都把本书看做一种诠释。以马内利修女并未想要叙述她的人生，而是想要从其中的复杂与矛盾中分辨出意义，她相信她所接收到的意义——相遇的恩宠、过程的恩宠、上帝的恩宠，她所赋予她的人生的意义。

若说以马内利修女心头惦念着事件的准确性，那是由三个具体理由造成的，这三个理由分别是三条不同的目标。首先，她希望能够澄清与她有关的一些口头或者付诸笔端的“蠢话”。对于那些献给她的作品，她从来不曾被捧得飘飘然，也从来没有完全满意过。她尤其想要反驳一种到处兜售的观念：她是从开罗贫民窟开始参与到有关穷人和孩子的事业中。以马内利修女在62岁时毫无过渡、毫无准备地从一名教会教师转变为在贫穷中探寻的冒险家，这是《金色传说》想要的故事情节。然而，读者会发现，这一几乎自始至终伴随左右的愿望从一开始便融入了她的志愿：西翁的修女们在伦敦一个条件不太优越的街区开办了一所小学，这部分地促使以马内利选择了这一修会。自从1940年起，“一个念头开始在（她）脑海中缠绕不去：去棚户区生活，和穷人们一样，同他们在一起。”同时，她展示了她在教育教学方面的才能对于她的行动方针的影响作用。拾荒者们“社会地位提升”难道不始于幼儿园的创办，让伊斯坦布尔的年轻修女快乐地重新投入工作？

以马内利修女的第二条目标与第一条息息相关，她想要展示她是“多么扎实地扎根在西翁”。她请求修会的负责人们复读本书中与修会有关的段落。多米尼克修女切实地受到委托，她详尽细致地表述了她的评价。这是唯一来自外界的给编撰者的修改反馈。再来谈谈以马内利修女有关西翁圣母院的几点坚持。她在这里受到的教育、她的初修生活以及在伊斯坦布尔的第一个职位，这些不仅仅只是从能力的获得层面对她起到奠定作用。她的两个最密切相关的负责人玛丽－阿方斯修女和埃尔维拉修女“对她的一生至关重要”。以马内利修女宗教领导的超凡魅力不是所操持的事业就能简单概括的。西翁修女运营的学校始终维系着良好教育质量的好名声，在深层上，这与对教育的关注忧虑息息相关。这一教育面向年轻女孩，要在穆斯林占主导地位的环境中保证她们的“升迁”和未来。针对穆斯林、犹太教和其他天主教以外的基督教学生的劝说改宗都是禁止的。修女们的修会与所有社会、政治、经济圈子以及各个教派都保持联系。简单来说，以马内利修女告诉我们，“大爱的时刻”发生的一切——相当一部分时间是孤军奋战的，有时甚至被边缘化——以及后来的“退休”生活都是这头40年埋下的伏笔。

在我继续前，我不能悄然忽视以马内利修女和西翁圣母院之间的一条纽带，在我和她讨论之前，她对此并没有意识：犹太本源。这个修会的创始人是一个改宗天主教的犹太人。如今，西翁的某几个修女是犹太教以及犹太—基督教对话交流方面的著名专家。然而，随着年龄的增长，以马内利修女愈发看重她的犹太血缘，直到最后承认“因为（她）祖母德雷福斯的关系，（她）自己也是以色列的女儿”。我向她指出不能这么写，因为只有她的祖父是犹太人。她让我在她轮椅边的脚凳上的一个文件筐里翻找。这里面乱七八糟地堆着记事簿、日记、心灵书籍、侦探小说、苍蝇拍。我挖出了她让我找的口袋《圣经》。里面恭恭敬敬地插着的只有两份回忆书签。她祖父以马内利·德雷福斯的照片，以及她的曾祖父的照片。摩西·德雷福斯坐着，他长长的、修剪的尖头白胡子拖到胸前。他的右手不加掩饰地拿着一本书，书的封面上印刻的犹太文字清晰可见：*Sepher Haberit*[1]。怎么可能不把以马内利修女和她的宗教家庭的共同起源联系在一起？再说，她说，她重新追认的犹太血缘与其说与她的遗传相关，不如说与她的基督信仰密切相连：论其根源，她与基督教、尤其是它的创始人拿撒勒人耶稣相亲。

继续说回这本书生平叙述的确切性的目的。第三条也是最后一条，以马内利修女希望展现在她各个项目的成功中媒介的重要性。这与她的秉性格格不入。在她的初稿中，当她认识到人性的某个问题后，立刻就转换到了对于问题解决的叙述。其间没有任何过渡，没有遇到任何困难，也没有任何人对正义的事业有任何抵抗反对。她的激情点燃的火焰似是魔法般被自我战胜，化作欢欣和鼓舞。这是她"看见玫瑰色的人生"的一面。而另一面，以马内利修女坚持强调他人工作、"团队合作"以及"她的"协会的决定性贡献等等的价值。在《贫穷的富裕》中，她具体地阐释了理由，这其中涉及人道主义行动的重要标准。她如此急切地想要坦诚真相，她尽力为之，她任凭索菲·贝兰和我对她强烈要求，来打破"凡事成功的女英雄"的形象，重新回忆起那些针锋相对、那些被容忍的拖沓，并展示了一切成就的机构制度层面。再者，本书详述了许多他人——修士或者修女、善心的男男女女——所完成的工作。这一"自传"实则代表一种情真意切的致意，向所有公正的狂热追求者以及所有在帮助穷人的事业中做出贡献的知名或者不知名的奋斗者致意。

"我想要成为一名圣人"

长期以来，以马内利修女都认为并且告诉愿意聆听的人：她的人生

[1] 《约书》。——译者注

是一场失败。她的梦想没有成真："我想要成为一名圣人。"在她这里，究竟什么代表了圣洁，以致她对于她如此成功的人生做出负面的评价？当她踏入初修院时，一些英雄的榜样一直萦绕她的脑海：首先是圣婴耶稣德兰，24 岁便去世的加尔默罗会修女，值得一提的是，她写下了《自传手稿》；接着是达米盎神甫，他把他传教士的一生都献给了麻风病人，并最终未能幸免于难；然后是圣女贞德；最后还有那些小时候的插画中印着的福音传教士，他们为殉教而死，被遥远野蛮的部落吞食。

不要太快做出判断，把这些归咎于 19 世纪世界和文化的传承，也不要将之和痛苦有益论或者殖民主义的传统相联系。以马内利修女懂得部分地从中解脱出来。虽说她年纪已长，但她仍然继续将自己的人生和她的榜样们相比较，并认定两者差距显著。不仅仅因为流逝的时光毫不含糊地表明，她既不会死于殉教，也不会死于传教，更因为她永不会达到像圣婴耶稣德兰那般温柔、耐心和无私。在两年的初修生活尽头，她并没有成功地成为"一名置于祭坛之上的圣人"，而在 65 年的宗教生涯尽头，也并没有比那时更近一步。实实在在的失败导致对自我形象的深层幻灭。

随着本书一页页翻过，读者不会错过在以马内利修女的故事以及她承认的"坏脾气"之间编织某种隐晦的联系。永恒不变的反抗，甚至是一种暴力的倾向驻扎在她的身上，突如其来，不可控制，使她困窘不安。完全无需成为一名心理分析师便能理解她曾遭受怎样根本性的暴力对待。在所有回忆、采访或者著作中，以马内利修女都会或多或少诉说她父亲的突然死亡。她还只是个孩子，便被生生截去了生命中最重要、最关乎爱的存在。那些隐晦的力量——波涛的鸿沟——令她全然无力。一种缺乏无可救药地纠缠着她。她有时会说："我是一个空洞。"

生活成谜，这巨大的开口竟成源泉、成渴望。对死亡的压迫性力量奋起反抗的源泉，在内心深处将自己和那些被侮辱而无能为力的孩子们相同化的源泉。对于斗争的渴望：“障碍是行动的物质基础。”对于绝对的渴望：又有什么人类的项目（“一切都是徒劳无益”）、单独的个体（“个体是渺小的”）敢于宣称能够回应她内心的不餍足？以马内利修女首先是在宗教使命中，接着在她和穷人一起、为了穷人而进行的斗争的非凡魅力中寻到她的暴力、她的冲动以及她的渴望的出路、疏导及升华。

在另一层面上，以马内利修女继她的母亲和祖母后，继承了职场女性的种种优缺点。她在她的“虚荣”面前，更具体来说，在名望带给她的满足感面前，体会到丝丝苦意。她喜欢成功。为此，她准备好扫清路上一切障碍。她喜欢命令，永远不懂得如何和他人配合行动。她喜欢取悦他人，她在电视机中取悦大众。她喜欢世界大人物的陪伴。但是，以马内利修女知道如何将她自我抨击的种种倾向为穷人所用。“生意”这事儿，她可明白得很！她知道如何寻到并且聘请对她事业有益的人才。她懂得募集资金的必要性和方法。她懂得适应一切社会和文化环境。她以她的方式变得“八面玲珑”。不得不承认，她的小缺点也能有大用处！

我是这么写的，但以马内利修女始终拒绝为她的行为寻找因果联系。然而，随着本书接近尾声，可以感觉到一种变化正在发生。这不仅仅因为本书最后一部分的重新修订更加精工细作，有更大幅度的修改和增补，而且在这部分中，人终是超越了苦涩的感觉，而“温柔地”接受了自我。然而，这种“深刻”是经由爱的道路而非思考或者内省之路而到达的。以马内利修女自己长时间地描述这最后几年中经历的内心挣扎。记住其中有两条主线。

第一条是作为博爱的爱。诚然，“以马内利”（“上帝与我们同在”）

始终愿成为“世界的修女”，然而在她眼中，一些人比另一些人更值得她关爱，其中包括孩子、妇女和穷人。她自己的个性在相悖的“鸿沟”间摇摆，于是她更加小心翼翼地平衡，但她仍是对于“我们这些穷人”表现出更多同情和亲密。“人们爱我，因为我有他们所有的缺点。”她也曾这样说道。她于是发现，她自己承认并表述的弱点完全算不上什么阻碍，反倒成为与所有人——无论是谁——相互融合的媒介。

从第二层意义看，爱令她超越了在自我的“虚无”面前的荒芜。渐渐地，她明白了她所经历的：在她的一生中，爱的某些东西已化作肉身。将爱理解为降生，这样的解读构筑了决定性的裂痕，尽管永远无法完成而伴着想象的、梦中的、英雄主义的爱。

这两条道路共同到达的终点，是对人类和人间之物的更大友谊。既然所有人都与她相仿，她与他们相仿，既然爱的条件是人类自相矛盾的肉身，那么“任何人性于她都不奇怪”，泰伦提乌斯如是说。在上帝眼中，一切人性的都不该受到鄙视，其中包括传媒的虚荣和个人的虚荣。

“这真糟糕，但也没关系，”98岁的她能够泰然自若地如此表达吗？真的有这么糟吗？在她自己眼中，部分看来，是的。在他人眼中，在那些不能理解她内心的斗争而把她看做明星、偶像的人眼中，当然不是。“我徒然地对人诉说我的缺点，那根本行不通，他们只会更拥戴我。”而在那些细心观察者眼中，难道她不曾如达米盎神甫一般同最困苦的环境相结合，和穷人一起，为了他们生活？难道她不曾像圣婴耶稣德兰——“弱小而无力的孩童”[1]那样，不得不放弃各种欲望，放弃传教士生涯，放弃殉教，放弃有关完美的虚幻梦想，为了全然投身于慈悲

[1] 圣婴耶稣德兰，《自传手稿》，利雪中央书局，1957年，第227页。

与爱中？[1]

行动的神秘主义

从精神层面的神学观点看，以马内利修女的宗教领袖魅力遂成问题，但她以别种方式由她自己引入。她给这个时代的基督教世界究竟吹来了什么新奇的风？让我们从分辨她所处传统开始吧。在她撰写自传伊始，以马内利修女只是看到了与耶稣德兰（即亚维拉的圣德兰，1515—1582）之间隐隐的联系。然而做一番可观的比较就会发现有众多汇聚点。不仅仅因为这个加尔默罗会的改革者同样撰写了传记，而且她也和以马内利修女一样，在经历一场根本性转变前，宗教生活的第一阶段极为“普通”。将近 50 岁，她离开修道院，创建了自己的修道院。在 20 年间，她为自己的使命而活，即使在静修中仍彰显了她在行动、社会关系和管理方面的才能：她去世时，已经创建了超过 15 座隐修院，其中大部分都已经建设完毕。作为修女，她同样有摆脱对男人的屈从的意识[2]，并通过这种方式实现。另外，她也有部分的犹太血统。

读者自己也能将之和以马内利修女生命中的一些元素和阶段进行对照。让我们再补充一个事情吧：在摆脱过去的想法下，耶稣德兰烧毁了她的一部作品的手稿：《论上帝之爱》。然而，刚刚经历土耳其风暴、处在恢复期的以马内利修女在亚历山大港把她的读书笔记都扔进了熊熊大火。这一相似点突显出了本书独一无二的面目。以马内利修女一

---

[1] 圣婴耶稣德兰，《自传手稿》，利雪中央书局，1957 年，第 223—226 页。

[2] “我的姐妹们，想想强加于你们的从属地位。”引自亚维拉的德兰《完美之路》，收录于《全集》中，德斯克雷·德·布鲁韦出版社，1964 年，第 453 页。

路以来，对于知识的渴求比对于感官的渴求受到更多谴责[1]。知识的愉悦比感官的愉悦让她的信仰受到更大损害。

除了经历的相似，亚维拉的圣德兰和以马内利修女在精神上也表现出共同的转折。她们各自与耶稣基督间建立起强烈的联系，她们都称他为朋友、伴侣、爱人，而这在她们身上都打下了深深的烙印。她们俩都通过忏悔自己本质的弱点而完成了伟大的作品。尤其，她们俩都把祷告相对视作——然仍承认它的重要性——裨益于爱的具体行为以及与众人的联系。

> “在我看来，如果我们发现爱众人的裨益，我们就会承认我们发现了这两者——上帝之爱和众人之爱——的裨益：这是最确凿无疑的标志；我们无法知晓自己是否爱上帝……但我们能够知晓自己是否拥有众人之爱。”[2]

比较就此打住。在以马内利修女路线中，不存在“神修现象”。除了唯一的一次，她表示“一切都不曾经历”。无论如何，她都不是一个沉思者：对于她游荡的想象来说，静默的祷告沉重无比。然而，撇开世俗的标准，她却是伟大的静修者。“我跌落其中，”她如此诉说她在贫民窟的经历，就好像在谈论宽广而承载一切的海洋。和穷人们同住，和他们一起、为了他们而行动，她感觉到她的爱人耶稣基督可触碰的、而非感性的恒久存在：“在每一步中，在每张脸上，他与我同在，我与

---

[1] 以马内利修女，与菲利普·阿索合著，《活着，为了什么？》，弗拉马里翁出版社，巴黎，2004 年，第 37—41 页，第 53—58 页。

[2] 亚维拉的德兰，《内心的城堡》，收录于《全集》中，德斯克雷·德·布鲁韦出版社，1964 年，第 941 页。

他同在。”亚维拉的德兰应该也会毫不犹疑地承认，在这“极好的友人”的永久“陪伴”[1]中感到与上帝结合的恩宠。以马内利修女不是在祷告中、而是在行动中认识到这种神秘的联姻：“既没有狂热激昂，也没有心醉神迷，我所经历的是一种平静的幸福，正如圣托马斯·阿奎纳所谈论的上了靶的箭，它‘到达了目的，便不再震颤。’”[2]

在与穷人的联系中和上帝相遇并非以马内利修女的特权。但与其他布施的大人物——比如特蕾莎嬷嬷——不同，以马内利修女没有建立宗教秩序。更甚，她希望她的协会是非宗教性质的。她作为现代女性，完全将宗教与世俗领域的合法分离纳入现代西方社会。然而，这一社会不会分崩离析。在以马内利修女的思想中，“相信人类”和“相信上帝”之间的深层结合既不在于把基督教义简化为人道主义，也不是基督教义对于人道主义的重振旗鼓，而是本就属于基督教的信仰宣告：耶稣基督的上帝正是在人类的肉身中、在它的历史中显现。

以马内利修女首先是经历了人类的神性，再去思考它、书写它。在拾荒者身边，马槽前的小马德莲的震慑力初露雏形：她将待在圣婴基督——草甸上赤裸贫穷的孩子身边。在消遣娱乐带来的周而复始的考验中，在退休后，她与自己巨大的开口和解，自己终也变得一贫如洗。从头至尾，在她面前展开了上帝之爱的谜，上帝对人类的爱。那是会因不公的一幕而心肺俱颤的上帝，那是倾听被压迫者因“督工的辖制”[3]而发的哀声的上帝，那是亲自屈尊降贵来解放这些人的上帝。“耶稣降

---

[1] 亚维拉的德兰，《自传》，收录于《全集》中，德斯克雷·德·布鲁韦出版社，1964年，第152页。

[2] 以马内利修女，与马莱内·图伊宁格合著，《我所认识的耶稣》，德斯克雷·德·布鲁韦—弗拉马里翁出版社，1996年，第107页。

[3] 《出埃及记》3。

生在我本人身上，为了继续他的贫穷与爱的际遇。”[1]

以马内利修女不会欣赏我以这种全然基督教的调子来结束这篇跋。她意欲面向所有人，而让每个人都能从她身上辨认出自己。她希望能够给所有信仰和不信仰的人指出一条可能的精神之路。在“人类宗教”的时代，她在这本书中所提出的行动的神秘主义把感官的激动以及想象中的兴奋击得粉碎。人类的幸福和拯救不在别处，而正是在自我身份的确认中。当人认识自我并自认贫穷时，他便是真实的。当人建立联系，与他人共生，为他人而活，人才成为了人。当爱化作肉身，人遂成就了他的永恒。

菲利普·阿索

为以马内利99岁生日

[1] 以马内利修女，与马莱内·图伊宁格合著，《我所认识的耶稣》，同上，第110页。